PRÉCIS

DE L'HISTOIRE ET DU COMMERCE

DE

L'AFRIQUE SEPTENTRIONALE

DEPUIS LES TEMPS ANCIENS

JUSQU'AUX TEMPS MODERNES

PARIS. — IMPRIMERIE D'E. DUVERGER,
RUE DE VERNEUIL, Nº 6.

PRÉCIS

DE L'HISTOIRE ET DU COMMERCE

DE

L'AFRIQUE SEPTENTRIONALE

DEPUIS LES TEMPS ANCIENS

JUSQU'AUX TEMPS MODERNES

PAR

M. MAUROY

CHEVALIER DE LA LÉGION D'HONNEUR
ANCIEN CHEF DU CABINET DU MINISTÈRE DE L'INTÉRIEUR
CONSEILLER DE PRÉFECTURE DU DÉPARTEMENT DE LA SEINE

PRÉCÉDÉ

DE DEUX LETTRES DU DUC D'ISLY

(MARÉCHAL BUGEAUD)

SUR LA QUESTION D'ALGER

> « Nous avons été plus vite que les
> « Romains. »
> Le duc d'Isly.

QUATRIÈME ÉDITION, CORRIGÉE ET REFONDUE

PARIS

CHEZ LEDOYEN, LIBRAIRE, AU PALAIS-ROYAL

1852

PRÉFACE.

Juin 1852.

Une édition nouvelle de cet ouvrage était désirée depuis longtemps; mais je ne me suis pas pressé de la faire paraître. J'ai voulu, avant tout, que les affaires de l'Algérie fussent terminées et que les événements m'eussent donné raison.

Mon premier travail sur l'Afrique fut publié en juillet 1844, quinze jours avant la victoire d'Isly[1]; le second date du mois de novembre 1845[2]. A ce moment la domination française en Algérie venait d'éprouver un grave échec. Le maréchal Bugeaud avait été momentanément rappelé. Abd-el-Kader, profitant de

---

(1) *Question d'Alger.*
(2) *Du commerce de l'Afrique septentrionale.*

son absence, s'était montré à l'improviste dans la province d'Oran. Il y semait la terreur par le massacre de nos soldats et la trahison de nos alliés. On répétait de nouveau que l'Afrique était perdue pour nous, que nous allions être contraints de l'abandonner après tant d'efforts, tant d'inutiles sacrifices. Ces plaintes se reproduisaient partout: elles retentissaient dans les journaux, dans les correspondances, dans les salons, à la tribune.

Le maréchal Bugeaud ne désespéra point. Appréciant la situation comme il l'avait toujours jugée, persuadé que tôt ou tard Abd-el-Kader lui demanderait merci, mais que pour obtenir ce résultat il ne fallait laisser aucun repos à un ennemi infatigable, qu'il fallait lui faire une guerre aussi incessante, aussi tenace que la sienne, le maréchal revint en toute hâte dans cette Afrique dont il n'aurait pas dû s'éloigner. Au bout de quelques mois (février 1846), l'émir, qui des frontières du Maroc s'était avancé jusqu'à trente lieues d'Alger, descendait furtivement des hautes montagnes de la Kabylie, et reprenait la route du désert.

Depuis cette époque, l'œuvre de la conquête n'a fait que se consolider. Quelques mots à ce sujet.

Ainsi, en 1846, Abd-el-Kader avait été chassé de la Kabylie. En pénétrant pour la troisième fois dans cette âpre contrée, le duc d'Isly jetait les bases d'une possession qui lui avait toujours paru indispensable[1].

Mai 1847. — Le maréchal poursuit son en-

---

(1) La première expédition du maréchal eut lieu en 1841-1842, la seconde au mois d'avril 1844.

Dans un rapport daté du pays des Flissas, il écrivait le 18 mai :

« Cette contrée vaut assurément les frais de la conquête ; la
« population y est plus serrée que partout ailleurs. Nous avons
« là de nombreux consommateurs de nos produits ; et ils pour-
« ront les consommer, car ils ont à nous donner en échange une
« grande quantité d'huile et de fruits secs. Ils ont aussi du grain
« et des bestiaux. Ils pourront, par la suite, produire autant de

treprise et rentre dans la Kabylie. Le plus célèbre des kalifas de l'émir, Ben-Salem, fait sa soumission; le combat d'Azrou amène celle des Béni-Abbas et des principales tribus des deux rives de la Summan (l'Oued-Sahel). Entre Hamza, Sétif et Bougie, la domination française est reconnue et acceptée[1].

Enfin, au mois de novembre suivant, l'émir, assailli à son tour par les Marocains, juge inutile de prolonger la lutte. Il passe sur notre territoire avec les restes misérables de sa smala, et vient se remettre entre les mains du duc d'Aumale. Si le maréchal, depuis quelque temps remplacé, ne fut pas l'heureux

---

« soie qu'ils le voudront. Ces consommateurs, personne ne vien-
« dra nous les disputer contre notre volonté..... Ici nous aurons
« à satisfaire seuls les besoins d'un peuple neuf à qui notre con-
« tact donnera des goût nouveaux; mais pour obtenir ces ré-
« sultats sur une grande échelle, il faut rester forts...... »
(*La grande Kabylie*, par le colonel Daumas, p. 478; Paris, 1847.)

(1) D'un autre côté, dans le Dahra, Bou-Maza était traqué avec vigueur. Vaincu une dernière fois aux environs de Téniet-el-Had, il est forcé de se rendre à M. le colonel de Saint-Arnaud.

témoin de cet événement, le pays du moins lui rendit cette justice qu'il l'avait prévu et préparé.

1848. — L'Algérie s'agite pendant que la France fait une révolution. Le colonel Canrobert surprend l'ex-bey de Constantine et l'envoie prisonnier à Alger.

1849. — Insurrection de Zaatcha. Un audacieux chérif soulève cette petite oasis, qui relie à Constantine les limites extrêmes de nos possessions méridionales. Assiégés par le général d'Herbillon, les Arabes rappellent par l'énergie de leur désespoir la résistance de l'antique Numance. Zaatcha n'est prise qu'après cinquante et un jours de tranchée ouverte et deux assauts meurtriers. L'instigateur de la révolte, Bou-Zian, périt avec tous ses défenseurs[1].

---

(1) Nous y perdîmes le colonel Petit, 30 officiers et près de 300 soldats; 1,400 hommes furent mis hors de combat.

Voir, dans la *Revue des deux mondes* du 1er avril 1851, un récit de ce siége mémorable, dont la presse quotidienne ne s'est pas assez occupée.

1850. — Des colonnes habilement conduites vont montrer le drapeau français aux populations les plus éloignées. La longue route de Tébésah (l'ancienne Théveste) à Biskra est parcourue par le général de Saint-Arnaud, qui fouille en passant les principaux replis de l'Aurès; un de nos officiers se rend à Laghouath pour y régler les contestations des habitants et des Ouled-Naïl; un chef indigène, chargé de châtier plusieurs tribus insoumises, traverse l'Oued-Djeddi (le Zabus des Romains), s'avance jusqu'auprès des Béni-Mzâb, à la frontière sud du petit désert, tandis que deux goums partis de Tiaret courent prêter appui à notre allié d'Ouarglâ et porter à cent vingt lieues de la mer les ordres et l'autorité de la France.

1851. — Le gouvernement du prince Louis-Napoléon reprend les projets du maréchal. Une quatrième expédition dans la Kabylie est résolue. Le général de Saint-Arnaud attaque par le côté oriental ce grand réseau montagneux. Il quitte Milah le 10 mai, et, après cinq jours de combats successifs, arrive sous les murs de Djigelli. Il en repart pour soumettre les tribus situées à l'ouest, y revient, marche vers l'est, et entre dans le cercle de Collo, où il obtient les mêmes succès. Pendant ce temps, le général Camou, sorti de Sétif à la poursuite du faux chérif Bou-Baghla, atteignait Bougie, remontait le cours de l'Oued-Sahel (la Summan), et pénétrait le 10 juillet, au milieu de rochers presque à pic, dans la citadelle de ces contrées, la petite ville de Kalaa (Kuélaa). A la fin de juillet, la colonne du général de Saint-Arnaud avait tenu la campagne pendant quatre-vingts jours et s'était mesurée vingt-six fois contre l'ennemi. La Kabylie orientale était conquise[1].

1852. — Au commencement de cette année, une cinquième expédition se préparait. Le faux chérif Bou-Baghla avait trouvé un

(1) Voir l'*Appendice*, chap. IV.

asile chez les Zouaouas. Cette confédération puissante habite les plus hautes crêtes du Djurjura. Elle peut disposer d'environ dix mille fusils. On sait qu'elle vient de faire sa soumission et d'expulser Bou-Baghla. Ses chefs, au nombre de quatre-vingt-douze, se sont rendus à Alger. Désormais les Zouaouas nous payeront l'impôt, et leur territoire sera réuni au reste de l'Algérie.

Si cette soumission est sincère, s'il est vrai que nos soldats, accompagnés bientôt par l'homme le plus influent du pays (Sidi-el-Djoudi), vont parcourir ces montagnes jusqu'à présent inexplorées, et où jamais un soldat turc n'avait osé poser le pied, on pourra dire que les affaires de l'Algérie sont terminées. Il y aura encore des révoltes, des soulèvements imprévus; il n'y aura plus de grande guerre; il n'y aura plus, dans tous les cas, de péril sérieux pour notre domination[1].

(1) Voir l'*Appendice*, POST-SCRIPTUM.

Maintenant, me sera-t-il permis de rappeler ce que je disais en commençant? Ce système si heureusement appliqué, cette politique si habilement suivie, c'est le système, c'est la politique du maréchal Bugeaud. Dès son début, en effet, le maréchal voulait l'occupation entière de l'Algérie. S'il n'insista pas toujours avec la même ténacité pour atteindre le but qu'il se proposait, c'est que, obligé de lutter avec la presse, avec l'opposition, avec les Chambres, il s'imposait parfois en public une réserve qu'il n'avait pas avec ses amis. Ces résistances, et ce que j'appellerai ces ingratitudes de l'opinion, l'affligeaient profondément.

Les deux lettres que l'on va lire ne laisseront aucun doute à cet égard. Quand elles me furent adressées par le maréchal, je ne le connaissais point; mais dans mes études sur l'Afrique j'avais, à ses yeux du moins, le mérite d'une appréciation exacte des événements, à laquelle il était peu accoutumé; il y avait reconnu avec satisfaction qu'il se trouvait justifié par tous les renseignements de l'histoire. Le maréchal voulut bien m'en féliciter.

Une hésitation que l'on comprendra facilement m'a empêché d'abord de publier ces lettres. Plus tard, j'ai songé à en retrancher quelques passages; mais il m'a semblé, en définitive, que je n'avais pas le droit d'altérer le langage du maréchal, et que le lecteur saurait toujours faire la part, pour ce qui me concerne, de ce qu'on ne peut attribuer qu'à la plus excessive indulgence.

Une dernière observation.

Des corrections importantes ont été faites à cette quatrième édition; plusieurs notes ont été retranchées ou ajoutées; des pages entières ont été transposées ou refondues, et de ce qui composait originairement deux publications distinctes, je n'ai plus formé qu'un livre en deux parties, où les faits s'enchaînent et se suivent mieux. A la fin, un appendice offre le pendant de la préface et la complète.

J'ajouterai que, tout abrégé qu'il est, ce travail m'a demandé beaucoup de labeur et de temps; car, pour n'y rien omettre d'essentiel, je crois avoir consulté tous les auteurs anciens et presque tous les auteurs modernes qui se sont occupés de l'Afrique septentrionale : parmi les anciens, principalement Hérodote, les *Périples* d'Hannon et de Scylax, Pline, Appien, Procope...; parmi les modernes, Léon l'Africain, Heeren, les hardis explorateurs du dix-neuvième siècle...; et de nos jours, les documents si curieux que nous devons aux recherches de M. le général Daumas[1]. On

---

(1) *Le Sahara algérien*, Paris, 1845.

La grande Kabylie, Paris, 1847.

Le grand Désert, Paris, 1849.

Les chevaux du Sahara, Paris, 1851.

Sans oublier les mémoires de MM. Carette, Renou et Pélissier, membres de la commission scientifique de l'Algérie.

voit qu'il m'eût été facile d'écrire un ouvrage considérable. J'ai préféré me restreindre à un seul volume, laissant à d'autres le soin de puiser plus abondamment aux sources nombreuses que je leur ai indiquées.

LETTRES
DU DUC D'ISLY

(MARÉCHAL BUGEAUD)

A L'AUTEUR.

Paris, le 22 février 1845.

« Monsieur,

« Il est bien temps que je vous remercie de
« l'envoi de votre excellent livre, au moment
« où je reçois par vos soins un exemplaire de
« sa troisième édition[1]. Si je ne l'ai pas fait
« plus tôt, vous ne devez l'attribuer qu'à la
« trop grande multiplicité de mes affaires,
« et non pas à mon indifférence pour une œu-
« vre qui, indépendamment de son mérite
« scientifique, doit être considérée comme un

---

(1) *Question d'Alger en* 1844.

« acte de patriotisme. C'est rendre un service
« à son pays que de lui faire comprendre la
« grandeur de ce qu'il fait, dans une époque
« où beaucoup d'esprits chagrins, malveillants
« ou faux, tâchent de lui persuader qu'il est
« dans l'abaissement et qu'il est fort au-des-
« sous de tous les autres peuples de l'Europe.

« Je savais que nous allions plus vite que les
« Romains, que notre système de guerre est
« plus intelligent que le leur. J'ai dit souvent
« de ces choses-là dans mes correspondances.
« Mais vous le démontrez, l'histoire à la main,
« de manière à convaincre les plus incrédules;
« je vous en remercie pour la France, pour
« l'armée d'Afrique et pour moi.

« Il serait à désirer, monsieur, que vous
« pussiez visiter l'Algérie. Vous pourriez ju-
« ger par vous-même de la soumission des
« Arabes ; ce qui ne veut pas dire qu'ils nous
« aiment et qu'ils nous soient encore assi-
« milés ; mais ces choses-là sont l'œuvre du
« temps et d'un gouvernement fort et juste.

« La conquête n'est que la première période
« de cette œuvre.

« Vous auriez pu trouver encore dans le
« temps présent une comparaison qui ne se-
« rait pas moins flatteuse pour la France
« que le parallèle entre notre conquête et
« celle des Romains : c'est la guerre que les
« Russes font dans le Caucase depuis quarante-
« six ans. Ils n'y sont pas plus avancés que la
« première année.

« En échange de votre livre, je vous prie
« d'accepter l'exemplaire d'une brochure qui
« contient l'exposé de la société arabe et la
« législation que je lui ai donnée. Il me sem-
« ble que les journaux feraient une chose plus
« utile en rendant compte de ce petit livre
« qu'en remplissant leurs colonnes d'extraits
« de romans.

« Agréez, monsieur, avec mes remercie-
« ments, l'assurance de ma considération dis-
« tinguée.

M^{al} duc d'Isly.

GOUVERNEMENT GÉNÉRAL DE L'ALGÉRIE.

Au revers nord du Jurjura, à Temdiket, le 15 mars 1846.

« Monsieur,

« J'ai reçu votre lettre et votre nouveau
« livre, au moment où je venais de régler la
« soumission de trois grandes tribus kabyles
« occupant le contre-fort du Jurjura que borde
« la rive droite de l'Isser. Cette acquisition
« est importante, parce que, si ces tribus ka-
« byles respectent la foi jurée, elles seront, à
« l'ouest du grand bassin du Sébaou, une bar-
« rière infranchissable pour la cavalerie d'Abd-
« el-Kader. C'est par le territoire de l'une
« d'elles qu'il a passé, le 5 février, pour venir
« fondre sur nos tribus de la plaine du bas
« Isser. Au fond du Sébaou règne la grande
« chaîne rocheuse qui s'étend de Hamza jus-
« qu'auprès de Bougie, et à travers laquelle il

« n'y a que des sentiers extrêmement diffi-
« ciles pour la cavalerie.

« Mais revenons à votre livre. J'ai lu et en-
« tendu, depuis quelques mois surtout, tant
« de choses dénuées de bon sens sur la ques-
« tion d'Afrique, que c'est vraiment une
« bonne fortune de rencontrer des écrits
« comme les vôtres.

« Je me suis dit souvent : Mais à quoi sert
« donc l'érudition de nos savants? Ils ont pâli
« sur l'histoire, et ils n'en tirent aucun profit.
« A les entendre, il semble qu'ils ne l'aient
« jamais étudiée. Ils exigent en quelques an-
« nées, de l'armée et de l'administration d'A-
« frique, ce que les peuples de l'antiquité et
« des temps modernes n'ont pas obtenu avec
« des siècles !

« Je rencontre enfin un érudit qui, ayant
« bien apprécié ce qu'il a lu, en tire profit. Je
« suis disposé à lui élever une statue, tant cela
« est rare.

« Oui, monsieur, par le temps qui court, la

« note de votre avant-propos mériterait une
« statue, si on en élevait une au bon sens.

« Aux exemples que vous avez cités de faits
« anciens et analogues à la crise que nous su-
« bissons en Afrique, on pourrait ajouter ceux
« des temps modernes. Les Russes n'ont-ils
« pas éprouvé des révoltes dans le Caucase? et
« sont-ils bien avancés après cinquante ans de
« lutte? Les Anglais ne sont-ils pas entraînés
« à guerroyer chaque année dans l'Inde?
« L'Autriche ne garde-t-elle pas la faible Lom-
« bardie, très peu guerrière, avec soixante-
« dix ou quatre-vingt mille hommes? L'Irlande
« ne frémit-elle pas encore du joug de l'An-
« gleterre? La Pologne, actuellement même,
« n'est-elle pas en révolte contre ses domina-
« teurs? Et nos savants, nos publicistes (ce qui
« n'est pas la même chose), nos orateurs s'éton-
« nent que le peuple arabe ne soit pas subju-
« gué d'un seul coup, par quoi? Par nos ar-
« mées? Non, par l'aspect de notre civilisation!

« Ce n'est pas au sentiment inné chez tous

« les peuples, de la nationalité, de l'indépen-
« dance, de la haine de l'étranger, de l'amour
« de la propriété, que nos habiles attri-
« buent les obstacles qui se présentent sans
« cesse devant nous; c'est toujours à l'impé-
« ritie des agents militaires ou civils que la
« France emploie dans l'œuvre immense de la
« conquête et de l'*utilisation* de l'Algérie.

« Et quels conseils donne-t-on à ces agents?
« Quel remède oppose-t-on au mal? Vous
« l'avez vu, monsieur, dans la discussion des
« bureaux de la Chambre sur les crédits sup-
« plémentaires : que d'idées insignifiantes, ab-
« surdes, contradictoires! Que d'emplâtres
« sur une jambe de bois!

« Tout cela, monsieur, est bien découra-
« geant pour les gens qui consacrent toutes
« leurs forces physiques et morales à cette
« rude besogne.

« Mais, je le dis encore, les premières pages
« de votre livre m'ont un peu consolé, parce

« qu'elles me présagent que le reste sera sur
« mes blessures un baume salutaire.

« Recevez, monsieur, l'assurance de ma
« considération très distinguée, en même
« temps que mes remerciements sincères.

M^{al} duc d'Isly[1].

---

(1) La première fois que j'eus l'honneur de voir le maréchal, ce fut à Paris, quelques jours avant les événements de février. Il était au lit, souffrant, mécontent des affaires. Après m'avoir parlé quelques instants de ce qui faisait la préoccupation de tout le monde, le maréchal revint à l'Afrique, et me dit : « Ils ont eu « beau me blâmer, ils m'imiteront... Après Abd-el-Kader, la « Kabylie. »

PREMIÈRE PARTIE.

PRÉCIS DE L'HISTOIRE

DE

L'AFRIQUE SEPTENTRIONALE

DEPUIS LES TEMPS ANCIENS

JUSQU'A NOS JOURS.

Juillet 1844.

On dit que la conquête de l'Afrique par les Romains n'a exigé que peu de temps. On compare la rapidité de cette entreprise avec les hésitations de la nôtre, et l'on reproche à la France de ne point suivre l'exemple glorieux qui lui a été donné. C'est là une erreur. L'établissement des Romains dans l'Afrique septentrionale ne se fit que par degrés, et la France, à cet égard, a marché bien plus vite que Rome. Il fallut, en effet, plus de deux siècles, c'est-à-dire tout le temps qui s'écoula depuis les deux Scipions jusqu'au règne de Claude, pour que Rome pût arriver à la pleine domination du pays. Mais cette domination elle-même fut souvent troublée, et l'on dut croire quelquefois qu'elle allait échapper aux mains des conquérants.

PRÉCIS DE L'HISTOIRE

DE

L'AFRIQUE SEPTENTRIONALE

CHAPITRE PREMIER.

De l'Afrique septentrionale depuis la chute de Carthage jusqu'à sa réduction définitive en province romaine.

Le premier Scipion débarque en Afrique, défait Annibal, prend Syphax et réduit Carthage[1]. Le sénat romain ne garde rien des possessions de cette république : il préfère l'affaiblir, et donne à Massinissa tous les États de Syphax.

(1) Avant J.-C., 197.

Scipion-Émilien détruit Carthage. Rome s'empare des colonies puniques situées sur la côte; elle fait du territoire voisin une province romaine qu'on nomme province d'Afrique; mais elle n'y fonde pas encore de grands établissements. Le reste du pays conserve ou reprend son indépendance.

Cinquante ans après, Jugurtha règne en Numidie; un autre prince indigène, Bocchus, règne en Mauritanie. Les violences de Jugurtha irritent le sénat romain, qui lui déclare la guerre. Métellus, Marius, Sylla, sont envoyés en Afrique. Cette guerre, qui dure six ans, est pleine d'alternatives. A la fin, Jugurtha est pris. Rome partage la Numidie entre Bocchus, ce roi maure qui l'a livré, et Hiempsal, parent de Massinissa.

Un demi-siècle s'écoule encore. César et Pompée se disputent le monde. En Afrique, Bocchus et Bogud, rois de Mauritanie, prennent parti pour César; Juba, roi de la Numidie, soutient Pompée : vaincu à Tapsus, il se tue. La Numidie devient une seconde province romaine, et César lui donne pour proconsul l'historien Salluste.

Sous Auguste, un autre Juba paraît en Mauritanie. Élevé à la cour de l'empereur, marié par lui à une fille de Cléopâtre, Juba s'efforce de façonner au joug les Gétules encore sauvages. Ptolémée son fils lui succède et l'imite. Ptolémée meurt. Claude s'empare de la Mauritanie, et cette vaste contrée, transformée bientôt après en deux nouvelles provinces, vient se perdre, comme le reste de l'Afrique, dans l'univers romain[1].

Deux siècles s'étaient écoulés depuis la prise de Carthage[2].

---

(1) Après J.-C., 43.

(2) Les anciennes possessions carthaginoises étaient donc partagées, à l'époque de l'empereur Claude, en quatre provinces : 1° *l'Afrique* (qui comprenait ce qui plus tard devint la Byzacène et la Tripolitaine); 2° *la Numidie;* 3° et 4° *les deux Mauritanies,* césarienne et tingitane *.

* En admettant que ces deux dernières provinces, sauf plusieurs points de la côte, et même la Numidie, aient jamais fait partie du *territoire* de Carthage (Heeren).

CHAPITRE II.

De l'Afrique septentrionale depuis les empereurs jusqu'à l'invasion des Sarrasins.

On vient de voir ce qu'il avait fallu d'années et d'efforts pour assurer aux Romains la possession de l'Afrique. Cette possession, si chèrement achetée, fut loin d'être paisible. Sous Tibère, Tacfarinas se révolte dans la Numidie; sous Claude, OEdémon soulève la Mauritanie occidentale[1]. L'Afrique s'agite

---

(1) Plus exactement, sous Caligula.

Tacfarinas entraîna d'abord les Musulans, nation puissante, voisine du désert. Mais cette guerre, qui dura sept ans, eut lieu principalement dans la chaîne élevée des *monts de Fer* (mons Ferratus), qui s'étend de Sétif jusqu'au littoral. C'est le Djurjura d'aujourd'hui, habité par les Kabyles indépendants, race aborigène et sédentaire.

La révolte d'OEdémon eut, au contraire, pour appui la population nomade. Suétonius Paulinus, chargé par Claude de la

pendant tout le siècle des Antonins[1]. Probus s'y essaye à l'empire par des victoires; Maximien-Hercule, déjà empereur, y combat les Quinquégentiens[2]. Sous Maxence, un soldat se fait proclamer dans Carthage et ruine Cirta[3]. Maxence reprend Carthage, qu'il châ-

poursuite d'OEdémon, remonta les bords du fleuve Malua (le Moulouyah, dans le Maroc), atteignit en dix marches (*decumis castris*) les cimes neigeuses de l'Atlas, et s'avança dans les sables, à ce que dit Pline, jusqu'au fleuve Ger (?).

(1) Après J.-C., 100-200. — Adrien envoie en Afrique Martius Turbo, l'un des meilleurs généraux de Trajan; Antonin le Pieux force les Maures à demander la paix. L'histoire contemporaine donne peu de détails; cependant une inscription découverte par Thomas Shaw dans les ruines d'Auzia (Bordj-Hamzah), à peu de distance du *mons Ferratus*, prouve évidemment que les colonies rapprochées même du littoral avaient fort à souffrir des incursions des Maures. Cette inscription porte la date de la fin du second siècle, et fait l'éloge de Q. Gargilius, commandant du territoire d'Auzia, qui, après s'être emparé d'un chef indigène révolté, périt dans une embuscade de Baouares, tribu *voisine* d'Auzia (Th. Shaw, *Recherches sur la régence d'Alger*, p. 60).

(2) Après J.-C., 270-287. — *Quinque gentes*, ligue de cinq nations. Les Quinquégentiens habitaient le massif où Tacfarinas avait si longtemps résisté. Il fallait que cette guerre parût sérieuse pour que Maximien-Hercule s'en chargeât lui-même.

(3) Alexandre, soldat pannonien (après J.-C., 311). — Carthage,

tie cruellement; Constantin relève Cirta, à laquelle il donne son nom. Dans ce temps, les donatistes ensanglantent l'Église. Chez ces hommes, incultes pour la plupart, et qui ne parlent que la langue punique, la haine de la domination romaine s'allie à l'ardeur du fanatisme. La religion sert de prétexte; l'affranchissement est le but[1].

---

rebâtie sous Auguste, était redevenue la métropole de l'Afrique; Cirta, ancienne capitale de la Numidie, avait conservé toute son importance militaire et commerciale.

(1) On ne peut expliquer autrement les progrès rapides et la longue durée du donatisme. La question controversée (celle de savoir si l'on pouvait admettre à la communion les *traditeurs*, c'est-à-dire ceux qui avaient livré les livres saints par la crainte de la persécution) ne pouvait agiter seule pendant plus de deux siècles des paysans et des esclaves. Il y avait donc autre chose dans cette question que le sentiment religieux : il y avait la haine du maître et de l'étranger. « C'étaient des troupes de furieux qui « couraient par les bourgades et les marchés avec des armes, se « disant les défenseurs de la justice, *mettant en liberté les esclaves*, « déchargeant les gens obérés de leurs dettes, et menaçant de « mort les créanciers s'ils ne les déchargeaient pas » (FLEURY, *Hist. ecclésiast.*, vol. III, l. XI).

On remarquera aussi que les donatistes parlaient presque tous la langue punique; c'est une preuve nouvelle que la population

Une révolte générale éclate sous Valentinien[1]. Le fils d'un Gétule, Firmus, s'empare de la Mauritanie césarienne. Avec lui combattent les donatistes, qu'il protége, et les indigènes, qu'il appelle à l'indépendance. Firmus périt, mais au bout de trois ans, et vaincu seulement par Théodose[2]. Nouvelles révoltes, nouvelles défaites, au temps d'Honorius[3]. Les Vandales paraissent[4]. Frappés

des campagnes, en d'autres termes le fond du pays, était restée africaine, et qu'elle opposait encore après cinq siècles une énergique résistance à l'invasion romaine. Même dans les villes, il fallait connaître la langue punique. Ainsi Apulée, dans le deuxième siècle, nous apprend qu'à Carthage on entendait et l'on parlait la langue punique. Septime-Sévère, simple avocat d'abord à Leptis, puis empereur, avait longtemps plaidé en cette langue, et nous voyons encore, dans le cinquième siècle, saint Augustin obligé de prêcher en punique et en numide.

(1) Après J.-C., 372.

(2) Le comte Théodose, père de l'empereur.

(3) Il s'agit ici de la rébellion d'un frère de Firmus, le comte Gildon. Ayant obtenu par ses intrigues le gouvernement de l'Afrique, Gildon se sépara complétement de l'empire pendant plusieurs années, et fut soutenu dans sa résistance par tout le parti donatiste. Un troisième frère de Firmus, Maczézil, resté fidèle aux Romains, le poursuivit et le tua.

(4) Après J.-C., 428.

par eux du même coup, l'empire et le catholicisme succombent. Genséric a retrouvé dans les indigènes les vieux ennemis des Romains, et les donatistes acceptent facilement pour maître ce conquérant hérétique qui se charge de leurs vengeances[1].

---

(1) Le donatisme favorisa plus que toute autre chose la conquête de Genséric.

Quatre-vingt mille Vandales débarquèrent successivement en Afrique. Mais si l'on retranche de ce nombre les femmes, les enfants et les vieillards, on ne trouve pas plus de cinquante mille cavaliers valides. Ainsi c'est avec cinquante mille hommes seulement que Genséric vint s'établir dans un pays qui commençait aux Colonnes d'Hercule et ne se terminait qu'à la Cyrénaïque, pays populeux, habité par des races guerrières, et rempli de colonies romaines. Certainement la trahison du comte Boniface ne suffit pas pour donner la raison de cette conquête, bien qu'elle ait duré près de trente ans. Car d'un côté Boniface, qui s'était réconcilié avec l'empereur, avait repris le commandement de l'armée romaine; d'un autre côté les Vandales, peu versés dans la science militaire, étaient incapables de faire le siège régulier d'une seule place forte. Genséric trouva donc un appui dans le pays même, et il le trouva principalement chez les donatistes. Répandus partout, formant à eux seuls la moitié de la population, détestant, quoique catholiques, le catholicisme et l'empire plus qu'ils ne détestaient les ariens eux-mêmes, condamnés, persécutés, souvent proscrits, les donatistes aidèrent puissamment à la

Cent ans après, on voit Bélisaire, Salomon, Jean Troglita. Ces trois grands hommes reprennent l'Afrique et la rendent à Justinien[1]. Plus tard, un roi Gasmul remue la Mauritanie ; il est tué par Gennadius, qui gouverne pour Tibère II. L'Afrique paraît tranquille durant les règnes de Maurice et de Phocas ; elle se repose sous Héraclius.

Ce repos ne fut pas long. Les Sarrasins accourent des bords du Nil ; ils envahissent la Cyrénaïque, la Tripolitaine, la Numidie[2]. Carthage, inutilement défendue, est ruinée pour toujours, et une nouvelle capitale s'élève pour un empire nouveau[3]. Les Grecs de By-

---

chute du gouvernement romain. Un seul chiffre démontre quelle était l'importance de ce parti. A la grande conférence de l'an 411, on compta à Carthage deux cent soixante-dix évêques donatistes sur cinq cent cinquante-six membres présents, et les donatistes affirmaient qu'ils avaient plus de quatre cents évêques en Afrique. C'était là, par conséquent, une formidable opposition, et avec laquelle il était impossible de gouverner.

(1) Voir la note A.
(2) Après J.-C., 647.
(3) *Kairouan*, dans la Byzacène, fondée en 670, quelques an-

zance abandonnent l'Afrique; le christianisme en est banni comme eux, et l'invasion musulmane, roulant jusqu'au grand Océan, emporte avec elle tout ce qui restait encore de la fortune de Rome[1].

nées avant la prise de Carthage. Cette ville est célèbre dans l'histoire des Arabes d'Afrique. Bâtie loin de la mer, elle n'avait pas à craindre les attaques des Grecs, et elle devint bientôt le centre d'un commerce important qu'elle faisait avec l'intérieur même de l'Afrique au moyen des caravanes. On y voit de nombreux colléges, et on y trouve encore, dit-on, une mosquée soutenue par cinq cents colonnes de granit, de porphyre et de marbre de Numidie.

(1) Voir la note B.

CHAPITRE III.

De l'Afrique romaine et chrétienne, depuis le second siècle de notre ère jusqu'au cinquième.

La conquête de l'Afrique par les Romains avait été difficile et lente ; la possession, suite de la conquête, fut pleine de troubles. En effet, dans ce vaste cours de six cents ans (qui commence aux Césars et finit aux Sarrasins), il ne se passe pas un siècle qui ne soit marqué par une révolte ou par une guerre, et les protestations des vaincus ne cessent point de se faire entendre. On aurait pu croire cependant que l'Afrique était devenue romaine. A partir du second siècle de l'ère chrétienne, nous la voyons couverte de colonies, de municipes, de villes libres ou tributaires. On est tout étonné du nombre prodigieux de routes qui la sillonnent, et qui, rayonnant des principaux centres de population ou des fortes stations militaires, s'avancent dans les profondeurs de l'Atlas et descendent, à travers les sables, jusqu'au *Libya Palus*[1]. Partout la civilisation romaine s'y montre dans sa grandeur. Ce sont ses arts, son luxe, sa littérature, et l'on comprend facilement qu'une loi impériale ait interdit l'Afrique aux exilés « parce « qu'il y eussent trouvé les habitudes, les « plaisirs et le langage de Rome. »

Cet état de choses dure jusqu'au cinquième siècle. Carthage, Cirta, Julia Cæsarea, toutes les grandes villes de la côte et de l'intérieur se décorent de temples, de basiliques, d'arcs de triomphe. Une foule oisive y applaudit

---

(1) Également appelé *Tritonis Palus* (aujourd'hui le Sebkhah-el-Aoudieh, marais salé, dans la régence de Tunis). Une route conduisait de Carthage aux Colonnes d'Hercule; une autre, à la Cyrénaïque, par la Tripolitaine; une autre, à Théveste; une autre, à Lambœsa, au pied de l'Aurasius, qu'elle traversait pour atteindre la région du Zàb, etc.

aux jeux du cirque, aux combats de bêtes et de gladiateurs. Le christianisme paraît dans ce grand mouvement. Toléré d'abord, proscrit ensuite, il triomphe avec Constantin, et Carthage, d'où les dieux sont bannis, voit accourir dans ses murs les évêques de toute l'Afrique[1].

Cette grandeur, toutefois, n'était qu'apparente; elle avait quelque chose d'incomplet et de factice; le pays était vaincu, mais non soumis. A cette même époque du second au cinquième siècle, les légions sont constamment en armes. Elles combattent sous les

---

(1) Trente-deux conciles furent tenus à Carthage, de l'année 215 à l'année 420, époque où l'invasion des Vandales les interrompit. Quelques-uns de ces conciles réunirent plus de cinq cent cinquante évêques, et ce n'étaient pas là encore tous les représentants des églises d'Afrique; car, s'il faut en croire l'un des plus savants écrivains du dix-septième siècle, on y compta un moment six cent quatre-vingt-dix évêques catholiques : ce qui suppose nécessairement six cent quatre-vingt-dix villes ou bourgades de quelque importance (Louis Dupin, *Geogr. sacra Afr.*, ad. Optat, Milev.).

Voir la note C.

Antonins, sous Maximien, sous Maxence, sous Théodose; si l'histoire ne nous a pas gardé le détail de leurs exploits, le fait principal, c'est-à-dire l'état de guerre en quelque sorte permanent, ne saurait être contesté. Et qu'on ne dise pas qu'il ne s'agissait que de ces tribus sans nom sorties de la poussière du désert, et qu'un regard de l'aigle romaine y faisait rentrer. Mais les Quinquégentiens, vaincus par Maximien-Hercule, habitaient le Djurjura, entre Sétif et la mer; mais Carthage, où un soldat règne trois ans[1], était la métropole de l'Afrique; mais c'est dans le cœur même du pays, c'est dans la première chaîne de l'Atlas que Théodose conduit ses vétérans à la poursuite de Firmus.

Encore un mot sur cette révolte de Firmus, parce qu'elle nous semble caractéristique. A la fin du quatrième siècle, le parti donatiste était dans toute sa force; il résistait aux empereurs et à l'Église, à la loi civile et à l'ana-

---

(1) Alexandre, sous Maxence.

thème; il résistait par le pillage, par l'incendie et le meurtre. Pour mettre un terme à tant d'excès, l'Afrique avait besoin d'un gouverneur habile, d'une main qui fût à la fois ferme et prudente. C'est le contraire qui arriva; on lui donna Romanus, homme dur et avare. Ce Romanus la pressurait sans pitié; il ne s'occupait que d'amasser de l'argent, et quand une ville menacée par les barbares implorait son secours, il demandait encore de l'argent et voulait qu'on le payât d'avance. Sur ces entrefaites, Firmus se révolte; il a bientôt une armée nombreuse; indigènes et donatistes se pressent autour de lui. Romanus est battu, Césarée est prise, la Numidie est ravagée, et l'insurrection devient si formidable que Romanus n'a plus assez de soldats pour la combattre. Il est forcé de s'adresser à l'empereur, qui lui envoie du fond des Gaules son meilleur général et ses meilleures troupes[1].

(1) La cause réelle de la révolte de Firmus ne fut pas le des-

Nous avons parlé de cette guerre. Il en faut lire le récit plein d'intérêt dans les historiens de l'époque. C'est une suite de rencontres sanglantes et acharnées, ici dans les montagnes, là au bord de la mer, aujourd'hui autour des villes, demain chez les tribus nomades; c'est un ennemi fuyant et reparaissant toujours; se sont des escarmouches sans résultat et des combats de vingt mille hommes... Firmus enfin ne succombe qu'à la manière de Jugurtha. Il est trahi et vendu comme lui[1].

Résumons-nous. Cinquante ans après la ruine de Carthage, les Romains ne possédaient presque rien dans l'*intérieur* de l'Afrique;

potisme de Romanus. Firmus se révolta parce qu'ayant tué son propre frère, Romanus lui avait justement demandé compte de ce crime. Mais telle était la haine inspirée par la cupidité de celui-ci que la population l'abandonna et prit le parti du meurtrier.

(1) Firmus s'était réfugié chez les Isaflenses, peuple placé entre la chaîne du grand Atlas et le mont de Fer (le Djurjura), dans la province actuelle de Tittery. Igmazen, leur roi, consentit à livrer Firmus, qui se tua pour ne pas tomber vivant entre les mains de Théodose.

cent ans après, on voit encore des rois de Numidie ; deux cents ans plus tard, des rois de Mauritanie, et cinq siècles après, lorsque Rome s'est enfin établie sur ce vaste territoire, lorsqu'elle y a transporté depuis longtemps sa langue, sa civilisation, ses lois, il y éclate tout à coup, et au centre même de sa puissance, un soulèvement inattendu que le bras seul de Théodose parvient à étouffer[1].

[1] Le récit de l'expédition de Théodose contre Firmus, rédigé par Ammien-Marcellin, qui s'était peut-être trouvé sur les lieux, a été vivement éclairé par le savant auteur des *Recherches sur la régence d'Alger*. On voit que cette guerre opiniâtre fut principalement concentrée entre la mer et Sitifis (Sétif), qui était la base des opérations de Théodose ; qu'elle atteignit Auzia (Bordj-Hamzah), autre point militaire important ; s'étendit un moment par les montagnes jusqu'au Munimentum Medianum (Médéah) et Julia Cæsarea (Cherchell), et revint s'éteindre dans les hautes vallées du Djurjura, là même où avait éclaté, trois siècles auparavant, la guerre de Tacfarinas ; là où, cent cinquante ans après, s'arrêta la conquête de Justinien ; là enfin où celle des Arabes et des Turcs n'a jamais entièrement pénétré[*].

[*] Une circonstance fort remarquable de cette guerre, c'est que Théodose n'avait amené avec lui qu'un très petit corps d'armée, qui ne s'élevait pas au delà de trois à quatre mille hommes : mais c'étaient tous hommes d'élite. Tandis donc que les soldats de Romanus gardaient les frontières ou restaient

CHAPITRE IV.

De l'Afrique depuis 1830, et de la domination française
comparée à la domination romaine.

Nous franchissons un espace de douze siècles, sans nous préoccuper de la domination arabe. Que dire, en effet, de toutes ces dynasties qui se succèdent, de tous ces empires qui s'élèvent et croulent, de tous ces chefs fanatiques ou ambitieux dont le génie étonne quelquefois, mais qui, en définitive, ne fondent rien de durable et ne laissent après eux que des ruines? C'est là l'histoire de l'A-

---

renfermés dans leurs places fortes, Théodose, suivi de ses fidèles vétérans, dont rien n'embarrassait la marche, poursuivait Firmus sans relâche et tombait à l'improviste sur les tribus qui lui donnaient asile.

Il est curieux de voir que ce système de *colonnes mobiles*, si souvent blâmé, et pourtant si heureusement appliqué de nos jours, n'est autre chose que le système d'un des plus grands capitaines du bas-empire.

frique septentrionale pendant douze siècles. Soumise d'abord, nominalement du moins, aux grands califes de Damas et de Bagdad, elle passe aux Aglabites, puis aux Zéirites, puis aux Almoravides, puis aux Almohades, renversés à leur tour par les Zyanites et les Hhafsytes...[1]; malheureux pays qu'une guerre éternelle déchire, et où la paix elle-même est toujours armée! Plusieurs États sortent de ces débris, États faibles, sans consistance, n'ayant de force que pour se détruire. L'Espagne en profite pour occuper Oran, Alger, Tunis, Tripoli. Mais cette utile conquête est bientôt perdue et tombe aux mains des Turcs. Maîtres de la côte d'Afrique, les sultans de Constantinople le deviennent de la mer, et leurs nouveaux sujets, transformés en pirates, se vengent sur le commerce chrétien de la défaite de Lépante.

(1) Zyanites à Telemsen, 1240-1560; Hhafsytes à Tunis, 1210-1570.

Louis XIV châtie ces corsaires; Duquesne bombarde trois fois Alger. Toutefois les déprédations recommencent, et la victoire de lord Exmouth en 1816 ne peut encore y mettre un terme. Il fallait un exemple. En 1830 la France s'empare d'Alger, en chasse les Turcs et s'y établit. Un mot maintenant sur cette occupation.

Nous ne parlerons pas des dix premières années de la conquête, années fécondes et glorieuses cependant, où l'armée prend Constantine, franchit les Portes-de-Fer, s'installe à Cherchell, Médéah, Milianah[1], et commence ces grands travaux d'utilité publique qui préparent et consolident l'œuvre de la colonisation... Nous avons hâte d'arriver aux résultats déjà obtenus, et nous disons : Voilà quatorze ans seulement que nous sommes en Afrique! Qu'est-ce que les Romains possédaient en Afrique au bout de quatorze ans?

---

(1) 1837, 1839, 1840.

Qu'est-ce qu'ils possédaient dans l'*intérieur* du pays?

Dira-t-on que les Romains eurent à lutter contre une nation puissante et fortement organisée? Mais à l'époque de l'occupation romaine, Carthage était détruite.

Dira-t-on que la guerre continua dans les provinces, que le peuple carthaginois survécut à Carthage? Mais les Carthaginois, peuple étranger, n'avaient qu'une terre sans patrie et des armées sans citoyens. Carthage prise, la lutte cessa.

Dira-t-on qu'après Carthage vinrent les Numides, population farouche et indomptable, plus nombreuse et plus aguerrie que celle de nos jours? Plus nombreuse! les éléments nous manquent pour décider cette question. Plus aguerrie! le courage des Arabes ne peut être mis en doute[1].

Dira-t-on, enfin, que nous avons été sou-

---

(1) Voir la note D.

tenus par des alliances ou servis par des défections? Pendant dix ans, aucun chef considérable n'est venu à nous. Les Romains avaient pour eux la fidélité de Massinissa.

Chose remarquable ! l'empire punique tombe le même jour que Carthage. En prenant Alger, la France ne prend qu'une ville. Le reste continue à résister et à combattre.

La religion de Carthage différait peu de celle de Rome. On sait que Rome adoptait toutes les croyances, et qu'elle avait une place pour tous les dieux. Entre le culte du Christ et celui de Mahomet, l'assimilation n'est pas possible ; l'Arabe nous repousse comme étrangers, et nous déteste comme infidèles : la guerre qu'il nous fait est *nationale* et *sainte*.

Dans la conquête de l'Afrique, tout l'avantage était donc du côté de Rome; cependant combien d'efforts, combien d'années pour atteindre le but ! En quatorze ans nous y touchons presque [1].

(1) Sans sortir des limites de l'ancienne régence d'Alger, bien

Que celui qui doute prenne la carte d'Afrique. Depuis les frontières de Tunis jusqu'à celles du Maroc, depuis les bords de la Méditerranée jusqu'aux derniers rameaux de l'Atlas, une riche et brillante contrée nous appartient. Nous sommes à Bone et à Oran, à Constantine et à Telemsen ; nous occupons tous les lieux intermédiaires; Boghar, Thaza, Tegdempt, Saïda, toutes ces retraites cachées et lointaines d'un ennemi insaisissable, ont été détruites. Nos drapeaux ont vu Msilah, Tébésah, Bouçada, villes perdues en quelque sorte sur la limite des terres cultivables, et, se précipitant dans le désert à la suite de nos cavaliers, ils en sont revenus couverts du sable de Taguin[1].

---

entendu ; il n'est pas question des autres possessions romaines.

(1) 29 mai 1841. — Occupation de Msilah par le général Négrier (à 28 lieues S.-O. de Sétif).

31 mai 1842.—Occupation de Tébésah ou Tébesse (l'ancienne Théveste) par le général Négrier (à 38 lieues S.-E. de Constantine).

16 mai 1843. — Prise de la smala d'Abd-el-Kader, près la

Voilà ce que nous avons fait en quatorze ans. Mais depuis quelques années surtout, les progrès ont été rapides, les résultats inespérés.

Il y a quatre ans encore, nous étions comme assiégés dans le petit nombre de points que nous occupions. On ne pouvait sortir d'Alger sans une escorte militaire; il fallait une petite armée pour se rendre à Bouffarik, et les

---

source de Taguin, par M. le duc d'Aumale (à 29 lieues S.-O. de Gougilah, dans le désert).

28 octobre 1843. — Occupation de Bouçada par le général Sillègue (à 45 lieues S.-O. de Sétif)*.

(*) Les ruines de Tébésah sont magnifiques. On y voit des restes considérables de temples et de monuments publics : un *arc de triomphe* sur lequel on lit que l'ancienne Théveste, détruite par les barbares, a été relevée par Salomon, vainqueur des Vandales ; un *cirque* qui pouvait recevoir six mille spectateurs ; une *forteresse* encore debout avec son mur d'enceinte, flanqué de quatorze tours. Les sources d'eau y sont nombreuses, et les jardins d'une admirable fertilité (rapport du général Négrier, inséré dans le *Moniteur* des 28 et 29 juin 1842).

On a déjà dit qu'une grande route pavée conduisait, du temps des Romains, de Carthage à Théveste. Le rapport du général constate l'existence de cette voie romaine, et ajoute qu'elle paraît se diriger à l'est vers Beccaria.

Bouçada est une ville de quatre mille cinq cents habitants, placée sur la lisière du Tell. Elle a, comme Théveste et Msilah, de beaux jardins bien arrosés, et son commerce est très important.

maraudeurs hadjoutes, infestant la Mitidjah, répandaient la terreur jusqu'aux portes de la capitale[1]. Aujourd'hui vous traversez la plaine sans nul danger : vous y trouvez une population laborieuse, défrichant la terre, ou construisant des villages. La route est couverte d'ouvriers, de colons, de laboureurs, et l'activité de l'Européen y a même transporté l'omnibus. De Blidah, gravissez l'Atlas : parcourez ces gorges sauvages où tant de sang fut versé. C'est partout la même sécurité : quelques soldats, des marchands, des femmes qui vont à Médéah, Milianah, Boghar, à plus de quarante lieues d'Alger. Point de postes français, point de protection apparente; le voyageur bivouaque en plein air, ou va chercher l'hospitalité sous une tente naguère ennemie[2].

(1) « Nulle part la campagne n'était sûre... et des partis se glis-
« saient, à la faveur des plis du terrain, jusqu'au voisinage d'Al-
« ger (*Tableau des établissements français en Algérie*, pour 1840,
p. 1 et suivantes).

(2) « Sur la route où, il y trois ans, il n'était pas prudent de

Il y a quatre ans, on ne connaissait pas de route ; c'étaient de rudes sentiers fréquentés par l'Arabe seul, de mauvais chemins, à peine praticables pour des mulets. Aujourd'hui vous trouverez plus de trois cents lieues de routes exécutées par nos soldats. Vous irez facilement à Telemsen (plus de 120 lieues), et vous pourrez visiter à droite et à gauche Tenez, Orléansville, Maskarah. Une autre

« s'engager à moins d'être accompagné de deux ou trois mille
« hommes, à chaque instant nous rencontrions des voitures pu-
« bliques, des charrettes, des convois de toute espèce, des hom-
« mes et des femmes isolés, voire même des cantonniers ; enfin
« une activité commerciale peu commune, même sur les routes
« de France les plus suivies. Sous ma fenêtre, je vois chaque
« matin partir pour Blidah quinze diligences ou omnibus à cinq
« ou trois chevaux. Tout cela se remplit aussi bien d'Arabes que
« d'Européens. Ces voitures, si imparfaites qu'elles soient, leur
« plaisent beaucoup » (extrait d'une lettre du 18 décembre 1843, insérée dans le *Journal des Débats* du 3 février 1844).

« J'ai fait quatre-vingts lieues dans les terres, dit M. Gustave
« de Beaumont, à travers les provinces d'Alger, de Tittery et de
« Milianah, avec autant de sécurité que j'en ai trouvé sur la route
« de Paris à Orléans » (extrait du journal *L'Algérie* du 26 janvier 1844).

route, se dirigeant du côte de l'est, touche déjà aux bords de l'Isser et viendra se terminer, en traversant la Medjanah, aux murs même de Constantine[1].

Ajoutez ces marais desséchés, ces canaux creusés ; ces ponts jetés sur le Sig, sur la Mina, sur le Chéliff ; ces grands travaux simultanément entrepris à Bone, à Philippeville, à Cherchell ; ce port d'Alger qui contiendra toute une flotte ; cette vaste enceinte qu'on recule encore et qu'on y dispose pour une ville de cent mille âmes ! C'est là certainement un grand et beau spectacle[2].

Le caractère arabe, si indomptable et si

---

(1) L'ancienne route (*Soltania*) tracée par le dey Omar aboutit, en passant près de Bordj-Hamzah (Auzia), au redoutable défilé des Biben (les Portes-de-Fer) ; mais elle est devenue presque impraticable. C'est par là cependant que M. le maréchal Valée et M. le duc d'Orléans firent passer en 1839 un corps d'armée de plus de trois mille hommes, lorsque le maréchal tenta pour la première fois de revenir de Constantine à Alger par la route de terre.

(2) Voir la note E.

tenace, tend chaque jour à se modifier. Il cède malgré lui à l'influence de la civilisation européenne. Un officier suivi de quelques soldats parcourt les tribus, entend leur plaintes, règle leurs différends. Le nom chrétien n'est plus maudit comme il l'était : on commence à le craindre, nous dirions presque à le respecter. L'évêque d'Alger visite son diocèse, et la population musulmane accourt à sa rencontre. Des écoles sont fondées, des communautés pieuses s'établissent, des milliers d'enfants sont vaccinés, et on voit des indigènes qui, renonçant à la pluralité des femmes ainsi qu'à la faculté du divorce, se soumettent sans hésiter aux prescriptions sévères de la loi française[1].

Telle est, depuis quatre ans, la situation nouvelle de l'Algérie. Ce sont des faits avérés, constants, hors de discussion. Est-ce à dire

(1) *Tableau de la situation des établissements français en Algérie*, pour 1842 et 1843.
Voir la note F.

que tout soit terminé? Est-ce à dire que nous n'avons plus qu'à déposer les armes et à jouir paisiblement de notre triomphe? Non, sans doute; nous avons encore beaucoup à faire[1]. Dans l'est l'ancien bey dépossédé de Constantine, dans l'ouest Abd-el-Kader rôdant toujours comme un lion affamé, continuent à agiter le pays et y retardent l'affermissement de notre puissance. Au delà de l'Isser, la Kabylie reste indépendante. Cette âpre contrée, toute remplie de montagnes, et que les Turcs n'ont jamais soumise, est habitée par une race farouche et intraitable. C'est là qu'eurent lieu de tout temps les plus opiniâtres rébellions[2]; c'est là qu'aujourd'hui même un de nos ennemis les plus actifs (Ben-Salem) a

---

(1) Il nous reste beaucoup à faire, et beaucoup de choses ont été mal faites; mais on n'arrive pas de prime abord à la perfection. Essayer, c'est chercher.

(2) Révoltes de Tacfarinas, des Quinquégentiens, de Firmus, dans la chaîne des monts de Fer (le Djurjura).

trouvé un refuge d'où il faudra bien que nous le chassions tôt ou tard[1].

Mais si tout n'est pas encore terminé, s'il nous reste encore beaucoup à faire, ne devons-nous pas regarder du moins avec satisfaction ce qui a été fait et nous montrer pleins de confiance dans l'avenir? Les résultats obtenus depuis quatre ans ne sont-ils pas merveilleux? Est-ce qu'ils ne dépassent pas tout ce qu'on

(1) C'est au delà de Hamzah, et en remontant principalement vers le nord-est, qu'on entre réellement dans la Kabylie indépendante, vaste réseau montueux, aux mailles serrées en tous sens, et qui, s'étendant de la mer jusqu'à Sétif et de Dellys jusqu'aux petites villes de Bougie et de Collo, embrasse un espace de plus de cinquante lieues. Deux cents tribus qui peuvent armer près de cent mille fantassins, et deux mille villages environ, occupent cette région sauvage. Bien que stérile en beaucoup d'endroits, on y compte plusieurs belles vallées remplies d'arbres fruitiers, et le nombre des oliviers y est considérable.

Une première expédition a déjà été conduite de ce côté par M. le maréchal Bugeaud (1841-1842). On détruisit le fort de Bel-Khéroud, construction toute neuve de Ben-Salem, et le fort d'El-Arib, bâti par les Turcs; mais on n'alla pas plus loin que Bordj-Hamzah (Auzia). Une seconde expédition, commandée également par le maréchal, a été dirigée cette année même vers le littoral; elle s'est terminée, après une résistance opiniâtre, par l'occupa-

était en droit d'espérer? N'est-il pas incroyable que nous soyons parvenus en quatre ans, ou si on veut en quatorze ans, à une domination aussi vaste et aussi complète à certains égards? Nous avons donc eu raison de dire que la France avait marché bien plus vite que Rome, et que, si quelque chose devait étonner dans notre entreprise, c'était sa rapidité. Il y a quelques mois à peine que nos soldats ont franchi l'Aurès. Les voilà maintenant dans Biskra, à huit journées de Constantine vers le sud, sur la limite extrême

---

tion de Dellys et la soumission de plusieurs grandes tribus d'au delà de l'Isser (mai 1844).

Le but principal de cette seconde expédition était d'assurer l'établissement de la grande route stratégique qui, partant du pont des Béni-Hini sur l'Isser, doit se prolonger par Hamzah jusqu'à Sétif et Constantine. Si l'on peut arriver ensuite, comme tout le fait supposer, à l'expulsion de Ben-Salem et à la soumission des tribus voisines de Bougie, on pourra également alors communiquer avec Sétif par la mer. Cette communication existait du temps des Romains, qui avaient deux routes sur Sitifis, l'une partant de Bougie (Saldæ), l'autre de Djijelli (Igilgilis)*.

(*) C'est à Igilgilis que débarqua Théodose, dans sa guerre contre Firmus; il atteignit de là Sétif avec l'armée romaine.

de l'empire romain. Partout ils ont retrouvé les traces de cette forte Rome, ses monuments, ses temples, ses grandes voies de communication, superbes témoignages d'une puissance qui n'est plus, mais qui peut renaître encore[1]. Du côté de l'ouest, à 40 lieues du Tell, Aïn-Madhy et El-Aghouath nous ont ouvert leurs portes. Le Désert subit et accepte notre souveraineté. Même en ce moment, lorsque le canon gronde à la frontière du Maroc, lorsque les cris sauvages des cavaliers noirs d'Abd-el-Rhaman retentissent au loin dans l'Atlas, la plus profonde tranquillité règne au sein des provinces conquises, et jamais nos marchés algériens ne furent plus fréquentés[2]. Tout va donc bien sur les divers points de la Régence; tout va bien, la guerre et la paix. On a pu hésiter, sans doute, entre l'occupation restreinte et l'oc-

---

(1) Voir la note G.
(2) Voir la note H.

cupation illimitée ; on a pu s'inquiéter à juste titre, et des sacrifices que nous imposait la conquête, et des périls qu'il faudrait courir le jour d'une guerre maritime. A présent, ce n'est plus possible. La force des choses nous a poussés en Algérie, il faut que nous y restions; disons mieux : il faut que l'Algérie nous reste, vaincue, soumise et française. Grand et magnifique empire que les mystérieux desseins de la Providence ont jeté en face de Marseille, qui touche en quelque sorte à nos flots et à nos rivages, et peut être placé dès aujourd'hui au premier rang des colonies par la fertilité de son sol, l'étendue de son territoire et l'importance de sa population[1].

(1) Voir la note I.

DEUXIÈME PARTIE.

PRÉCIS DU COMMERCE
DE
L'AFRIQUE SEPTENTRIONALE
DEPUIS LES TEMPS ANCIENS
JUSQU'A NOS JOURS.

1ᵉʳ décembre 1845.

J'ai raconté combien il avait fallu d'efforts, de patience et de temps aux Romains pour parvenir à l'empire de l'Afrique septentrionale. Rapprochant les époques et les événements, j'ai démontré que deux siècles s'étaient écoulés avant qu'ils eussent conquis le pays; que le pays, même une fois conquis, ne leur avait offert qu'une possession souvent troublée, tandis qu'en moins de quinze ans la France avait presque atteint les limites extrêmes de leur puissance; puis, jetant un coup d'œil sur les relations commerciales de cette contrée avec le reste de l'Afrique, j'ai dit quelques mots de ce qu'elles avaient été dans l'antiquité, de ce qu'elles étaient de nos jours, et de ce qu'elles pouvaient être dans l'avenir.

Je viens compléter ce premier travail. Depuis dix-huit mois la domination française s'est encore agrandie en Afrique. Les importations de l'*intérieur* ont suivi leur marche ascendante, et ce qu'il fallait demander à l'étranger, on commence à le demander à l'Algérie elle-même. C'est donc le moment de rechercher quel a pu être le commerce africain dans les temps antiques; d'examiner sur quelles bases il reposait à cette époque; quels peuples lui servaient d'intermédiaires, et si, les mêmes causes ou des causes semblables renaissant aujourd'hui, on peut raisonnablement espérer les mêmes résultats [1].

---

(1) Ce passage et tout le reste de l'ouvrage étaient écrits lorsqu'on a reçu au mois d'octobre dernier la nouvelle des tristes événements de la province d'Oran. Comme ces événements ne changent rien à mes convictions bien arrêtées sur l'établissement nécessaire et définitif de la domination française en Algérie, j'ai cru ne devoir rien changer non plus à mon travail.

De pareils revers d'ailleurs, isolés et partiels, sont inévitables sur une aussi vaste étendue de territoire, et ne surprennent pas quand on connaît l'histoire. Est-ce que l'Afrique n'était pas soumise depuis longtemps aux Romains, est-ce que Carthage n'était pas détruite depuis près de deux siècles, lorsque Tacfarinas leva en Numidie l'étendard de la révolte? Est-ce que la Gaule n'était point pacifiée, lorsqu'une insurrection générale dirigée par Vercingétorix y rappela bientôt César et faillit lui faire perdre tout le fruit de ses victoires? La Germanie des bords du Rhin ne paraissait-elle pas également conquise et tranquille, lorsqu'elle courut aux armes sous Auguste? Ne vit-on pas alors un otage élevé à Rome, instruit dans l'art militaire et la civilisation des Romains, Arminius, se mettre à la tête des révoltés et triompher de trois légions? Enfin, sous Néron, n'eut-on pas les troubles de l'Arménie? Ce pays, à qui Rome envoyait des rois, se donna tout à coup aux Parthes. Un grand général, Corbulon, le soumit de nouveau; il poursuivit impitoyablement ceux qui l'avaient lâchement trahi, et n'hésita pas à incendier les cavernes où ils se tenaient cachés*. Ces rébellions soudaines, qui effrayent au premier abord, n'ont donc rien qui doive réellement étonner. La France fera comme Rome : elle les apaisera.

(*) Igitur dux romanus diversis artibus, misericordiâ adversùs supplices, celeritate adversùs profugos, immitis iis qui latebras insederant, ora et exitus specuum, sarmentis virgultisque completos, igni exurit (TACITE, *Annales*, livre XIV, § 23).

PRÉCIS DU COMMERCE
DE
L'AFRIQUE SEPTENTRIONALE

CHAPITRE PREMIER.

Du commerce des Carthaginois avec l'Afrique en général.

Les Phéniciens, en fondant Carthage, suivirent le système qu'ils avaient adopté depuis plusieurs siècles ; c'était de réunir dans leurs mains tout le commerce de l'Occident et de l'Orient. D'un côté leurs caravanes, traversant Palmyre, trafiquaient avec Babylone, le golfe Persique et peut-être les bords de l'Indus ; de l'autre leurs vaisseaux, sillonnant la Méditerranée, visitaient la Sicile, la Gaule, l'Espagne où ils possédaient Gadès et Tartessus, et rapportaient en Asie les trésors d'un monde lointain. L'industrie de leurs manufactures était déjà renommée du temps d'Homère; le grand poëte cite avec éloge «les ouvrages des « femmes sidoniennes, leurs meubles pré- « cieux, leurs parfums, et la vive pourpre de « Phénicie[1]. »

Carthage sut imiter l'exemple qui lui était donné. Obligée, en commençant, de reconnaître la suprématie de Tyr et de payer tribut aux Libyens du voisinage, elle s'affranchit peu à peu de cette double dépendance; puis on la vit s'emparer successivement des grandes îles de la Méditerranée, de l'Espagne presque tout entière après la première guerre punique, et, dans l'Afrique continentale, de l'immense région qui s'étendait depuis la métropole jusqu'à la Cyrénaïque. On peut ajouter qu'elle

---

(1) Voir la note J.

plaça des comptoirs auprès des colonnes d'Hercule, et qu'elle occupa même sur les flots de l'Océan les rivages mystérieux où se trouve aujourd'hui l'empire du Maroc.

Une armée carthaginoise devait présenter un singulier spectacle. Ici c'étaient les Numides avec leurs coursiers sans selle, et une peau de lion pour vêtement; là, les soldats des Baléares avec leurs frondes chargées de pierres, aussi redoutables que des balles de plomb; à côté d'eux, le Libyen pesamment armé, l'Espagnol habillé de blanc, le Gaulois à moitié nu; et de nombreux éléphants, amenés du Désert par des cornacs éthiopiens, « couvraient « le front de bataille comme une chaîne de « forteresses mobiles[1]. »

La flotte avait un aspect non moins étrange. C'étaient des escadres de deux et de trois cents galères, portant plus de cent mille com-

---

(1) HEEREN, *Politique et commerce des peuples de l'antiquité*, t. IV.

battants, embarqués sur tous les points de l'Afrique et de l'Europe encore sauvage. L'image des dieux protecteurs de Carthage brillait à la poupe des vaisseaux manœuvrés par des rameurs esclaves. Carthage avait des navires de trois rangs, de cinq rangs, de sept rangs de rames; les quinquérèmes contenaient cent vingt soldats et trois cents marins[1]. Ces marins, comme je viens de le dire, étaient presque tous esclaves, blancs, basanés, nègres;

---

(1) Les premiers navires de guerre n'avaient que vingt rameurs ou un peu plus, et portaient depuis cinquante jusqu'à cent vingt combattants (*Odyssée*, ch. I; *Iliade*, ch. I et II). On construisait ensuite des pentécontores ou vaisseaux à cinquante rameurs et non pontés. Plus tard, les Corinthiens inventèrent les trirèmes, bien qu'à la bataille de Salamine les Athéniens furent obligés d'employer encore un grand nombre de pentécontores (Thucyd., l. 1). Sous les successeurs d'Alexandre, l'art naval ayant fait de grands progrès, on imagina les quinquérèmes, et jusqu'à des vaisseaux à sept rangs de rames et au delà. Mais les Carthaginois paraissent n'en avoir eu qu'un seul de cette classe, et qui même était une prise faite sur Pyrrhus. Il tomba à son tour au pouvoir des Romains pendant le combat de Myla, l'an 260 avant l'ère chrétienne*.

(*) Démétrius Poliorcète, si l'on en croit Plutarque, avait des vaisseaux de quinze et seize rangs de rames, remarquables par leur grandeur et leur

et Asdrubal, en un seul jour, lors de la seconde guerre punique, en acheta cinq mille. Enfin, après avoir perdu près de six cents vaisseaux dans sa première guerre contre Rome, Carthage put encore venir au secours de Gadès (Cadix), et envoyer Amilcar à la conquête de l'Espagne[1].

Carthage était populeuse et pleine de magnificence. Lorsqu'elle fut prise par Scipion, elle comptait, dit-on, sept cent mille habitants[2]. On citait son forum, ses quais, ses temples d'Astarté, d'Esculape et de Saturne, ses profondes citernes, ses thermes, son amphithéâtre. Le port militaire renfermait deux cent vingt vaisseaux, avec de vastes magasins

vitesse. Ptolémée Philopator fit construire un navire de quarante rangs, chargé de quatre mille rameurs, de quatre cents matelots et de trois mille soldats. Il est inutile d'ajouter qu'on pouvait à peine le mouvoir (*Histoire du commerce des anciens*, par HUET, évêque d'Avranches, chap. XVIII; Paris, 1763).

(1) HEEREN, *Politique et commerce des peuples de l'antiquité*, t. IV.
(2) Ce chiffre de Strabon est contesté; il ne résulte pas moins de tous les documents que la population de Carthage était considérable (*Carthage*, IIe partie, par Jean YANOSKI, Paris, 1844).

tout ornés de colonnes, et formait ainsi un portique superbe. La citadelle (*Byrsa*) avait vingt-deux stades de tour et était défendue par des murailles hautes de quatre-vingt pieds. On y remarquait des écuries pour trois cents éléphants, pour quatre mille chevaux, et des casernes pour vingt-quatre mille fantassins. Splendidement assise au fond d'un large golfe, ayant Tunis à sa droite et Utique à sa gauche, entourée des richesses de l'Afrique et du monde alors connu, Carthage était réellement la reine de l'Occident, et l'on ne s'étonne plus, en lisant Appien, que la destruction de cette grande ville ait arraché des larmes à son vainqueur [1].

Il est évident que pour entretenir de pareilles armées et de pareilles flottes, presque

---

(1) APPIEN, livre des *Guerres puniques*. — POLYBE, livre I des *Histoires*. — HEEREN, *Politique et commerce des peuples de l'antiquité*, t. IV, *passim*. — Jean YANOSKI, *loco citato*. — *Recherches sur la topographie de Carthage*, par DUREAU DE LA MALLE, Paris, 1835. — *Carthage*, par le même, Paris, 1844.

entièrement composées de mercenaires, le gouvernement carthaginois devait s'imposer d'énormes dépenses. Or l'Espagne, qui lui procura de si utiles ressources, ne fut soumise que tardivement, c'est-à-dire plus de six cents ans après la fondation de Carthage, et lorsque déjà la Sicile et la Sardaigne lui avaient été enlevées. Mais la Sicile, qui offrait sans doute un grand commerce avec les Grecs, n'avait pas de mines importantes, et si la Sardaigne produisait de l'argent et des pierres précieuses, elle ne suffisait certainement pas pour alimenter une caisse publique qu'il fallait toujours remplir. D'un autre côté, l'Espagne elle-même ne fut célèbre que par ses mines d'argent. L'or y était peu commun, et cependant il est notoire que l'or circulait à Carthage aussi bien que l'argent, et était employé, comme l'argent, dans toutes les transactions[1].

(1) Voir la note K.

De quel pays venait l'or?

On peut répondre que l'or venait de l'Asie, apporté sur des vaisseaux nationaux et phéniciens, ou sur des vaisseaux grecs[1]. Mais on trouvait à Carthage autre chose que de l'or. On y trouvait toutes les productions de l'Afrique septentrionale et centrale; on y achetait des plumes d'autruche, des pierreries, de l'ivoire, des nègres fort recherchés comme esclaves en Grèce, en Italie, en Sicile; et à cette époque comme aujourd'hui, la véritable population noire ne se rencontrait que vers les bords du Niger, ou sur ceux du Nil méridional[2]. Les caravanes carthaginoises pénétraient donc jusque-là, à travers les

---

(1) L'or, par exemple, était si commun en Arabie, qu'il y valait beaucoup moins que l'argent. Les Phéniciens le changeaient contre ce dernier métal, et faisaient par conséquent un double bénéfice (HEEREN, t. II, ch. III).

(2) « Vous m'avez dit que vous désiriez une petite esclave *éthiopienne*. N'ai-je pas tout laissé pour vous en chercher une? » (*L'Eunuque* de TÉRENCE, acte I, sc. II.)

sables enflammés de la Libye, ou du moins communiquaient journellement avec des peuples qui visitaient les rives de ces grands fleuves.

Il y avait enfin le commerce maritime avec l'Afrique occidentale. Les Carthaginois découvrirent de ce côté le littoral du Sénégal et de la Gambie. Là s'établit un commerce important d'échanges, et les vaisseaux de Carthage en rapportaient des peaux de bêtes féroces, des dents d'éléphants et de la poudre d'or[1].

§ 1. — Du commerce de terre des Carthaginois avec l'intérieur de l'Afrique.

Carthage n'a pas eu d'historien. Ceux qui ont parlé d'elle étaient des Grecs ou des Romains, et ne l'ont fait qu'après sa chute.

Si on songe quelle fut cette chute, ou plutôt cette ruine, combien elle fut terrible et

(1) Voir plus loin.

grande; si on se rappelle que tout fut renversé, brûlé, pillé; que, pendant six jours et six nuits, l'armée romaine ne prit pas un instant de repos, tout occupée qu'elle était à démolir, à saper, à ramasser les morts de dessous les décombres pour les jeter aux gémonies; que les livres et les bibliothèques disparurent dans cette dévastation, et que ce qui en resta fut abandonné aux rois numides alliés de Rome, on comprendra mieux le silence qui pèse sur les origines, les développements et le commerce de Carthage[1].

(1) Les archives secrètes de Carthage devaient contenir une foule de renseignements curieux relatifs aux usages, aux coutumes et au commerce des autres peuples. Il n'y eut que l'ouvrage de Magon sur l'agriculture pour lequel les vainqueurs parurent avoir quelque estime, et dont Silanus donna une traduction en vingt-huit livres qui sont perdus.

Du reste, ce fut presque toujours l'habitude des Romains de détruire ce qui pouvait exister des civilisations antérieures. C'est ainsi qu'ils ne laissèrent rien en Italie des vieilles nationalités osque, sabine, étrusque, et cela peut servir à expliquer pourquoi Tite-Live en cite si peu souvent les historiens (*Des Journaux chez les Romains*, par Victor LE CLERC, Paris, 1838).

Cependant on a pu recueillir quelques débris de documents, et en consultant avec attention ce que Rome, pour le soin de sa propre gloire, nous a fait connaître de sa rivale, on parvient peu à peu à reconstruire l'édifice d'une grandeur qui apparut et brilla seule en Occident pendant plus de six siècles.

Le territoire de Carthage s'avançait surtout à l'est. Au midi, c'étaient les terres labourables jusqu'au lac Tritonide; au delà, les sables, et cette bande étroite de verdure qui, s'étendant le long de la mer, touche à la Cyrénaïque. Jusqu'au lac Tritonide on rencontrait les Libyens, ou, comme Polybe les appelle, le Liby-Phéniciens, sujets de Carthage; sur le rivage, les villes commerçantes de la contrée des Emporia; plus loin, les trois ports de la région syrtique, parmi lesquels la grande Leptis, colonie de Sidon; autour, les populations nomades, telles que les Lotophages, les Nasamons, etc. Quant à l'ouest, le territoire proprement dit de Carthage n'allait pas au delà d'Hippo-Régius (Bone), et l'intérieur du pays, qu'habitaient les Numides et les Mauritaniens, était resté indépendant. Néanmoins, sur toute la côte et jusque sur l'Océan, on trouve des établissements et des comptoirs de Carthage[1].

Ce n'est certainement pas le lieu de parler des autres provinces, ni de la Sardaigne, ni de la Corse, ni des Baléares; ni de la Sicile, où Carthage avait les beaux ports de Lilybée, de Panorme (Palerme), et le tiers du pays; ni de l'Espagne, dont elle exploita si avidement les richesses. Mais quels devaient être le commerce et les revenus d'un empire qui gardait ainsi toutes les issues de l'Afrique septentrionale, et qui n'en laissait rien passer en Europe qu'avec son assentiment ou par son intermédiaire[2]!

---

(1) Voir la note L.
(2) Il n'est pas non plus question de Cyrène, colonie grecque dont le commerce, bien qu'étendu, l'était cependant moins que celui de Carthage. Cyrène exportait de l'huile, du blé, du miel,

Sans cela, quel eût été l'intérêt de Carthage à la possession de la région syrtique? quel intérêt à l'occupation d'une province généralement aride, comme celle de la Tripolitaine? Mais c'est là que se trouvaient les nomades, tous ces peuples voyageurs et courtiers qui parcouraient la Libye et au moyen desquels elle parvenait soit à importer ses produits dans l'intérieur de l'Afrique, soit à en exporter ceux dont elle manquait[1].

Les historiens sont unanimes sur ce point. Ils rapportent que les commerçants carthaginois pénétraient jusqu'à des contrées inconnues. Des caravanes arrivaient à Carthage

---

de la cire, et surtout du silphion, de l'essence de rose et du bois de genévrier, si estimé à Athènes sous le nom de thyon, à Rome sous celui de citrus (*L'Afrique ancienne*, par D'AVEZAC, 1re partie, Paris, 1845).

(1) C'étaient les nomades qui fournissaient aux habitants de l'intérieur le blé de la Numidie, les armes que l'on fabriquait à Carthage, les tissus et les fines étoffes de Mélita (Malte), dont les manufactures étaient célèbres (DIODORE, l. V, § 12, récension de Dindorf, Paris, 1842).

du fond de l'Arabie, en traversant l'oasis d'Ammon et la grande Leptis[1]. D'autres caravanes, partant de l'Égypte, s'arrêtaient également à cette oasis d'Ammon, à celle d'Augiles (Audjelah), descendaient chez les Atarantes et les Atlantes, à qui elles portaient du sel et des dattes, et revenant ensuite chez Lotophages, c'est-à-dire chez les premières tribus nomades soumises aux Carthaginois, y ramenaient des esclaves, des pierres fines, de l'ivoire et de la poudre d'or.

Hérodote nous a retracé la marche d'une de ces caravanes d'Égypte, et comme il parle dans le même endroit de la contrée des Lotophages, d'où il fallait trente jours pour se rendre dans le pays « où les bœufs paissent à reculons, » il n'est pas douteux que des caravanes *carthaginoises* venaient également dès cette époque vers le sud, et employaient ainsi trente jours

---

[1] *Carthage*, IIe partie, par Jean YANOSKI.

pour faire le voyage. Qu'on me permette de donner un extrait de ce passage d'Hérodote, bien des fois cité et commenté [1].

La caravane part de Thèbes et se rend chez les Ammoniens, où l'on trouve du sel en gros quartiers; on visite en passant le temple d'Ammon et la fontaine du Soleil, froide à midi, bouillante à minuit.

De l'oasis des Ammoniens, la caravane gagne en dix jours le canton d'Augiles; elle y prend du sel et des dattes. A dix jours d'Augiles, on aperçoit une autre colline de sel et une grande quantité de palmiers; on est alors chez les Garamantes, « qui font la chasse aux Troglodytes-Éthiopiens. » Cette dernière nation parle une langue assez bizarre qui ressemble « au cri des chauves-souris. »

A dix journées des Garamantes, on trouve les Atarantes, « dont les individus n'ont

---

[1] Hérod., l. IV, § 181-184; traduct. de Larcher.

« point de noms qui les distinguent les uns
« des autres. » A dix journées des Atarantes,
la caravane rencontre les Atlantes et une
autre contrée remplie de sel et d'eau. Là est
le mont Atlas, « mais si haut qu'on n'en peut
« voir le sommet, à cause des nuages qui le
« couvrent l'été comme l'hiver. » La caravane
ne va pas plus loin.

Voilà le récit d'Hérodote, récit considéré
pendant longtemps comme fabuleux, regardé
maintenant comme vrai, et confirmé par toutes les découvertes modernes. Dans la première édition de son ouvrage, qui parut à la
fin du siècle dernier, Heeren avoue qu'il ne
peut pas contrôler les assertions d'Hérodote,
et que pourtant il y ajoute foi. Quelle a dû
être la satisfaction de ce grand érudit, en
voyant plus tard que l'exactitude d'Hérodote
était démontrée dans l'ensemble de son récit,
et que la route suivie encore aujourd'hui par
les caravanes du Caire jusqu'aux frontières du
Bournou était celle-là même que l'on suivait

à partir de Thèbes, du temps de l'historien grec[1] !

On a retrouvé, en effet, l'oasis d'Ammon (Syouah) avec son temple de Jupiter Thébéen, ses champs de sel et sa fameuse source du Soleil. On a retrouvé le canton d'Augiles (Audjelah), avec ses jardins de palmiers; les Garamantes dans le Fezzan actuel, et Garama, leur principale station, dans Germah, aujourd'hui ruinée. On a retrouvé les Troglodytes, c'est-à-dire les nègres Tibbos, habitant des rochers stériles, et fuyant devant les Tuariks (Touâregs) comme ils fuyaient autrefois devant les Garamantes. Enfin, on a reconnu leur singulier langage, qui est pareil, suivant Hornemann, « au gazouillement des oiseaux[2]; » on a reconnu les Atarantes dans les tribus

---

(1) HEEREN, *Idées sur l'Afrique*, traduction française de l'an VIII, t. I, p. 185 et 186; le même, *Politique et commerce des peuples de l'antiquité*, traduction de M. Suckau, 1832, t. IV, ch. VI.

(2) *Voyage de* F. HORNEMANN.... depuis le Caire jusqu'à Mourzouk..., ch. III; Paris, 1803.

de Tégerry, ou tout au moins dans ces tribus voisines « qui n'ont point de noms propres; » et l'Atlas dans la région montagneuse de Bilma, dont les pics noirâtres s'élèvent et se perdent en quelque sorte au milieu du ciel. Remarquons que toutes ces contrées sont couvertes de sel, que le sel est ici le principal élément du commerce avec les peuples du sud, qui n'en ont pas, et que c'est encore à Bilma que se réunissent tous les ans les caravanes de la Nigritie, pour en rapporter le sel qu'elles y ont acheté en échange des productions de leurs pays [1].

On objectera peut-être que la description qui précède ne s'applique qu'à une caravane d'Égypte. Je répondrai qu'Hérodote nous fait connaître également la caravane *carthaginoise*. Il est vrai qu'à cet égard il ne dit qu'un mot; mais ce mot est digne d'attention : « Du «pays des Lotophages, on a trente journées

---

(1) Voir la note M.

« de chemin jusqu'à celui où l'on voit ces bœufs
« qui paissent à reculons parce qu'ils ont les
« cornes rabattues en devant¹. » Heeren ne
connaît pas cette sorte de bœufs ; il suppose que
les cornes rabattues étaient artificielles, ainsi
que chez les bœufs de la Cafrerie, avant qu'on
y eût accoutumé les éléphants à la guerre. Et
comme Hérodote observe de suite que ces
animaux « ont le cuir plus épais que celui des
« autres bœufs, » observation confirmée pour
les bœufs du Fezzan par plusieurs explorateurs modernes, Heeren soutient avec beaucoup de raison que le récit d'Hérodote nous
conduit de la frontière carthaginoise dans le
Fezzan même, et il cite à l'appui le voyage du
capitaine Lyon qui employa exactement trente
jours pour venir de Mourzouk à la côte de Tripoli, entre Lébida (l'ancienne grande Leptis)
et Mésurata, dans le pays des Lotophages².

---

(1) Hérod., l. IV, § 183.
(2) Heeren, t. IV, ch. vi. — *A narrative of travels in nor-*

La supposition d'Heeren n'a d'ailleurs rien d'arbitraire. L'ancienne Leptis conserve des restes magnifiques de sa splendeur éclipsée; on admire les ruines de ses murailles, de ses aqueducs, de son amphithéâtre. L'empereur Septime Sévère était de Leptis, et, sous les Romains, Leptis passait encore pour l'une des plus importantes cités d'Afrique. D'où venait donc une telle importance, si ce n'est des relations commerciales de Leptis, relations qui s'étendaient d'une part, on l'a vu, jusqu'en Arabie, de l'autre jusque dans l'intérieur du désert, et qui la mettaient en rapport direct avec Carthage?

§ II. — Du commerce maritime des Carthaginois avec les côtes de l'Afrique occidentale.

Cinq cents ans environ avant l'ère chrétienne, les Carthaginois entreprirent deux

---

thern Africa..... by captain LYON..... ch. IX, London 1821.
Le capitaine Lyon, parti de Mourzouk le 9 février 1820, atteignit la Méditerranée le 18 mars, après s'être reposé six jours en route.

expéditions maritimes. L'une, commandée par Himilcon, se dirigea, en longeant le littoral de l'Espagne et de la Gaule, vers le nord de l'Europe; l'autre, commandée par Hannon, l'un de leurs suffètes, descendit l'Océan vers le sud, et parcourut les rivages du Maroc.

Nous n'avons presque point de détails sur ces deux expéditions. La première n'est signalée que par quelques mots d'anciens auteurs et quelques vers de Festus Aviénus, écrivain de la fin du quatrième siècle. Aviénus nous apprend que les Carthaginois, conduits par Himilcon, allèrent acheter de l'étain dans les îles OEstremnides, situées près d'Albion, « et « peu distantes de l'île Sacrée, où habite le « peuple des Hiberniens [1]. »

---

(1) Le poëte veut sans doute parler des îles Cassitérides (Sorlingues), célèbres par leurs mines d'étain : « Elles s'étendent bien « loin et sont riches en métaux d'étain et de plomb. On met « deux jours pour aller de là en bateau jusqu'à l'île Sacrée, « comme on l'appelait jadis, qui occupe un grand espace dans la « mer et qui sert de demeure au peuple des Hiberniens. L'île

Le *Périple* d'Hannon est mieux connu. Ce navigateur en écrivit lui-même la relation en phénicien, et la déposa dans le temple de Saturne à Carthage; traduite par quelque voyageur grec, elle est parvenue jusqu'à nous.

Suivi de soixante vaisseaux portant trente mille Liby-Phéniciens, Hannon partit de Carthage. Après avoir franchi les Colonnes d'Hercule, il tourna à gauche, et il fonda six villes sur les bords de l'Atlantique. L'expédition s'arrêta à une petite île qui fut appelée Cerné, et que l'on place ou près de Santa-Cruz, ou même bien au delà du cap Boyador[1].

De Cerné on fit un second voyage, et les ex-

« des Albions se trouve à côté... » (FESTI AVIENI *Ora maritima*, vers 94 à 111, édition de Lemaire; Paris, 1825).

(1) Ce dernier système est celui de Rennel, qui s'appuie sur le texte d'Hannon : « On mit autant de temps pour le trajet de Carthage aux Colonnes que de celles-ci à Cerné. » D'après cette opinion et en tenant compte des courants, l'île de Cerné ne serait pas éloignée du cap Blanc méridional, et serait située par le 20° 1/2 de latitude nord (*Geographical system of Herodotus*, section XXVI; London, 1800).

plorateurs s'avancèrent jusqu'à un fleuve rempli *de crocodiles et d'hippopotames*. Revenus à Cerné, ils firent un troisième voyage, et cette fois s'avancèrent encore plus loin. Ils longèrent tout le pays brûlant de Thymiamata, et ne s'arrêtèrent qu'au golfe de la Corne du Sud.

Il est presque impossible, après tant de siècles, et quand les colonies carthaginoises ont disparu depuis si longtemps, de fixer la position de ces diverses *échelles* établies par Hannon ; les plus illustres érudits diffèrent complétement d'opinion à cet égard[1]. Quant à moi, je prends le *Périple* tel qu'il est, et, sans vouloir fatiguer le lecteur par une discussion inutile, j'espère que l'on m'accordera assez facilement que le fleuve rempli de crocodiles et d'hippopotames est le Sénégal ; le pays brûlant de Thymiamata, la Sénégambie ; et la Corne du Sud, la côte de la Gambie ou quelque côte voisine.

(1) Rennel, Gosselin, Bougainville, d'Avezac.

Hannon dit encore que « la contrée de « Thymiamata était pleine de torrents de feu « qui se jetaient dans la mer. » Là-dessus on s'est récrié, et comme il n'y a ni torrents de *feu* ni volcans dans la Sénégambie, on a prétendu que le récit d'Hannon était mensonger.

Je pourrais très bien répondre que les premières relations des navigateurs du quinzième siècle font aussi mention de fleuves de *feu*, et que l'on a expliqué très plausiblement par la phosphorescence des flots cette apparence embrasée que présentent pendant la nuit la mer et le rivage ; mais on ne verra peut-être pas sans étonnement que les voyageurs modernes emploient absolument un pareil langage pour représenter l'état de l'atmosphère pendant le jour... « Les nuits seules « sont belles au Sénégal : le phosphore illu- « mine les flots et fait courir de pâles lueurs « dans les ténèbres... Le ciel, pendant le jour, « ressemble au cratère enflammé d'un vol-

« can dont le regard ne peut soutenir l'ar-
« deur[1]. »

Maintenant pourquoi les Carthaginois se rendaient-ils sur cette terre inhospitalière? Ils y allaient pour trafiquer. Ils apportaient avec eux des objets de toilette pour les femmes, de grands vases de terre, du vin des îles de la Grèce et du lin d'Égypte, qu'ils échangeaient contre des dents d'éléphants et

---

(1) *Le Sénégal....* par Charles COTTU, lieutenant de vaisseau; Paris, 1845.

« De larges nappes de fluide lumineux tranchaient, la nuit, sur « la teinte sombre des flots. Des jets de lumière apparaissaient en « tous sens à la surface de la mer et filaient le long du bord sous « la forme de globules enflammés : c'était la phosphorescence » « (DUMONT D'URVILLE, *Voyage autour du monde*, t. I; Paris, 1839).

Vers le milieu du dix-huitième siècle, Adanson s'exprimait de la même manière : « Dès que le soleil, en se plongeant sous l'ho-« rizon, avait ramené les ténèbres, la mer nous prêtait aussitôt « sa lumière. La proue du navire, en faisant bouillonner ses « eaux, semblait les mettre en feu. Nous voguions ainsi dans un « cercle lumineux qui nous environnait comme une gloire d'une « grande largeur, d'où s'échappait dans le sillage un long trait de « lumière qui nous suivit jusqu'à l'île de Gorée » (*Voyage au Sénégal* pendant les années 1749-1753).

Voir la note N.

des peaux d'animaux féroces[1] ; ils y allaient enfin pour chercher *de l'or,* et voici ce qu'Hérodote raconte à ce sujet :

« Les Carthaginois disent qu'au delà des
« colonnes d'Hercule, il y a un pays habité
« où ils vont faire le commerce. Quand ils y
« sont arrivés, ils tirent leurs marchandises
« de leurs vaisseaux, et les rangent le long
« du rivage ; ils remontent ensuite sur leurs
« bâtiments, où ils font beaucoup de fumée.
« Les naturels du pays, apercevant cette
« fumée, viennent sur le bord de la mer, et,
« après y avoir mis de l'or pour le prix de leurs
« marchandises, ils s'éloignent. Les Carthaginois sortent alors de leurs vaisseaux, exa-
« minent la quantité d'or qu'on a apportée,
« et, si elle paraît répondre au prix de leurs
« marchandises, ils l'emportent et s'en vont.
« Mais s'il n'y en a pas pour leur valeur, ils

---

(1) Scylacis Caryandensis *Periplus,* apud *Geographiæ veteris scriptores græci minores,* par Hudson, vol 1; Oxoniæ, 1698.

« s'en retournent sur leurs vaisseaux, où ils
« restent tranquilles. Les autres reviennent
« ensuite et ajoutent quelque chose, jusqu'à
« ce que les Carthaginois soient contents. Ils
« ne se font jamais tort les uns aux autres.
« Les Carthaginois ne touchent point à l'or,
« à moins qu'il n'y en ait pour la valeur de
« leurs marchandises, et ceux du pays n'em-
« portent point les marchandises avant que
« les Carthaginois n'aient enlevé l'or[1]. »

Ce passage est important pour deux motifs. Il indique d'abord quel était le principal commerce des Carthaginois sur la côte occidentale d'Afrique. Il semble établir ensuite que les Carthaginois devaient dépasser le Sénégal pour le trafic de l'or; car ce n'est qu'au delà de ce fleuve que commencent les contrées aurifères, et il faut même pénétrer jusqu'au golfe de Guinée pour trouver l'or en abondance. C'est là qu'on rencontre des

---

(1) HÉRODOTE, l. IV, § 196.

rois nègres dont presque tous les ustensiles sont en or; c'est là qu'à la cour des Achantis, Bowdich fut en quelque sorte ébloui et fasciné par l'éclat de l'or qu'il avait sous les yeux[1].

On aura remarqué l'habitude singulière de ces naturels, qui, après avoir mis leur or auprès des marchandises, attendaient tranquillement que les Carthaginois le laissassent ou l'emportassent. Cet usage, retrouvé au quatorzième siècle de notre ère par un géographe mahométan (Bakui), était encore le même au commencement du dix-neuvième. Lyon rapporte que, dans le Soudan, on parle d'un peuple invisible qui ne se livre au commerce que la nuit. Ceux qui, en échange de son or, veulent trafiquer avec lui, placent leurs marchandises en petits monceaux : après quoi ils se retirent. Le lendemain ils trou-

---

[1] *Mission from cape Coast-Castle to Ashantee...* by T. EDWARD BOWDICH, ch. II; London, 1819.

vent une certaine quantité de poudre d'or auprès des marchandises, et la prennent à la place si elle leur paraît suffisante ; sinon, ils n'y touchent pas et attendent que les indigènes en aient mis davantage[1].

Heeren ajoute : « Les différences de détail « tiennent seulement aux différences de loca- « lité. Mais il reste démontré que Carthage « eut des relations intimes avec ces contrées

---

(1) Murray's *Historical accounts of discoveries in Africa*, vol. II ; Edinburg, 1818. — *Narrative of travels in northern Africa*, by captain Lyon, chap. III ; London, 1821.

Le Vénitien Cadamosto, qui naviguait au quinzième siècle, rapporte la même chose pour la vente du sel. « Tous ceux à qui « appartient le sel en font des montagnes dont chacun marque la « sienne ; puis tous ceux de la caravane se retirent arrière une « demi-journée pour donner lieu à une autre génération des « noirs qui ne se veulent laisser voir ni parler, et, ayant vu le « sel, mettent une quantité d'or à l'encontre de chacune monta- « gne, se retirant et laissant l'or et le sel ; puis, étant partis, les « autres retournent, prenant l'or si la quantité est raisonnable, « et en cette sorte troquent (le sel) les uns avec les autres, sans se « voir ni parler, par une longue et ancienne coutume » (*Navigations* d'Alouys de Cademoste, chap. sur Tégasa, traduction de Jean Temporal ; 1556).

« riches en or, et probablement plus impor-
« tantes et plus lucratives que ne le fait pré-
« sumer le passage d'Hérodote. Rechercher
« et cacher les pays fertiles en métaux, c'était
« là toute la politique phénicienne. Plus le
« pays était riche, plus les Carthaginois avaient
« à craindre la concurrence, et plus ils s'ef-
« forçaient de le soustraire à l'attention des
« autres peuples[1]. »

---

(1) Heeren, t. IV, ch. v.

CHAPITRE II

Du commerce des Romains, des Vandales et des Grecs de Constantinople avec l'intérieur de l'Afrique.

Rome, en succédant à Carthage, succéda à son commerce. Si les relations qui unissaient cette dernière avec l'intérieur de l'Afrique durent être interrompues par sa chute, il n'est pas douteux qu'elles furent rétablies et même étendues dans la suite.

J'ai déjà raconté quelle était la richesse de l'Afrique sous les Romains. J'ai dit comment, malgré un état d'agitation presque perpétuel, on avait vu s'élever ou s'agrandir successivement Cirta, Julia Cæsarea, Lambœsa, Sitifis ; comment toutes ces villes s'étaient décorées à l'envi de palais, de basiliques, d'arcs de triomphe. Carthage elle-même avait été repeuplée par Gracchus, restaurée par César, embellie par les Empereurs. On admirait de nouveau l'activité de son port, la régularité de ses rues, l'affluence de sa population; on vantait ses aqueducs, ses écoles, son cirque, ses temples, et plus tard ses églises. Carthage n'était surpassée que par Rome, et n'avait d'autre rivale qu'Alexandrie [1].

Ce n'est pas tout. Ainsi que l'Égypte, l'Afrique septentrionale était devenue le grenier de l'Italie. Le peuple-roi tremblait quand le vent du midi ne soufflait pas et que les flottes de Carthage, chargées de grains, étaient retenues dans le port [2]. L'Afrique envoyait encore à Rome ses bêtes sauvages, son ivoire, son or, ses bois précieux. Comment donc tant de trésors auraient-ils pu être accumulés dans un seul pays; comment tant de splendeurs et de

---

(1) « In Africano orbe quasi Romam... » (SALVIANUS, *De gubernatione Dei*, l. VII).

(2) TACITE, *Annales*, l. III, § 54; *Histoires*, l. IV, § 38.

magnificences, comment tant de routes, tant de voies de communication, si le commerce intérieur ne se fût pas partout accru et multiplié ?

Les expéditions militaires contribuèrent à ce développement. On compte, entre autres, l'expédition de Cornélius Balbus, qui s'avança jusqu'à Garama, en Phazanie, le Fezzan actuel; celle de Suétonius Paulinus, qui atteignit dans l'ouest le fleuve Ger[1]; celle Julius Maternus, qui se rendit de Leptis à Garama, et de là vers le midi dans la contrée d'Agysimba, « au pays du rhinocéros; » celle enfin de Septimius Flaccus, qui pénétra chez les Éthiopiens, à trois mois de route au delà même de Garama. Malheureusement l'histoire ne fait pas connaître le détail de ces diverses expéditions; les fastes capitolins nous révèlent seuls les succès des armées romaines

---

(1) Ne serait-ce pas l'ouad Guir, non loin de Tafilet ?

et le nom des généraux qui les commandaient[1].

On possède néanmoins quelques renseignements sur l'expédition de Balbus, et c'est à Pline qu'on les doit : « Vers ces solitudes « africaines nommées Désert, au-dessus de « la petite Syrte, s'étend la Phazanie, dont « nous avons subjugué les habitants avec « leurs villes d'Alèle et de Cillaba, ainsi que « Cydamus, dans la région voisine de Sa-« brata. Ensuite se prolongent du levant au « couchant, sur un vaste espace, des mon-« tagnes que les nôtres ont appelées Noires, « à cause de leur aspect brûlé ou noirci par « la réverbération du soleil. Au delà se trouve « Matelges, ville des Garamantes, ainsi que « Débris, arrosée par une source dont l'eau « est bouillante de midi à minuit, et glaciale « de minuit à midi; puis la fameuse ville de « Garama, capitale des Garamantes. Tout

---

(1) *L'Afrique ancienne*, par D'AVEZAC, IIe partie.

« cela a été subjugué par les armes romaines
« et a valu le triomphe à Cornélius Balbus.
« Nos auteurs on constaté qu'il avait pris les
« villes ci-dessus, et que lui-même, lors de
« son triomphe, avait dans son cortége, en
« outre de Cydamus et de Garama, les noms
« et les images de toutes les autres villes ou
« peuplades, qui défilèrent dans cet ordre
« (suit une liste de localités aujourd'hui in-
« connues); enfin les montagnes de Gyri,
« avec une inscription portant qu'on y trou-
« vait des pierres précieuses[1]. »

Nous connaissons les deux points principaux de cette expédition de Balbus, qui eut lieu sous Auguste : d'une part Cydamus, la moderne Ghadamès; de l'autre Garama, aujourd'hui Germah. Ghadamès est à quatre-vingt lieues de Tripoli; Germah est beaucoup plus loin; toutes les deux au milieu des sables. Il y avait donc à cette époque,

---

[1] PLINE, *Histoire naturelle*, l. V, ch. v.

entre les Tripolitains et Garama, des communications fréquentes, puisque Balbus osa mener ses soldats jusqu'à cette dernière ville. Les Romains pénétrèrent même bien plus avant; car on voit que Septimius Flaccus les conduisit jusqu'à trois mois de Garama, chez les Troglodytes-Éthiopiens, c'est-à-dire dans la contrée de Bilma, et peut-être sur les frontières du Bournou[1].

Je dois signaler cette phrase de Pline : « L'image des montagnes de Gyri se voyait « dans le cortége avec une inscription por- « tant qu'on y trouvait des pierres pré- « cieuses. » C'est, en effet, dans la région des Garamantes que les Carthaginois allaient chercher, avant les Romains, ces pierres qu'on

---

(1) On trouve encore à Bonjem, petite ville septentrionale du Fezzan, les ruines d'une grande forteresse romaine; elle a quatre portes, et ses murailles flanquées de tours renferment des bâtiments qui sont presque ensevelis sous les sables. Une inscription surmontée d'un aigle apprend que cette forteresse a été construite par ordre de l'empereur Septime Sévère (*Narrative of travels,.. by captain* LYON, ch. 11; London, 1821).

appelait *calcédoines* ou *carchédoines*, du nom grec de Carthage[1]. On assignait à la calcédoine le premier rang parmi les onyx; on l'employait pour en faire des vases et des coupes. Heeren observe que toutes celles qui sont parvenues jusqu'à nous paraissent appartenir à l'art romain, d'où il faudrait conclure qu'elles ne sont venues en Europe qu'au temps des Romains, et qu'il y avait par conséquent à cette époque des relations nombreuses et en quelque sorte journalières entre l'Afrique romaine et l'intérieur du pays[2].

---

(1) « *Quò Carchedonios optas ignes lapideos* » (PÉTRONE, *Sat.*, page 216; édit. de 1703).

(2) HEEREN, t. IV, ch. VI.

Quelles étaient à cette époque les villes de Cydamus et de Garama? Quelle était l'existence des Romains dans ces localités lointaines et perdues dans le désert? On n'en sait rien; mais elle devait être assez étrange, si l'on en juge par ce qu'est encore de nos jours l'ancienne Cydamus.

« Les environs de R'damès (Ghadamès) sont plantés de jardins
« potagers et fruitiers où l'on cultive un peu d'orge. Une forêt
« de dattiers, qui lui fait face au nord, l'embrasse à l'est et à
« l'ouest; mais rien ne la protége au sud contre l'envahissement

Ce vaste courant commercial exista près de cinq cents ans; il dura depuis Auguste jusqu'à l'invasion des Vandales. Malgré ses troubles intérieurs et ses guerres civiles, l'Afrique éprouvait faiblement les commotions de l'Empire, et les grands chocs qui renversaient les Césars arrivaient peu jusqu'à elle[1].

« des sables qui, chassés par les vents du désert, s'amoncèlent en
« vagues solides sur ce côté de ses murailles.
  « La zone brûlante sous laquelle R'damès est située, la néces-
« sité de se garantir des vents du désert et des rayons incandes-
« cents du soleil, expliquent le caractère particulier de con-
« struction qui distingue cette ville. Les maisons, couvertes en
« terrasses, sont toutes réunies à leur sommet, et forment ainsi
« une voûte continue, à travers laquelle, de distance en distance,
« sont ménagées des ouvertures pour donner de l'air et de la
« lumière aux rues intérieures; ces rues ne sont que de véritables
« corridors où ne pénètre jamais le soleil... C'est par les toits,
« et d'une terrasse à l'autre, que les femmes se visitent le soir
« sur cette immense plate-forme, sans qu'il leur soit permis de
« descendre dans les rues, spécialement affectées aux hommes,
« aux esclaves et aux négresses. Après trois heures du soir, on ne
« peut plus y marcher sans lanterne » (*Le Sahara algérien*... par
M. le lieutenant-colonel Daumas, art. *R'damès;* Paris, 1845).
  (1) On lit dans la *Notice des dignités* qu'il y avait en Afrique

Les Vandales parurent en 429. Ce fut pendant près d'un demi-siècle un immense bouleversement; le pays entier fut ravagé, incendié. Hippone soutint un siége affreux, durant lequel mourut saint Augustin; Carthage succomba à son tour; et, tandis que les pirates de Genséric pillaient la Sardaigne, la Sicile et Rome elle-même, ses cavaliers parcouraient l'Afrique depuis Tanger jusqu'à la Cyrénaïque, et cinquante mille Germains « aux cheveux blonds » y régnaient par la terreur. Cependant, en 475, Genséric fit la paix avec l'empereur d'Orient Zénon, et

---

trois procurateurs des ateliers publics, savoir : le procurateur du gynécée de Carthage, atelier de femmes pour la fabrication des étoffes, et deux procurateurs des teintureries : l'un pour le seul atelier de l'île de Girba (Dgerbi) dans la Tripolitaine, et son collègue pour tous les autres ateliers de teinture disséminés en Afrique (*L'Afrique ancienne*, par D'AVEZAC, II° partie).

La *Notice des dignités* ne fut publiée qu'après la chute de Stilicon en 408, à une époque, par conséquent, où tout l'Occident était ébranlé par l'invasion des barbares, et où le commerce général avait reçu un coup funeste. Le passage ci-dessus prouve l'importance qu'avait encore celui de l'Afrique.

le roi barbare venait à peine d'expirer que les Vandales s'amollissaient dans les joies de la conquête. Quand ils avaient quitté l'Espagne, c'étaient bien les hommes du Nord, à la casaque de buffle, à la longue épée et à la forte lance; mais sous les successeurs de Genséric on ne les reconnaissait plus : livrés au seul plaisir de la chasse, ils aimaient à passer leur vie au milieu des danseurs ou des musiciennes, et à se revêtir de longues robes médiques, tissues d'or et de soie[1].

C'est là certainement un fait bien remarquable. Les Vandales s'étaient d'abord enrichis par la guerre; mais sous les successeurs de Genséric ils ne la faisaient plus; la victoire les avait énervés. S'il faut en croire des témoignages précis, l'Afrique vandale offrait, dans les derniers temps, une apparence de luxe et de prospérité qui étonna les soldats de Bélisaire. En s'avançant du lieu de leur

---

(1) PROCOPE, *Guerre des Vandales*, l. II, ch. VI.

débarquement jusqu'à Carthage, ils étaient tout surpris de voir de fertiles campagnes et de beaux parcs avec leurs arbres chargés de de fruits. On trouva dans le port de Carthage des vaisseaux venus de l'Espagne, de la Grèce et de l'Orient. Les Vandales allaient chercher l'ambre jusqu'aux limites de la Germanie; des caravanes leur apportaient à travers l'Égypte les parfums de l'Inde, et les marchands indigènes, pénétrant comme les Carthaginois et les Romains jusqu'à la contrée des Noirs, leur en ramenaient des esclaves, de la poudre d'or et des pierres fines. La vieille industrie punique n'était pas même complétement éteinte. On parle de leurs armes habilement travaillées, de leurs tapis de pourpre, de leurs étoffes teintes de plusieurs couleurs, qu'ils fabriquaient non-seulement pour eux, mais qu'ils vendaient à la Grèce et à l'Italie [1].

(1) J. YANOSKI, *Histoire des Vandales*; Paris, 1844. — PROCOPE, *Guerre des Vandales*, l. I, ch. XVII.

Il y eut donc en Afrique, dans les plus mauvais jours des barbares, un commerce encore considérable. L'invasion des Grecs de Byzance en vint suspendre un moment le cours (533); mais la guerre qui accompagna l'invasion dura peu. Les Vandales furent chassés de l'Afrique, et au bout de quelques mois leur roi captif suivait le cortége du triomphateur à Constantinople. Les Maures seuls continuèrent à combattre; un grand capitaine, Jean Troglita, mit un terme à leurs attaques et rendit la paix au pays (550). Alors sans doute le commerce intérieur reprit un nouvel essor, et Justinien, qui ne mourut qu'en 564, fit achever les grands édifices dont il voulait doter l'Arique. De tous côtés, les villes ruinées furent rebâties; les murs abattus, relevés; les églises, les thermes, les ports, reconstruits. Il est évident qu'une telle impulsion donnée aux arts dut se communiquer au commerce, et que les anciennes relations des Carthaginois, des Romains et des

Vandales durent se continuer sous les Grecs[1]. Quant aux fameuses colonies puniques fondée par Hannon, il n'en était plus question depuis longtemps. Bien que les Romains aient occupé la Tingitane, rien n'annonce qu'ils se soient jamais aventurés au loin, comme les Carthaginois, sur la mer du Sud. Il faut même dire que, malgré la restauration de Bélisaire, les deux dernières Mauritanies, sauf Césarée et Septum (Cherchell et Ceuta), demeurèrent au pouvoir des indigènes. On peut donc croire que les colonies d'Hannon n'eurent pas une longue existence, et qu'elles disparurent silencieusement dans le grand naufrage de Carthage[2].

---

(1) PROCOPE, *Des Édifices de l'empereur Justinien*, l. VI.

Je ne fais pas l'éloge de l'administration byzantine. Les exigences du fisc impérial furent telles, au contraire, que les Romains se prirent à regretter leurs anciens maîtres. J'ai seulement dû faire observer que la reconstruction de plusieurs grands édifices de l'Afrique septentrionale, ordonnée par Justinien, atteste nécessairement une certaine impulsion donnée à l'activité nationale, ainsi qu'à tout le commerce indigène.

(2) Quelques savants, s'autorisant d'un passage de Pline (*His-*

toire naturelle, l. II, ch. lxvii), semblent ne pas douter que les Romains commerçaient, comme les Carthaginois, avec l'Afrique occidentale. Pline rapporte, en effet, sur la foi de Cœlius Antipater, historien qui vivait du temps des Gracques, que des vaisseaux espagnols partis de Cadix allaient trafiquer en Éthiopie. Mais ce passage paraît bien vague, et tout porte à supposer que les Romains préférèrent le commerce de l'intérieur de l'Afrique à celui des côtes de l'Océan. Pline lui-même observe ailleurs qu'il ne restait plus aucun vestige des anciennes colonies carthaginoises : « quarum nec memoria ulla nec vestigium exstat » (*Histoire naturelle*, l. V, ch. 1).

CHAPITRE III.

Du commerce des peuples du moyen âge avec le nord et l'intérieur de l'Afrique.

L'Afrique se reposait à peine de sa lutte avec les Vandales et les Maures, lorsque les Sarrasins fondirent sur elle. Maîtres de l'Arabie, ils s'emparent de l'Égypte, envahissent la Libye, et en 697 ils sont aux portes de Carthage, qu'ils prennent et rasent. Grecs et indigènes, chrétiens et païens, tous s'inclinent devant le sabre musulman, tous subissent le joug de la conquête. Ce ne fut pas précisément une persécution, car, moyennant le tribut, les cultes étaient tolérés[1]; mais ce fut une révolution terrible : guerre d'abord entre les

---

(1) 1re partie, note B.

vaincus et les vainqueurs, guerre plus tard entre les races victorieuses, guerre atroce et sans pitié, avec toutes ses vengeances et tous ses désastres.

Cependant cette tempête se calma. Après plusieurs siècles de vicissitudes, un peu d'ordre surgit de la tourmente, et la science qui brillait d'un vif éclat à Bagdad et à Cordoue, put pénétrer dans une région d'où elle était bannie depuis tant d'années.

Ce furent, en effet, au moyen âge, des géographes mahométans qui les premiers firent connaître à l'Europe les mystères et les profondeurs de l'Afrique[1]. Ils lui apprirent qu'au delà de ces déserts qu'on regardait comme infranchissables, il y avait des villes, des peuples, des royaumes que visitaient les caravanes musulmanes, et d'où elles rappor-

---

(1) EBN-HAOUQAL de Bagdad, *Livre des Routes et des Royaumes* (dixième siècle). — BEKRY de Cordoue, *Livre des Routes et des Royaumes* (onzième siècle). — *Géographie* d'ÉDRICY (douzième siècle).

taient de précieux trésors ; ils lui racontèrent qu'un grand fleuve qu'ils nommaient le Nil, et que depuis on a nommé le Niger, arrosait de vastes pays habités par des nations noires soumises à l'islamisme, et que la plus puissante d'entre elles payait tribut aux Abbassides ; ils lui dirent enfin que toutes ces contrées étaient populeuses, remplies d'animaux sauvages, de lions, de tigres, d'éléphants, et que l'or s'y trouvait en telle abondance qu'il ne fallait, pour se le procurer, que le séparer du sable où il était contenu[1]. Du côté de

---

(1) « Le roi de Ghanah (Kâno?) possède un bloc d'or du poids « de trente livres et d'une seule pièce. Il a en outre, sur les bords « du Nil (Niger), un château solidement construit, bien fortifié, « et dont l'intérieur est orné de diverses sculptures, peintures « et fenêtres vitrées » (*Géographie d'Édricy* (Édrisy), traduction de M. Jaubert, t. I; Paris, 1836).

Qui avait fait ces sculptures, ces peintures, ces croisées en glaces, si ce n'est des artistes arabes, ou peut-être même des artistes espagnols? Il est bien remarquable que la plupart des constructions qui furent élevées dans le Maroc sous les Almoravides et les Almohades le furent par des artistes andaloux. On leur attribue tous les grands monuments des villes de Maroc,

l'ouest, vers les rivages du Sénégal, la géographie sarrasine n'avait que peu d'informations. Elle savait seulement qu'après avoir passé le détroit de Gibraltar, on rencontrait les *îles Éternelles,* que les uns ont prises pour les Açores, les autres pour les Canaries. Au delà, on apercevait une mer immense, inconnue, appelée la *mer des Ténèbres*

Parmi les érudits de ce temps, je dois ci-

---

de Fez, de Rabat, de Mansouriah, dans les onzième et douzième siècles, et au treizième nous les retrouvons à Tunis, où, suivant un écrivain contemporain, ils dirigeaient seuls les embellissements des palais, des vignobles et des jardins du sultan (*Histoire de l'art monumental,* par BATISSIER, p. 425; Paris, 1845).

Clapperton, pénétrant en pleine Nigritie (1823) avec le major Denham et le docteur Oudney, voit sur les bords de l'Yeou, et à peu de distance du lac Tsad, les ruines de l'ancienne ville de Birnies. Le palais du roi avait été bâti en briques rouges, et les murailles de la ville, également en briques, étaient hautes de trente pieds et larges de douze. Plus loin, dans l'empire des Fellatahs, gouvernés par le sultan Bello, il observe que les maisons des mahométans ont des toits en terrasses et sont construites d'après les règles de l'architecture *mauresque.* L'intérieur du palais du sultan, à Sakkatou, offrait une élégance à laquelle il était loin de s'attendre (*Narrative.... of discoveries....* by major DENHAM, captain CLAPPERTON.... 1822, 1823 et 1824; London, 1826).

ter Édricy, né à Ceuta. Issu d'une grande famille mahométane, mais obligé de quitter Ceuta, Édricy se refugia dans la Sicile, où dominaient encore les Arabes et dont s'empara bientôt le roi Roger. L'illustre chérif fut parfaitement accueilli par le souverain normand, et il publia quelques années après, sous les auspices du prince, son fameux traité de géographie, le plus beau monument scientifique du douzième siècle. Comme la langue arabe était fort cultivée à cette époque, l'ouvrage d'Édricy eut beaucoup de succès, et contribua singulièrement à fixer sur l'Afrique septentrionale l'attention des nations européennes[1].

(1) Dans sa préface, Édricy fait un pompeux éloge de Roger: « Ce grand roi, dit-il, que le ciel a comblé de gloire et de puis- « sance, protecteur de la religion du Christ, est le plus célèbre et « le meilleur d'entre les monarques... L'étude approfondie qu'il « a faite des sciences l'a conduit aux découvertes les plus extra- « ordinaires... »

Édricy annonce en outre que Roger, ayant voulu apprendre la statistique du monde connu, fit préparer une planche à dessiner sur laquelle on traça un à un les points indiqués dans douze ouvrages de géographie (dont dix arabes) qu'il avait consultés, et

Le premier établissement chrétien fut essayé par Roger lui-même. L'émir H'acen régnait alors dans cette partie de la Barbarie qui renfermait les villes de Tripoli et de Tunis. Roger se rendit maître, en 1135, de l'île de Gerba (Djerbi), en 1146 de Tripoli, et en 1147 de Tunis. Il prit de plus les villes de Méhadia (Africa), de Zouila, de Sfakès, de Souça et même de Caspa dans l'intérieur, de sorte que les Siciliens occupèrent réellement presque toute la principauté de H'acen. Mais l'œuvre que Roger avait entreprise périt avec lui; Guillaume, qui lui succéda, se laissa enlever par les Arabes toutes les conquêtes de son père, et fit la paix[1].

---

commanda qu'on coulât en argent pur un planisphère du poids de 450 livres romaines. Le savant arabe composa alors l'ouvrage explicatif du planisphère, auquel il donna le titre de : *Délassements de l'homme désireux de connaître à fond les diverses contrées du monde.*

(1) E. PELLISSIER, *Mémoires historiques sur l'Algérie*, IIIe Mémoire; Paris, 1844.

Il est certain, bien qu'on n'ait aucun détail à cet égard, que,

Cependant les relations entre l'Afrique et la Sicile continuèrent à être fréquentes. Lorsque Roger prit le port de Méhadia, il y rencontra un assez grand nombre de chrétiens qui étaient restés, pour leur commerce, sous la domination sarrasine. Tunis vendait à la Sicile des cuirs, de l'ivoire, des laines, des plumes d'autruche, du corail, de la poudre d'or ; et Bougie, où l'on trouve les Pisans établis dès le milieu du douzième siècle, passait également pour une ville très commerçante : « Les vaisseaux y abordent, dit Édricy, et les « caravanes y viennent ; les marchands de « cette ville sont en rapport avec ceux de « l'Afrique occidentale, *ainsi qu'avec ceux* « *du Sahara* et de l'Orient[1]. »

Aux Pisans il conviendrait d'ajouter les

---

dans le siècle suivant, l'empereur Frédéric II, roi de Sicile, imposa aux Arabes de Tunis un tribut dont ils s'affranchirent à sa mort. Le tribut fut rétabli par les croisés en 1270.

[1] L. DE MAS-LATRIE, *Aperçu des relations commerciales de l'Italie septentrionale avec les États musulmans...*; Paris, 1848.

Catalans, qui leur disputaient la pêche du corail, et qui se rendaient souvent, au douzième siècle, de Barcelonne à Bougie; les Vénitiens, qui avaient des comptoirs sur toute la côte; les Français, qui, par Arles, Narbonne et Agde, faisaient avec Tunis, avec Oran, avec Tlemcen, avec Fez, des échanges nombreux et suivis. Marseille envoyait des consuls à Bougie et à Ceuta; nommés tantôt par le viguier, tantôt par la communauté marchande, et confirmés ensuite par le roi ou le comte de Provence, ils jouissaient des priviléges accordés dès lors en Afrique à tous les gouvernements chrétiens qui voulaient se faire représenter auprès de ceux de Barbarie[1].

Dans le treizième siècle, les républiques italiennes signèrent des conventions avec Tunis : en 1230, les Pisans; en 1236, les Gé-

---

(1) *Notice des principaux traités de commerce conclus par la France avec les Régences barbaresques...*; Paris, 1841.

nois ; en 1251, les Vénitiens ; en 1252, les Florentins[1]. Le traité de 1230 paraît avoir été la base du droit public, au moyen âge, entre le Nord de l'Afrique et les États maritimes de l'Italie. On est tout surpris d'y trouver, de la part des contractants, un esprit de liberté et de tolérance qu'on chercherait en vain plus tard. Ainsi les Pisans ont la faculté d'avoir dans tout le royaume de Tunis, y compris celui de Bougie, qui en dépendait alors, des fondoucks (magasins), des maisons, des bains, des cimetières et *des églises*. Ils ont le droit d'y entretenir des consuls avec juridiction sur leurs nationaux, et le privilége d'être admis une fois par mois à l'audience du prince ; ils peuvent vendre des vaisseaux en payant une taxe de 10 pour 100 ; enfin le droit d'aubaine, droit odieux qu'à la honte

---

[1] Un traité semblable à celui de 1230 avait été également conclu par les Pisans avec le Maroc ; mais on n'en connaît pas le texte.

des peuples chrétiens on a vu exister si longtemps en Europe, est formellement écarté. « Il était déjà de règle, remarque un écrivain « moderne, dans tous les traités de commerce « entre chrétiens et musulmans, que les ob- « jets provenant d'un naufrage restaient la « propriété de ceux à qui ils appartenaient « avant le sinistre, et que les hommes em- « ployés au sauvetage n'avaient droit qu'à « un salaire raisonnable[1]. » C'est ainsi que les nécessités du commerce avaient rapproché des religions contraires, et que, malgré la fureur des croisades qui ensanglantaient l'Orient, on voyait des prêtres chrétiens exercer paisiblement leur ministère dans les royaumes de Barbarie, et un prince mahométant du Mâghreb (l'Occident) prendre à sa solde plus de huit cents chevaliers[2].

---

(1) E. PELLISSIER, IIe Mémoire.

D'après d'autres documents, ce ne serait qu'en 1250, et par un nouveau traité avec les Génois, que le droit d'aubaine aurait été aboli.

(2) M. de Mas-Latrie indique un bref inédit du pape Nico-

Nous voici à l'année 1270. Louis IX venait de quitter la France pour la seconde fois et se dirigeait vers la Palestine. Arrivée en vue de Cagliari, la flotte des croisés s'arrêta plusieurs jours, et, dans un grand conseil présidé par le roi, il fut décidé qu'on attaquerait Tunis avant d'aborder en terre sainte ; Tunis, en effet, devait être un bon point d'appui pour la guerre avec le soudan d'Égypte, ainsi qu'un lieu de ravitaillement pour la flotte. On connaît l'issue malheureuse de l'entreprise ; une chaleur dévorante vint accabler l'armée chrétienne, débarquée le 17 juillet; le vent du sud, soufflant avec violence, apporta avec lui la dyssentrie. Bientôt les chefs furent atteints, et l'on vit périr successivement les plus fidèles serviteurs de la couronne ; puis le fils bien-aimé du roi, Tristan, comte de Nevers, tomba

---

las IV (1290), d'où il résulte qu'il y avait habituellement des hommes d'armes et même des seigneurs chrétiens au service des rois de Tunis, de Maroc et de Tlemcen.

malade et mourut; le saint roi mourut lui-même le 25 août.

Sur ces entrefaites, arrivait le roi de Sicile, Charles, frère de Louis IX. Le nouveau roi de France, Philippe le Hardi, souffrait dangereusement de la fièvre, et l'armée était découragée. Les musulmans, de leur côté, ne se trouvaient pas dans une meilleure situation. L'émir de Tunis, Abou-Abd-Allah, proposa la paix; elle fut acceptée après de courts débats. Il fut convenu que Tunis acquitterait tous les frais de la guerre et doublerait l'ancien tribut qu'elle avait payé au roi de Sicile. C'étaient encore d'heureuses conditions; car les frais de la guerre montaient à 210,000 onces d'or, et le tribut doublé à 24,000.

Par le traité de 1270, protection et sûreté était accordée aux musulmans des États du roi de Tunis qui se rendraient dans ceux des princes croisés; même protection était accordée aux chrétiens qui se rendraient en

Afrique. Si un vaisseau musulman faisait naufrage sur les côtes des pays chrétiens, on devait mettre à part tout ce qui échapperait au naufrage et le rendre en totalité au propriétaire; le roi de Tunis s'engageait à suivre la même règle à l'égard des vaisseaux chrétiens. Il était libre aux moines et aux prêtres de s'établir dans les États du roi de Tunis. On leur accordait un lieu où ils pourraient bâtir des maisons, construire des chapelles et enterrer les morts; il leur était permis de prêcher dans l'intérieur des églises, de réciter à haute voix leurs prières; en un mot, de servir Dieu conformément à leur rite, et de faire tout ce qu'ils feraient dans leur pays[1].

Le traité de 1270 est un exemple remarquable de tolérance réciproque; et ici l'observation trouve d'autant mieux sa place que les chrétiens étaient loin encore d'admettre

---

(1) Voir la note O.

entre eux les mêmes principes. La flotte des croisés ayant été accueillie à son retour par la tempête, dix-huit vaisseaux furent perdus et quatre mille hommes noyés près de Trépani. Le roi de Sicile n'eut pas honte d'appliquer à ses compagnons d'armes le prétendu droit de naufrage et bris, et s'appropria sans scrupule tout ce que la mer ne garda pas pour elle.

Les Vénitiens et les Génois renouvelèrent leurs conventions en 1271 et en 1272. Abou-Abd-Allah régnait sur les pays de Tunis, de Bougie, de Bone et d'Alger; c'était l'un des plus puissants souverains de la côte septentrionale. Tous ces traités se ressemblent; ils démontrent quelle extension le commerce avec l'Afrique avait dû prendre vers la fin du treizième siècle. A l'ouest des possessions d'Abd-Allah s'était formé le royaume de Tlemcen. Longtemps soumise, comme Tunis, à l'empire des Almohades, Tlemcen avait également brisé le joug; et cette ville, dans laquelle se trouvait une colonie de chrétiens catalans, faisait un commerce fort étendu par les ports d'Oran et de Mers-el-Kébir. Les Provençaux, les Aragonais, les Portugais fréquentaient ses principaux marchés; les Vénitiens y versaient des quantités considérables d'acier, de verroteries, d'étoffes légères. Ils en exportaient les uns et les autres de la poudre d'or, de l'ivoire, du musc, de la civette, de l'indigo et des esclaves, « branche de commerce dont il y avait un « grand trafic dans la Méditerranée[1]. »

---

[1] L. DE MAS-LATRIE.

Les Génois achetaient encore de l'alun, de l'huile à savon, des pelleteries, des maroquins, des écorces tanniques, de la cire, des fruits secs, et des laines qu'ils trouvaient plus fines et à meilleur marché qu'en Europe. Ils vendaient des navires, des agrès, de l'or et de l'argent monnayés, des *vins*, des liqueurs, des draps, des étoffes de soie, des drogues, et des bonnets de laine teints en rouge, article dont Gênes expédie encore annuellement 15,000 douzaines en Afrique et dans le Levant[*].

[*] Les mahométans ne buvant ni vins ni liqueurs, il en résulte que les chrétiens devaient être nombreux en Afrique, soit comme indigènes, soit du moins comme y ayant une résidence momentanée. Au commencement du quator-

L'impulsion continue et s'accroît pendant les quatorzième et quinzième siècles. Des navigateurs mâghrebins, partis chaque année de Tunis, de Bougie, d'Alger, venaient apporter leurs cargaisons dans les ports de France, d'Espagne et d'Italie, d'où ils rapportaient des toiles de Reims, des futaines, des draps, de la quincaillerie, et une foule d'autres objets de fabrique européenne. Presque tous ces voyages avaient lieu sur bâtiments chrétiens, la marine arabe n'ayant que peu d'importance. D'un autre côté, les chrétiens obtinrent encore le droit de se joindre aux caravanes. Ils parcouraient le désert avec les mahométans, rencontraient sur leur chemin les pèlerins de La Mecque et faisaient des échanges avec eux[1]. Venise particulièrement

---

zième siècle, les droits imposés sur le vin à Tunis donnaient un revenu assez fort pour que le roi en affermât la perception au prix de 34,000 besants par an (près de 2 millions de francs).

(1) Traités des Pisans et des Vénitiens avec Tunis et le Maroc, 1317-1358.

semblait être devenue la commissionnaire de l'Afrique. C'était elle qui allait chercher en Orient tout ce dont les musulmans du Mâghreb avaient besoin; puis elle leur vendait, au retour, le cuivre et le sucre de l'île de Chypre, les gommes et les parfums de l'Arabie, les épices de l'Inde, les tissus variés d'Alep et de la Perse... Venise ne comptait pas moins de 25,000 matelots[1].

Tel fut, pendant le moyen âge, le commerce de l'Afrique septentrionale; tels furent les liens puissants qui unissaient les chrétiens et

---

(1) Après avoir été continuellement en guerre avec Gênes, la république de Pise, déjà affaiblie par la perte de la bataille de la Méloria, la prise de l'île d'Elbe (1284) et celle de la Sardaigne (1323), avait été obligée, dans les premières années du quinzième siècle (1406-1421), d'accepter la domination de Florence, qui lui avait enlevé le peu d'influence qu'elle possédait encore dans la Méditerranée. Gênes, qui avait longtemps combattu contre l'agrandissement de Venise, qui avait lutté contre elle avec succès dans l'Archipel, dans le Bosphore et dans la mer Noire, avait reculé à son tour devant cette république; de sorte qu'à la fin du quinzième siècle, la supériorité de Venise était réellement incontestable.

les Arabes. Il n'y a plus lieu de s'étonner si une bienveillance mutuelle semblait présider à toutes leurs transactions; s'ils avaient proscrit d'un commun accord le pillage et la piraterie; si des croisières mixtes, et composées de marins des deux cultes, protégeaient le commerce; si des chrétiens étaient même quelquefois choisis comme plénipotentiaires et négociateurs. On pouvait certainement espérer à la longue, sinon une fusion, du moins des rapports constamment meilleurs, lorsque cette prospérité fut interrompue brusquement, et la politique de l'Europe jetée tout à coup dans des voies inattendues[1].

(1) Divers traités conclus entre les rois de Tunis et d'Aragon furent négociés par des marchands chrétiens, au nom des Arabes.

La piraterie existait cependant sans aucun doute; ce que je soutiens, c'est qu'elle n'existait pas du consentement et par le fait des gouvernements, comme cela arriva plus tard. Exceptons le Maroc, qui se montrait moins favorable aux nations européennes que les autres États musulmans (L. DE MAS-LATRIE).

CHAPITRE IV.

Du commerce de l'Afrique septentrionale dans les temps modernes.

Deux grands événements terminent le quinzième siècle : Colomb trouve un monde nouveau; Vasco de Gama trace une route nouvelle pour arriver aux Indes[1]. Le jour où l'on apprit à Lisbonne la découverte de Gama dut être un jour glorieux; car un petit royaume devenait le rival de l'Espagne, et le sceptre de la mer passait sur l'Océan.

Venise en fut accablée. Elle qui couvrait la Méditerranée de ses navires et qui avait des comptoirs sur tous ses rivages; qui occupait la Crète, Chypre, une partie des Cyclades; elle

---

(1) 1472 et 1497.

qui avait vu s'éteindre la splendeur de Pise et pâlir celle de Gênes; Venise, à son tour, voyait tous ses travaux renversés et comme engloutis dans un seul instant.

Jusqu'à ce jour le commerce avec l'Orient s'était fait par la Méditerranée. Les marchandises de l'Inde, amenées sur des vaisseaux arabes ou sur des vaisseaux indigènes, arrivaient à Suez ou à Ormuz; elles étaient conduites de là par des caravanes, soit à Alexandrie, soit dans les ports de la Syrie et de la mer Noire, où les négociants italiens les allaient prendre pour les apporter en Europe. L'admiration publique, réveillée par les hardis voyages des douzième et treizième siècles dans les contrées intérieures de l'Asie[1], était continuellement tenue en haleine par le spectacle merveilleux que présentaient les vastes

(1) *Voyages* de Benjamin de Tudéla en 1160; de Plano Carpini en 1246; de Guillaume de Rubruquis en 1253; de Marco Polo (Paulo) en 1269.

entrepôts maritimes dont il est question. Il y régnait, disait-on, une opulence que les cités les plus favorisées de l'Europe étaient loin d'égaler. Ormuz principalement, bâtie sur un rocher stérile, mais située à l'entrée du golfe Persique, d'où elle dominait la mer d'Arabie, Ormuz, toute entourée de sa ceinture de perles, étalait des richesses que l'imagination grossissait encore, et qui devaient convier comme à une proie l'ambition insatiable des navigateurs chrétiens. Aussi Vasco de Gama s'était à peine montré dans l'Inde, qu'il était déjà suivi des deux Alméida, et ces derniers fondaient les établissements de Quiloa, de Cannaor, de Cochin. Un peu plus tard, Alphonse d'Albuquerque s'emparait de Ceylan, de Malacca, de Goa, d'Ormuz, ou se faisait le protecteur des rois qu'il ne subjuguait pas[1]. De leur côté, les Espagnols, se précipitant sur le nouveau monde, couraient à la quête

---

(1) Les rois de Siam et de Sumatra ; 1503-1515.

de ses trésors. Venise n'avait donc plus rien à espérer pour elle, et la reine de l'Adriatique n'avait plus qu'à mourir[1].

Dans ce moment, un célèbre géographe arabe venait de parcourir l'Afrique. Fait prisonnier par un vaisseau chrétien et conduit à Rome, il avait été présenté à Léon X, s'était converti, et avait publié en arabe et en italien la relation de ses voyages. Je veux parler de Léon l'Africain.

Al-Haçan, surnommé *Léon l'Africain*, était né à Grenade. Ayant quitté cette ville quand elle fut prise par Ferdinand, il s'enfuit au Maroc. Tourmenté de l'amour des voyages, Léon visita presque toute l'Afrique centrale, confirma les renseignements de ceux qui l'avaient précédé, et en ajouta de nouveaux.

---

(1) A l'instigation des Vénitiens, le soudan d'Égypte, qui voyait décroître chaque jour le transit de Suez à Alexandrie, déclara la guerre aux Portugais, et les attaqua sur la mer des Indes; mais les Turcs furent battus dans toutes les rencontres, et l'un des fils de Gama dévasta les bords de la mer Rouge.

Voir la note P.

Il vit deux fois la ville fameuse de Ten-Boktoue (Tombouctou), admira les richesses de ses habitants et la puissance de son roi. Là où l'ignorance plaçait des solitudes inhabitées, il trouva un pays fertile, abondant en grains, en bestiaux et en coton. Le souverain de ce pays, qui avait embrassé l'islamisme, ne paraissait en public qu'entouré d'une cour brillante, et portait des ornements d'or d'un poids énorme. Son palais, bâti en pierre, avait été construit par un architecte de Grenade; sa cavalerie comptait trois mille chevaux venus de Barbarie, et il faisait venir également de la côte septentrionale des manuscrits arabes. Le peuple, qui était doux et tranquille, ne manquait de rien, excepté de sel. Des caravanes, comme au temps d'Hérodote, allaient chercher le sel dans le désert et le rapportaient à Tombouctou. On y trouvait, ainsi que chez les autres peuples noirs, beaucoup d'objets de fabrique *européenne*[1].

(1) Voir la note Q.

Le livre de Léon produisit une vive impression : il démontra de nouveau qu'il y avait dans l'intérieur de l'Afrique une infinie variété de transactions et d'échanges; il fit mieux comprendre de quelles contrées arrivait sur toute la côte cette source inépuisable de produits, et jusqu'où pouvait pénétrer à son tour l'activité méditerranéenne. Malheureusement le commerce changeait de route; il allait en Amérique ou aux Indes. Un autre événement lui porta un coup non moins funeste et l'exila pour longtemps de l'Afrique septentrionale.

Ferdinand le Catholique poursuivait les Maures au delà du détroit; conseillé par Ximénès, il dirigea de ce côté plusieurs expéditions maritimes. De l'année 1505 à l'année 1510, les Espagnols s'emparent de Mers-el-Kébir, d'Oran, de Bougie, et telle est la crainte qu'ils inspirent, que les rois de Tunis et de Tlemcen s'empressent de leur payer tribut. Tripoli, n'ayant point fait de soumission, est emportée d'assaut; cinq mille habitants périssent (1510). Cependant la politique de Ximénès, qui veut restituer aux puissances chrétiennes le bassin occidental de la Méditerranée, produit un résultat contraire; elle amène les Turcs en Barbarie. Vers l'an 1515, l'émir d'Alger, les ayant appelés à son secours, est assassiné par Barberousse. Le corsaire prend la place de l'émir et s'installe dans Alger.

Dès ce moment les Turcs régnèrent en Barbarie. Jusqu'à présent ç'avait été de Constantinople ou des îles de l'Archipel qu'étaient parties leurs escadres pour ravager l'Europe; maintenant ils s'établissaient en face de la chrétienté et la menaçaient insolemment. En 1516, année de la mort de Ferdinand, Barberousse marche sur Tlemcen dont il chasse le roi, allié des Espagnols; Tlemcen est prise et Barberousse tué (1519). Les Turcs d'Alger proclament aussitôt pour chef son frère Kheired-Din, que le sultan honore du titre de pacha.

Kheir-ed-Din fait la paix avec les Kabyles des montagnes, soumet Collo, et oblige Constantine à reconnaître son autorité. En 1533, nommé capitan-pacha par Soliman, il s'empare de Tunis; Charles-Quint reprend Tunis, qu'il rend au roi dépossédé[1]. En 1541, l'empereur assiége Alger; la tempête brise ses vaisseaux, le siége avorte, et les Espagnols se retirent après des pertes énormes. En 1551, Tlemcen est réunie à la régence d'Alger; en 1525, Tripoli tombe au pouvoir des Turcs. Charles-Quint abandonne le port d'Africa, dans l'État de Tunis (1553); deux ans plus tard, il perd Bougie (1555). L'année suivante, les Turcs

---

(1) 1535. Le sac de Tunis fut horrible; les vainqueurs y massacrèrent, dit-on, soixante et dix mille personnes, et s'égorgèrent ensuite entre eux pour se dépouiller. Ce qu'on peut réellement louer, ce fut le courage que les Espagnols déployèrent dans l'attaque, et le traité de paix qui suivit la prise de Tunis. Charles-Quint, en rendant Tunis à son roi indigène (Mouleï-H'acen), exigea la délivrance des esclaves chrétiens; vingt-deux mille furent remis en liberté (*traité* du 6 août 1535, conclu entre l'Empereur et le roi de Tunis).

assiégent Oran, et en 1570 ils redeviennent les maîtres de Tunis, que leur dispute inutilement le héros futur de Lépante.

La fin du treizième siècle et toute la durée du dix-septième n'offrent que peu d'importance. Découragé par la perte de Tunis, Philippe II ne voulut plus tenter aucun établissement en Barbarie. Le dix-septième siècle se passe en excursions maritimes de la part des Espagnols, en attaques infructueuses dirigées contre Oran par les Turcs. Dans le dix-huitième (1708), Oran capitule; mais les Espagnols y rentrent sous Philippe V (1732). Charles III fait canonner Alger (1775). La flotte se composait de près de quatre cents voiles ; l'armée de terre comptait plus de vingt-deux mille hommes et cent pièces d'artillerie. Débarqués le 8 juillet, les Espagnols se rembarquèrent le 9; leur déroute avait été complète. En 1783 et 1784, nouveaux bombardements. Enfin la paix est signée (1785); le dey d'Alger reçoit quatorze millions, et les Espagnols évacuent Oran (1791).

Peut-être serait-ce ici le lieu de dire quelques mots des expéditions portugaises dans le Maroc : comme celles des Espagnols, elles se terminèrent par la défaite et l'abandon. Au commencement du seizième siècle, les Portugais possédaient sur la côte Ceuta, Tanger, Arzilla, Mazagran, Azemmour, Safi, Santa-Cruz; c'étaient les premiers anneaux de cette grande chaîne dont ils enveloppaient l'Afrique et qu'ils avaient su étendre jusqu'aux Indes. Mais au bout de cinquante ans, l'influence naissante de la famille des Chérifs leur avait repris presque toutes ces places. En 1574, le roi don Sébastien descend en Afrique près d'Alrzilla; il perd la couronne avec la vie, à la bataille d'Alcazar. En 1580, Ceuta passe avec le Portugal entre les mains de Philippe II; Tanger est cédé à l'Angleterre (1662), qui en fait sauter les fortifications (1683), et Mazagran capitule en 1769.

A partir de ce jour, il ne reste plus rien aux Portugais dans le Maroc.

Je n'ai pas voulu interrompre le cours de l'histoire, afin qu'on en saisît facilement l'ensemble. On voit, par le simple exposé qui précède, que l'invasion des Turcs en Barbarie fut une immense calamité. A un état de choses relativement paisible succédèrent la violence, le pillage et le meurtre; l'usurpation chassa les dynasties indigènes, et des populations industrieuses furent changées en un peuple de forbans. La piraterie n'était plus un fait isolé; elle devenait l'œuvre et le moyen de vivre des gouvernements barbaresques. A leur tour, les chevaliers établis à Malte (1550) se firent corsaires. On avait peine à retrouver en eux les défenseurs de Rhodes. De sorte que la guerre dégénéra et se rapetissa; ce ne fut plus qu'une longue suite de déprédations sans caractère et sans but.

L'Europe tenta de vains efforts pour arrêter le brigandage. Venise et Gênes, sur leur déclin, armèrent leurs vaisseaux ; Malte équipa ses galères; la France envoya Duquesne contre Alger, et d'Estrées contre Tripoli : ce fut en vain. On sait les désastres de l'Espagne. La piraterie ne discontinua pas[1].

Nous arrivons en 1816. A cette époque toutes les puissances avaient à se plaindre des Barbaresques. Profitant de la grande lutte qui agitait le monde, les trois Régences avaient écumé la mer, et une foule de chrétiens gémissaient dans l'esclavage. Lord Exmouth obtint d'abord quelques réparations ; mais il s'était à peine éloigné que les Algériens se soulevèrent. Le consul d'Angleterre fut jeté en prison; des Européens furent massacrés, et les habitants d'un village de Sardaigne, surpris tout à coup par les corsaires, furent traînés en captivité[2].

---

(1) Voir la note R.
(2) La Hollande, le Portugal, Naples, la Sardaigne, la Suède, etc., payaient tribut aux Algériens. Jusqu'en 1815, les États-Unis leur payèrent également un tribut de 12,000 sequins

De tels outrages méritaient un prompt châtiment. Le 27 août, lord Exmouth, suivi du vice-amiral des Pays-Bas Van-Capellen, paraît devant Alger et canonne la ville. Presque toutes les batteries des Turcs sont démontées et leurs navires incendiés. Le 26, le dey signe la paix. Il rend sans rançon les captifs, déclare l'esclavage des chrétiens pour jamais aboli, et fait des excuses publiques au consul anglais[1].

Quinze ans ne s'étaient pas écoulés, et la France subissait de nouvelles insultes. Elle pensa alors qu'un pareil peuple était incorrigible et qu'il fallait détruire ce nid de pirates. En 1830 elle prit Alger[2].

(22,000 dollars) par année, et ce qu'il y avait de plus humiliant, c'est qu'ils étaient forcés d'acquitter ce tribut en munitions de guerre que les Algériens employaient à la continuation de la piraterie (W. SHALLER, *Esquisse de l'État d'Alger...*, ch. V; Paris, 1830).

(1) Lettre officielle de lord Exmouth, dans la *Gazette de Londres* du 15 septembre 1816. — E. PELLISSIER, III° Mémoire.

(2) Voir la note S.

CHAPITRE V

Du commerce des Arabes de nos jours avec l'Afrique septentrionale et centrale.

Malgré l'arbitraire le plus odieux et l'instabilité la plus déplorable dans l'administration et les affaires, les besoins inévitables de la population avaient ramené un peu de commerce sur la côte d'Afrique, et des négociants européens s'étaient établis dans les trois Régences. En 1561, deux Marseillais élèvent le bastion de France pour la pêche du corail[1].

---

(1) Le bastion, situé non loin de Bone, n'était pas une forteresse, comme on pourrait le croire; c'était une maison plate qui n'avait rien de défensif. Un siècle après, la dépense pour l'établissement, les redevances pour le gouvernement algérien, et les cadeaux d'usage, s'élevaient à 135,000 livres. On y comptait trois à quatre cents individus; les femmes n'y étaient pas admises.

En 1631, Richelieu signe un traité avec le Maroc; il nomme des consuls à Salé, à Safi, à Santa-Cruz. En 1632, le bastion de France, la Calle et un petit poste au cap Rose formaient ce qu'on appelait alors les concessions d'Afrique. Plus tard (1694), une compagnie s'organise pour exploiter l'est de la régence d'Alger[1]. Elle est dissoute en 1802; mais en 1817 un traité rend à la France la pêche du corail et le privilége du commerce. Quelques maisons d'agence fondées, en outre, à Tunis, à Bone et à Alger, font avec Livourne, avec Marseille et Londres des échanges assez considérables[2].

---

(1) Moyennant une redevance annuelle aux Algériens, une autre redevance à la milice de Bone, et des présents aux cheiks arabes. La compagnie tirait du pays 20,000 cuirs, 300 à 400 quintaux de cire, autant de laines surges, et un grand nombre de paniers en jonc dits sparteries.

En 1779, le bey de Tunis nous accorda aussi la pêche du corail dans l'île de Tabarka où les Génois s'étaient maintenus si longtemps. La compagnie devait lui payer 200,000 francs par an.

(2) E. PELLISSIER, IIIe Mémoire.

Constantine tirait de Livourne des tissus de coton, des soie-

Le commerce intérieur continua, du reste, sous les Turcs. Des caravanes parties de plusieurs points de la côte pénétraient comme autrefois dans l'Afrique centrale; d'autres caravanes, traversant le désert, se rendaient du Maroc jusqu'en Arabie. Les marchands d'Alger revenaient à Constantine, à Maskarah, Médéah; ceux de Constantine, se fractionnant à leur tour, visitaient Tunis, où ils vendaient des dattes, de la laine, des peaux ouvrées ou préparées, des plumes d'autruche, des gommes, de la poudre d'or, et d'où ils rapportaient des étoffes brodées, des châles pour turbans, des essences et des armes de luxe[1].

Ainsi, au milieu de mille difficultés et de

---

ries, des draps, des marbres, des denrées coloniales, des drogueries, etc. Ce commerce s'élevait par an à un million de livres.

(1) *La Province de Constantine*, par MM. URBAIN et VARNIER; Paris, 1841.

Ce commerce pouvait être de 100,000 piastres fortes par mois, ou 500,000 francs environ.

mille entraves, le commerce avec l'Europe put encore végéter sur une terre maudite, et le commerce intérieur, un instant suspendu par l'invasion des Turcs, reprit lentement sa marche. Aujourd'hui que l'Afrique du Nord a recouvré presque partout la sécurité qui lui était nécessaire, aujourd'hui que l'influence française règne à Alger et domine dans les États barbaresques, il importe d'étudier avec soin les relations actuelles du pays. On a vu ce qu'elles étaient; il faut voir ce qu'elles sont et ce qu'elles peuvent être; il faut rechercher sérieusement s'il ne serait pas possible de rouvrir leurs anciens débouchés, et de faire couler une seconde fois vers l'Europe ce grand et large fleuve qui se perd maintenant dans les sables.

L'Algérie, comme Tunis et le Maroc, a deux divisions bien distinctes : le Tell et le Sahara. Le Tell comprend la région du labourage et des moissons; le Sahara renferme la région des pâturages et des fruits. Les habitants du Tell sont surtout agriculteurs, les habitants du Sahara sont surtout pasteurs et jardiniers. Dans le Tell croissent les céréales; dans le Sahara, les palmiers : voilà le principe[1].

Du nord au sud, le Tell s'étend jusqu'aux derniers rameaux de l'Atlas. Le Sahara commence à ses derniers rameaux, et s'arrête au Désert proprement dit. De l'ouest à l'est, ils ont l'un et l'autre pour limites l'empire du Maroc et la régence de Tunis. Il résulte de là que la population du Tell est principalement fixe, que celle du Sahara est principament nomade. La population du Tell cultive; celle du Sahara voyage[2].

(1) E. CARETTE, *Recherches sur la géographie et le commerce de l'Algérie méridionale*, Ire partie, l. I; Paris, 1844. — *Le Sahara algérien*, par M. le colonel DAUMAS, 1845.

Il y a des parties intermédiaires où la datte et l'épi mûrissent également bien ; il en est d'autres qui ne produisent ni la datte ni l'épi. Ces zones semblent appartenir alors aux deux régions ou n'appartenir à aucune ; cela d'ailleurs ne fait rien contre le principe.

(2) Il serait plus exact de dire que la population est double par-

Au delà du Sahara, au delà des contrées d'Ouârgla et de l'Ouad-Mzâb, qui bornent l'Algérie méridionale, vous trouvez le Touât; puis paraît le véritable Désert, immense, aride et nu. Dans cet océan desséché, plus de palmiers, plus de rivières, plus de sources. Çà et là des buissons rabougris, des flaques d'eau saumâtre, des puits qui tarissent en été; à de longues distances, de rares oasis. La chaleur y est si grande qu'il faut creuser la terre et s'y coucher pour se rafraîchir[1].

Quelquefois le vent souffle du midi : il soulève le sable en tourbillons; il emporte et déplace comme des vagues les collines flottantes. La route que l'on connaissait disparaît, le voyageur s'égare, et les oiseaux

---

tout; il y a des nomades dans le Tell, et des citadins dans le Sahara. On a besoin, en effet, d'une population sédentaire pour cultiver les fruits et le palmier, pour garder en dépôt les marchandises de l'intérieur, etc.

Voir la note T.

(1) E. CARETTE, IIe partie, l. II, p. 141.

tombent étouffés. Malheur à la caravane qui rencontre cet ouragan!... On ne pourrait pas dire le lendemain qu'elle a passé par là [1].

D'autres fois encore un point surgit à l'horizon : il approche, précédé d'un nuage de poussière. Qu'est-ce donc? Le vent du midi ne souffle pas. Ce sont les Touâreg (Touariks), les pirates du Désert. Montés sur de rapides mehâra [2], le visage couvert d'un masque de coton bleu foncé, les Touâreg accourent du fond des steppes infinis. Ils sont hauts de taille, vigoureux, terribles. Leur sabre est

---

(1) « *Regna videt pauper Nasamon errantia vento.* »
Conf. ce qu'Hérodote raconte de l'armée de Cambyse, qui périt tout entière en se rendant à l'oasis d'Ammon (l. III, § 26), et dans le même historien (l. IV, § 173), la légende relative aux Psylles qui, étant allés faire la guerre au vent du midi, furent ensevelis sous des monceaux de sable. Voir également dans Salluste (*Guerre de Jugurtha*, § 79), dans Lucain (*Pharsale*, l. IX), dans Léon l'Africain (l. VI), la description des déserts de la Libye, et dans presque tous les voyageurs modernes celle du redoutable *simoun*.

(2) Espèce particulière de dromadaire, qui défie à la course le meilleur cheval.

droit et à double tranchant, leur lance est longue et acérée, leurs flèches ne manquent jamais leur but. A leur aspect, la caravane fuit en désordre ; mais ils l'atteignent et vont vendre la proie qu'ils ont saisie sur les marchés de R'at (Gât) ou d'Agades[1].

Tel est cependant l'attrait du commerce, tel est le besoin de communication entre les races humaines, que l'homme a osé affronter ces périls. Chaque année des voyageurs, partant du Maroc, de Tripoli, de Tunis ou des frontières de l'Algérie, se réunissent au Touât, et se rendent du Touât au pays des Noirs. L'espace qui sépare les deux contrées est affreux. Pendant une semaine, c'est une terre salée, rouge à la vue, dans laquelle on ne trouve ni pierre, ni plante, ni eau. Plus loin, quelques puits, mais toujours la solitude et le soleil brûlant. Il faut marcher ainsi vingt-

---

(1) E. CARETTE, IIe partie, t. II.
Voir la note U et l'*Appendice*, chap. III.

cinq jours pour arriver à Tombouctou. Quand les caravanes sont surprises dans ce désert par le vent du sud, elles épuisent leur provision d'eau et meurent[1].

Le voyage dure cinq ou six mois, pour l'aller et le retour; on parcourt des distances de mille lieues[2]. Pendant ce temps, l'Arabe doit lutter contre toutes les misères : c'est la faim, c'est la soif, c'est la maladie, c'est le voleur qui l'attend et le guette. Et pourtant l'Arabe se met en route. Il dit adieu à ses vieux parents et à sa famille; il charge tranquillement le chameau qui porte sa fortune et confie son *navire,* comme il l'appelle, à la bonté de Dieu.

---

(1) E. CARETTE, IIe partie, l. II, p. 143.—E. RENOU, *Notice géographique sur l'Afrique septentrionale,* même volume.

En 1805, une caravane de deux mille hommes et dix-huit cents chameaux, allant de Tombouctou à Tafilet, périt faute d'eau (HEEREN, l. IV, ch. VI).

(2) Il y a cinq cent lieues de R'hadâmès (Ghadamès) à Tombouctou; autant pour le retour. La distance est bien plus longue pour le voyageur qui part de Tunis ou d'Alger.

Souvent encore, il entreprend un plus lointain voyage ; il fait avec la caravane sacrée le pèlerinage de **La Mecque**. Il a dès lors à braver bien des dangers, à franchir bien des déserts, à essuyer bien des tempêtes. Son absence sera longue, éternelle peut-être. Mais aussi quelle joie s'il parvient en Arabie, s'il peut visiter les saints lieux, s'il lui est donné d'entrer dans la maison d'Abraham et de s'incliner devant le tombeau du Prophète ! Quel honneur surtout au retour, lorsqu'il aura mérité le titre envié de H'adji (pèlerin); qu'il sera pour tous un objet d'admiration et de respect, et qu'assis sous la tente ou au foyer domestique, il racontera tant de fatigues heureusement terminées !

La caravane, d'ailleurs, reste fidèle à son institution; partout elle vend, elle achète, elle échange. Réunie d'abord à Fez, dans l'ancienne capitale du Maroc, elle longe la lisière méridionale de l'Algérie, pénètre dans la Régence par El-Aghouath (Laghouath) et

Sidi-Okba, se ramifie ensuite sur Tunis, où elle recueille les nombreux pèlerins qui veulent se joindre à elle, descend vers Kaïrwan (Kaïrouan), arrive à Tripoli et à Mesurata, s'aventure, en contournant la grande Syrte, dans d'horribles solitudes, touche à Benghazi et à Derne, traverse la Marmarique, se repose à Alexandrie, s'arrête au Caire pour y finir le ramadan et arrive à La Mecque. Chemin faisant, le pieux musulman a vendu ses draps, ses feutres et ses sandales de maroquin; il s'est procuré les riches soieries d'Alger, les manteaux de laine des nomades, les bonnets rouges et les essences de Tunis, les brillants tissus de la Perse et de Cachemire, l'ivoire, l'ébène, les pierres fines, l'or et les esclaves noirs de la Nubie, les épices de l'Inde, le café de Moka et de Bourbon, qui lui arrive par la mer Arabique. La caravane n'altère donc pas sa nature; elle est toujours essentiellement trafiquante. Ici seulement elle a un mobile de plus, la religion qui la protége et qui la garde. C'est une ville sainte qui marche.

Voilà, de nos jours, quel est l'ensemble des relations commerciales de l'Afrique septentrionale, depuis le Maroc jusqu'à l'Égypte, et depuis le littoral jusqu'au Niger. Je vais examiner maintenant comment la France en peut profiter, et contribuer pour sa part à ce grand mouvement[1].

---

(1) Les bonnets rouges en feutre de Tunis, dont l'usage est devenu général dans l'empire du Maroc, se fabriquent aussi pour les Ottomans, les Grecs, les Arméniens et les Juifs, et se livrent à ces différents acheteurs, qui portent le costume oriental et se rasent la tête. Ces produits sont d'ailleurs si bien confectionnés que Marseille et Livourne n'ont jamais pu en égaler le travail, malgré les procédés les plus ingénieux.

La supériorité de cette main-d'œuvre est due à l'excellente organisation des corps d'arts et métiers de Tunis, corporations analogues à celles de notre moyen âge, et empruntées aux Maures d'Espagne, qui les portèrent avec eux en Afrique. Plus complètes toutefois et plus libres que les associations de même nature réfugiées dans le Maroc ou l'Algérie, celles de Tunis sont toujours restées soumises à une juridiction semblable à celles de nos prud'hommes, et il en est de même parmi la population si laborieuse de l'île de Djerbi*. Chaque branche de commerce y est dirigée par un certain nombre de commissaires pris dans la profession même et appliqués à concilier les avantages de la libre concurrence avec ceux de l'association. Le chef de ces hommes d'élite juge tous les différends qui peuvent s'élever entre les marchands du corps qu'il préside, et ses décisions sont en dernier ressort, à moins que les parties n'en appellent au bey lui-même. La sagesse de cette organisation étonne en pareil pays, et pourrait honorer en Europe toute nation manufacturière. Bien d'autres produits en laine, les couvertures, les tuniques blanches, les châles teints de vives couleurs, ne présentent pas un travail moins parfait. C'est ce qui fait de Tunis une puissance industrielle qui n'est point à dédaigner, et il faudra en tenir compte en cherchant à la supplanter, particulièrement dans la province de Constantine, où s'écoulaient autrefois grand nombre de ses produits. Inutile d'insister, d'ailleurs, sur le besoin de nous unir avec une contrée qui a porté Carthage, dont le climat est toujours un des plus beaux comme le sol un des plus fertiles du monde, et dont la capitale compte encore 200,000 habitants.

Le Caire était jadis le grand caravansérail de toutes les races africaines, alors que les caravanes de Syrie et celles qui revenaient plus tard de La Mecque y conduisaient de leur côté les populations

---

(*) La *Notice des dignités*, qui fut publiée au commencement du cinquième siècle de notre ère, a déjà fait connaître (*hic*, p. 3) ce qu'étaient à cette époque les établissements industriels de l'île de Girba (Djerbi) : un procurateur des ateliers publics était chargé de veiller sur ses riches teintureries. Dans le moyen âge, les chrétiens de Sicile et d'Italie firent souvent irruption sur cette île, soit pour ruiner ses manufactures, soit pour s'y installer eux-mêmes. Aujourd'hui les bernous de l'île de Djerbi sont encore recherchés dans toute l'Afrique pour leur qualité et la perfection du travail.

et les marchandises de l'Asie. Telle est encore, à beaucoup d'égards, l'activité de ce foyer commercial. Aussi, quand les pèlerins les plus exaltés par le fanatisme, franchissant le dernier passage du Désert, s'embarquent sur la mer Rouge, et, chantant sur leurs chapelets les perfections d'Allah, se tiennent souvent à moitié nus par vénération pour la terre sacrée qui va les recevoir, beaucoup de marchands, purs spéculateurs, s'arrêtent au Caire, se contentent pour leurs prières des quatre cents mosquées qu'ils y trouvent, et s'occupent à y reconnaître leurs affaires au milieu des intérêts les plus divers d'une innombrable population.

Parmi les productions alimentaires, les légumes et les fruits secs constituent la portion essentielle de la nourriture du peuple. En matières premières d'étoffes et de tissus, on compte le coton, la laine, le chanvre, le lin et la soie ; en substances tinctoriales, la noix de galle, l'indigo, le henneh ; en substances médicales, le séné, l'opium, le romarin, etc.; en substances aromatiques, les essences, l'eau de rose, l'ambre, l'encens, l'aloès, la myrrhe; en épiceries et drogueries, le girofle, l'anis, la gomme, le safran ; puis de l'oféverie et des bijoux fabriqués par les chrétiens, et toute espèce d'ouvrages en cuir; des peaux de chèvre pour faire le maroquin, des outres de chameau et la prodigieuse quantité d'objets de sellerie nécessaires à des populations qui ne voyagent qu'en monture.

Les étoffes et les tissus y viennent en grand nombre par les caravanes de l'Orient. Ce sont les châles de Cachemire; les toiles et les soieries de l'Inde et de La Mecque, de la Syrie et de la Perse; de la soie en écheveaux pour les manufacturiers de Tunis et de Fez, qui les prennent en échange des draps écarlate et autres tissus de laine de Barbarie ; ensuite les produits les plus riches et les plus variés : plumes d'autruche, dents d'éléphant, ébène, corail, perles, pierres fines, et l'or en poudre ou en grains, dont l'Égypte, dans le dix-septième siècle, recevait encore mille à douze cents quintaux par la seule caravane de l'Abyssinie; enfin, et malheureusement c'est toujours l'un des objets les plus considérables du commerce africain, les esclaves des deux sexes enlevés dans l'intérieur et conduits de tous côtés au Caire, où il se vendent dans le caravansérail des Gellabeh... (*Le Maroc et ses caravanes*, par R. Thomassy, Introduction; Paris, 1845).

CHAPITRE VI.

Conclusion.

On a vu dans le cours de cet écrit, de quelle importance avait été de tout temps le commerce de l'Afrique septentrionale, et, ce qui est plus remarquable, on a vu que ce commerce n'avait pas changé. Ce qui s'achetait sous les Carthaginois et les Romains s'achète encore aujourd'hui et de la même manière; ce sont toujours des esclaves, des plumes d'autruche, des pierres fines, des gommes, de l'ivoire, de l'or. Les Carthaginois et les Romains vendaient à leur tour des armes, des tissus d'Europe, des étoffes teintes de diverses couleurs; leurs caravanes portaient à l'intérieur le sel dont les populations avaient besoin. Au moyen âge, les ports de Barbarie sont remplis de chrétiens; vous les trouvez à Tunis, à Bougie, à Alger, à Oran. Qu'y viennent-ils chercher? Des esclaves, de la poudre d'or, de l'ivoire, des cuirs, des laines, du corail. Qu'y vendent-ils? Des draps, des toiles, des bonnets de laine, des verroteries, des épices, etc. Au quinzième siècle, Léon parcourt l'Afrique; il s'avance jusque dans la région des peuples noirs. Qu'y voit-il? Le sel que les caravanes arabes y apportent, la coutellerie d'Europe, les draps de Venise. Aujourd'hui enfin, lorsque l'invasion des Turcs en Barbarie est devenue fatale à toute cette côte, que voyons-nous? Les marchandises européennes qui pénètrent dans le pays par Tripoli, par Tunis, par Alger, par Mogador; et sur les bords du Niger, des armes anglaises, des épées de Malte et des fusils français fabriqués à Saint-Étienne[1].

---

(1) *Note sur le commerce du Soudan avec le Nord de l'Afrique*, par M. JULES DE LASTEYRIE; Paris, 1844.

En 1823, le major Denham fit partie d'une razia dirigée par le

Nous ne possédons pas le Maroc, ni Tunis, ni Tripoli; mais la France occupe Alger, Bone, Bougie, Oran. Ces ports, au moyen âge, faisaient un commerce très étendu avec l'Europe; ils lui demandaient une foule de produits qu'ils écoulaient ensuite dans le Désert. Pourquoi ces produits n'y reviendraient-ils point? Pourquoi ne prendraient-ils pas encore la même voie? C'est là toute la question.

Quand on jette les yeux sur les cartes les plus récentes, quand on consulte les savants travaux que le gouvernement vient de publier, on est étonné à l'aspect de toutes ces

cheikh du Bournou contre les Fellatahs; les chefs arabes qui commandaient les troupes indigènes avaient des armes à feu. Denham parle encore d'une escorte qui lui fut donnée, et qui était toute composée de cavaliers ayant des fusils; il cite même une bataille où les gens du Bournou se servirent de deux mauvaises pièces de canon qu'ils chargeaient avec des cartouches à balles (*Narrative of... discoveries...*; London, 1826). A son second voyage, en 1825, Clapperton vit au siége de Kounia, capitale du Gouber, plusieurs soldats du sultan Bello armés de mousquets (*Journal of a second expedition...*; by the late commander CLAPPERTON; London, 1829).

villes, de tous ces ksour (villages), de toutes ces tribus dont les noms se révèlent à nous pour la première fois et qui composent l'ancienne régence d'Alger. Il y a quinze ans, on connaissait quelques grandes villes du Tell; mais des autres localités, mais du Sahara au delà de l'Atlas, que savait-on? Rien, ou presque rien. Aujourd'hui le Sahara recule à mesure qu'on s'y enfonce.

Ici c'est Lagouath (El-Aghouath), c'est Aïn-Mady, c'est Gardaia (R'ardeia); là c'est Ouârgla, Temacin, Tougourt (Tuggurt), Biskra[1]. Partout vous verrez des mosquées, des tolba (lettrés), des écoles. Dé-

---

(1) Tougourt fut sans doute une ville romaine; on croit que c'est le *Turaphilum* de Ptolémée. Des pierres carrées bien taillées forment les murs de la kasbah.

Cette ville est fort riche, parce qu'elle est le centre d'un marché considérable; elle fut frappée, dit-on, il y a quarante ans, par le bey de Constantine, d'une contribution d'un million de francs. Le sultan de Tougourt ne sort jamais qu'entouré de sa garde nègre. Le jour de la fête du Prophète, des cavaliers le précèdent, des fantassins le suivent, et des esclaves conduisent defendues et bien gardées, ces villes peuvent soutenir facilement un siége contre les Arabes. Elles ont d'assez hautes murailles; Gardaia est presque aussi grande qu'Alger, et Ouârgla est couronnée de plusieurs forts à deux étages. Tout autour, de beaux jardins, constamment arrosés, produisent le raisin, l'abricot, la pêche, la figue, et principalement la datte, qui fait la richesse du Sahara. Le seul district d'Ouârgla compte soixante mille palmiers.

A côté des villes et des villages habités par la population sédentaire, vit la population nomade. Aux citadins dont elle se sert et qu'elle méprise, les métiers de l'industrie; à eux d'être forgerons, tailleurs, selliers, jardiniers; mais à elle les troupeaux, l'espace et

vant lui des chevaux magnifiquement caparaçonnés, couverts de selles brodées d'or, avec des boucles d'or aux oreilles et des anneaux d'or aux pieds. Il nous a payé l'impôt et a reçu le bernous d'investiture.

le soleil[1]. Aussi, dès que l'été est revenu, dès que l'herbe se sèche dans les immenses vallées et que les sources commencent à tarir, le nomade quitte le Sahara et va dans le Tell. Il y achète des grains, que le Sahara ne lui donne pas suffisamment; l'huile, qu'il trouve à Bou-Sâda; les épiceries, la soie, les aciers, la coutellerie, les bijoux qui lui sont envoyés de Constantine ou d'Alger. En échange, le nomade apporte du beurre, des laines, des manteaux tissés par ses femmes, des tentes en poil de chameau, des dattes, des moutons, des chevaux, etc. De retour chez lui, vers l'automne, il dépose ses marchandises dans les villes et dans les ksour dont il est l'ami, et où il est certain de les retrouver quand il en aura besoin.

Toutes les villes du Sahara algérien, toutes

---

(1) L'Arabe de la tente croirait déchoir s'il donnait sa fille en mariage au plus riche habitant des ksour. Quelques nomades des environs de Tougourt disaient à M. le duc d'Aumale : « Nos « pères n'ont jamais touché la terre; nous ferons comme eux. »

les tribus qui couvrent ce vaste territoire, ne s'approvisionnent pas encore dans le Tell, cela est vrai. Les oasis de l'Ouâd-Mzâb, d'Ouârgla, de Tougourt, de l'Ouâd-Souf, trafiquent encore avec Tunis ou le Maroc. Cependant elles commercent déjà avec Alger. Leurs négociants y arrivent peu à peu et y font des emplettes; ils trouvent que la route est plus sûre et qu'il n'y sont pas rançonnés. Les grandes tribus des Arba', de Ouled-Na'il, des A'mour, sont presque entièrement soumises; celles des Sidi-Cheikh et des H'amian le seront bientôt. Leurs chefs, si fiers de leur origine et de leur beauté, ces hommes privilégiés et saints de père en fils, qui ont des meutes de lévriers et des faucons pour la chasse, acceptent l'autorité de la France ou redoutent le poids de son épée. En contact, à leur tour, avec des tribus plus méridionales, ils reçoivent les produits du Désert qu'ils échangent contre les nôtres, et c'est ainsi que, malgré la distance, les denrées du Soudan pénètrent journellement dans le Tell[1].

Il existe une nomenclature assez détaillée des différents objets de fabrique européenne qui se vendent à Tunis. J'ai remarqué parmi ces objets :

Des rouenneries ;

Des draps français communs ;

Des soies teintes de Lyon ;

Du coton filé de France ;

Du sucre et du café de nos colonies, etc., etc.

Or je ne demande qu'une chose. Pourquoi tous ces objets qui sortent de France ne se vendraient-ils pas aussi bien à Alger qu'à Tunis ? Pourquoi les vaisseaux de Marseille qui abordent à Tunis n'aborderaient-ils pas aussi bien à Alger, où ils trouveraient du moins leurs nationaux ?

Autrefois les Algériens fournissaient beaucoup de marchandises au Touât, et par con-

---

(1) Les Ouled-Na'il campent dans l'est du Sahara algérien ; les Arba' et les A'mour dans le centre ; les Ouled-Sidi-Cheikh et les H'amian dans l'ouest.

séquent au pays des Noirs; ils y expédiaient de la soie, du cuivre et des cotonnades. A la faveur de la guerre, les Anglais ont accaparé ce commerce qu'ils font par Soueïra (Mogador), Tétouan ou Tanger. Maintenant que l'état de l'Algérie s'est amélioré sur beaucoup de points, que nos relations avec l'intérieur se rétablissent, je demanderai pourquoi les négociants algériens ne s'efforceraient pas de ressaisir l'influence que l'ancienne Régence a perdue. Il y a mieux : qu'est-ce que l'Angleterre envoie dans le Soudan? Une foule d'objets que nous pourrions y envoyer nous-mêmes. Comment, alors, la France ne concourrait-elle point avec l'Angleterre, non pas aujourd'hui, je le conçois, mais plus tard, mais dans l'avenir? Pourquoi n'expédierions-nous pas en Nigritie, aussi bien que l'Angleterre, des tissus, du cuivre, du fer et des draps[1]?

---

(1) Clapperton a constaté tous ces faits. A Sakkatou, la vais-

On fait à cela deux objections. Voici la première. Les Français ne sont pas musulmans, et les Arabes préfèreront le commerce des Marocains ou des Tunisiens à celui des chrétiens. D'abord les Anglais ne sont pas plus musulmans que nous; ce qui n'empêche point les Arabes de trafiquer avec eux. Mais au moyen âge, l'Afrique septentrionale et les chrétiens trafiquaient. C'était pourtant la grande époque des croisades! L'Europe entière se ruait contre l'islamisme pour lui arracher le saint sépulcre. Les deux races se détestaient, les deux religions se proscrivaient; et néanmoins on commerçait! Nous avons vu quelle tolérance de la part des

---

selle d'étain que lui avait envoyée le sultan Bello portait l'estampille de Londres. Le marché de Niffé (Nouffi), autre grande ville plus au sud sur le Niger, était bien fourni de marchandises européennes, telles que draps, cotonnades, vaisselle d'étain et de cuivre, verroteries, grains d'ambre, couteaux, poudre à tirer, rhum, etc.; il en était de même au Bournou.

On a vu plus haut que Clapperton avait signalé, ainsi que Denham, l'existence des armes à feu dans l'Afrique centrale.

indigènes, quelle liberté pour notre culte, quelle réciprocité bienveillante dans toutes les transactions! Pourquoi donc aujourd'hui ces sentiments seraient-ils éteints, et, s'ils sont éteints, pourquoi ne pourraient-ils pas se ranimer?

La deuxième objection est celle-ci : Abd-el-Kader n'est pas soumis. En veut-on conclure que nous n'avons point fait de progrès depuis quelques années, progrès suspendus en ce moment, mais qui recommenceront demain? L'Émir a été comparé à Jugurtha. Cette comparaison n'est pas juste : car Jugurtha régnait en Numidie; il y possédait de grandes villes, il y avait Cirta pour capitale. Où sont les villes d'Abd-el-Kader? Il règne dans les montagnes ou dans les solitudes du Sahara. Un autre Numide, Tacfarinas, lui ressemble bien mieux. Ce sont les mêmes ruses, la même manière d'éparpiller la guerre, suivant l'expression de Tacite, la même promptitude dans l'attaque et dans la fuite:

« *Vagis primùm populationibus, et ob pernici-*
« *tatem inultis..., spargit bellum*[1]. » Tacfarinas
aussi semait de fausses rumeurs : « L'Empire
« était déchiré par la discorde; Rome était
« agitée, les autres peuples soulevés. » Obligé
d'abandonner le voisinage des colonies romaines, le Numide s'enfonçait dans le Désert, et plusieurs mois se passaient souvent
sans qu'on pût savoir où il campait; puis,
reparaissant tout à coup, il se signalait par
de nouveaux pillages et de nouvelles terreurs. Mais tout cela ne pouvait durer. Un
jour Tacfarinas fut surpris, et tué en combattant[2].

Il en sera de même d'Abd-el-Kader. Tôt
ou tard l'Émir devra succomber, parce qu'un
homme, si fort qu'il soit, ne l'est jamais autant qu'un empire ; parce qu'un homme seul
ne peut pas éternellement lutter comme un

---

(1) Tacite, *Annales*, l. III, § 20 et 21.
(2) *Ibid.*, l. II, III et IV.

grand peuple. La soumission complète de l'Algérie n'est donc qu'une affaire de temps. A un moment donné, elle aura lieu nécessairement, infailliblement, et le commerce qui a été chassé de l'Afrique par la guerre y rentrera par la paix. Maîtres du Tell, nous le sommes du Sahara; maîtres du Sahara, nous sommes aux portes du Désert. Un peu de patience, elles s'ouvriront[1].

(1) Voir les notes V et X.

NOTES.

NOTES.

NOTE A. (Page 15.)

Bélisaire n'avait avec lui que dix mille fantassins et cinq mille cavaliers d'élite. Les Vandales, dont la population avait quadruplé depuis un siècle, pouvaient réunir cent soixante mille combattants, et leur roi Gélimer opposa, dit-on, aux Romains une armée de cent mille hommes. Cependant, après deux rencontres dans les plaines de la Numidie, cette multitude fut dispersée, Gélimer fut pris, et la nation vandale tout entière fut chassée de l'Afrique.

Cette révolution soudaine, et bien plus rapide que l'invasion de Genséric, s'explique, non par la même cause, mais par une cause semblable. Le donatisme avait fait triompher les Vandales; le catholicisme les fit tomber. Une réaction les avait amenés, une réaction les emporta.

Personne n'ignore, en effet, ni les calamités dont ils accablèrent l'Afrique romaine, ni la persécution qu'ils firent subir aux catholiques, excités qu'ils étaient à la fois par leurs propres fureurs et par celles du parti donatiste. Cependant, au bout de quelques années, les hommes ardents de ce parti avaient disparu pour faire place à des opinions moins violentes, et bien qu'un historien (Tillemont) assure que les donatistes furent exceptés de la persécution générale, il est évident qu'il ne resta bientôt plus dans toute l'Afrique que deux peuples et deux cultes, les vainqueurs et les vaincus, les ariens et les catholiques. De là donc une haine profonde et irréconciliable entre eux, haine nationale, religieuse, politique, et qui fermentait surtout au cœur des opprimés. Quant à la race indigène (païenne, donatiste ou catholique), elle avait repris sa turbulente indépendance, et se tenait prête, comme toujours, à profiter des événements.

Bélisaire connaissait parfaitement ces dispositions favorables du pays, et depuis Caput-Vada, lieu de son débarquement, jusqu'à Carthage, il ne rencontra que des populations amies. Carthage même, la seule ville dont les murailles n'avaient pas été détruites par Gen-

NOTE A.

séric, ne tenta pas de se défendre; les catholiques en ouvrirent les portes, et on ne trouva plus de Vandales que dans les églises, dont ils embrassaient les autels en suppliants.

Ajoutons que les Vandales du sixième siècle n'avaient plus rien de l'énergie native de leurs pères. « Leur vie s'écoulait, dit Procope, au sein des voluptés. Ils portaient de longues robes de soie à la manière des Mèdes, et leurs châteaux, entourés de parcs immenses, rappelaient les *paradis* des rois de Perse [1]. »

C'étaient là les fils de ces farouches Germains qui, cent trente ans auparavant, s'étaient précipités sur le midi de l'Europe, qui, maîtres de l'Afrique chrétienne, avaient pillé la Sardaigne (436), saccagé Rome pendant quatorze jours (455), et qui, revenus à Carthage chargés des dépouilles de l'Italie, avaient compté dans la foule de leurs esclaves la fille et la femme d'un empereur [2].

La guerre avec les indigènes fut beaucoup plus longue.

Alliés d'abord de Genséric pour combattre les Romains, les indigènes étaient revenus promptement à cet esprit d'indiscipline et à cet amour du pillage qui est encore aujourd'hui le caractère distinctif des Arabes.

---

(1) Procope, *Guerre des Vandales*, l. II.
(2) Eudoxie, fille de Théodose II et femme de Valentinien III.

Salomon, successeur de Bélisaire, voulut y mettre un terme (535), et la lutte de plusieurs années qu'il eut à soutenir contre les Maures, soit dans les plaines de la Byzacène et de la Numidie, soit dans les âpres rochers de l'Aurasius (le mont Aurès), soit dans les sables arides de la région du Zab (Savus), qu'il réunit de nouveau à l'Empire, forme un des récits les plus curieux et les plus variés de l'histoire de Procope.

Les Maures se soumettent en 539; cependant ils se révoltent encore quatre ans plus tard (543), et Salomon, vaincu à son tour, périt non loin de Théveste (Tebesah). Un nouveau général, Jean Troglita, rétablit les affaires. Les Maures, découragés cette fois par deux grandes défaites, paraissent se résigner à l'obéissance et demeurent tranquilles jusqu'à la mort de Justinien (565)[1].

C'est donc toujours, on le voit, le même état de choses chez la race indigène : ces hommes ne sont en paix qu'enchaînés. Procope raconte que la dévastation du pays fut si grande, vers la fin du règne de Justinien, qu'on pouvait errer des jours entiers sans rencontrer une créa-

---

(1) Voir, pour les guerres de Jean Troglita, *la Johannide* de Flavius Cresconius Corippus, poëme latin d'un haut intérêt pour la géographie de l'ancienne Afrique, et publié à Milan, en 1820, par Pierre Marzuchelli, d'après un manuscrit qui aujourd'hui paraît unique. Corippus dut être témoin des événements qu'il raconte; car il était évêque d'une petite ville d'Afrique en 574, et l'expédition de Jean Troglita eut lieu vers 550.

ture humaine. Lorsque cet historien débarqua en Afrique à la suite de Bélisaire, la population y était considérable : on y comptait près d'un demi-million de Vandales, et ce peuple, ami du luxe et des plaisirs, avait donné une assez vive impulsion à l'agriculture et au commerce. En moins de vingt ans, cette scène de mouvement s'était changée en solitude : la nation vandale avait été déportée tout entière, y compris les femmes et les enfants; les riches citoyens romains s'étaient réfugiés en Sicile et à Constantinople; les indigènes, à leur tour, avaient succombé comme les Vandales, et, s'il faut en croire quelques auteurs, les guerres de Justinien coûtèrent à l'Afrique cinq millions d'hommes[1].

---

(1) PROCOPE, *Anecd.*, chap. XVIII.
La soumission de l'Afrique fut encore loin d'être complète, et l'empire de Justinien ne s'étendit pas à l'ouest au delà des limites de la Mauritanie Sitifienne : les Mauritanies Césarienne et Tingitane demeurèrent au pouvoir des indigènes. Il n'y eut plus dans ces deux provinces que deux villes romaines, *Julia Cæsarea* et *Septum* (Cherchell et Ceuta), avec lesquelles les Grecs de Byzance pouvaient seulement communiquer par mer, « car les Maures interceptaient et occupaient tout le reste du « pays » (PROCOPE, *Guerre des Vandales*, II, XX).

NOTE B. (Page 14.)

La résistance des indigènes fut énergique et courageuse. Après s'être rangés, suivant leur habitude, sous les drapeaux du conquérant, ils voulurent garder ensuite et défendre leur indépendance. Mais les califes suivirent l'exemple de Justinien : l'incendie, le pillage dévastèrent l'Afrique, et trois cent mille Maures furent vendus comme esclaves. La ressemblance des mœurs fit le reste. Le Bédouin et le Numide se rapprochèrent, le sang des deux peuples se mêla, leurs religions se confondirent, et il sembla, au bout de quelques années, que la même nation s'était répandue, comme un grand fleuve, des bords de l'Euphrate à ceux de l'Atlantique.

Quant au culte chrétien, ce serait une erreur de croire qu'il fut banni de l'Afrique romaine, en ce sens qu'il y aurait été aboli par les Arabes. Nullement. Une grande partie de la population romaine se réfugia, il est vrai, à Constantinople et en Grèce; mais ceux qui restèrent dans le pays purent y exercer librement les pratiques de leur croyance. Les premiers Sarrasins étaient beaucoup moins intolérants qu'on ne se l'imagine, beaucoup moins surtout que ne le furent leurs successeurs. — Acceptez le Coran, ou payez le tribut; — en d'autres termes, — Soyez frères ou vassaux, — voilà la doctrine de l'islam, qu'on a dénaturée plus tard. Le christianisme fut donc toléré en Orient, et des *capitulations*, que nos ambassadeurs invoquent encore tous les jours, lui assurèrent la protection à laquelle *le tribut* payé lui donnait nécessairement droit[1].

(1) Les anathèmes de Mahomet s'adressent particulièrement aux Arabes idolâtres ; ce qui ne l'empêchait pas de faire alliance avec eux. « Gardez « fidèlement, dit-il, l'alliance consacrée avec les idolâtres, s'ils l'obser- « vent de leur côté » (le *Coran*, chap. xı, verset 4). Il dit ailleurs, au sujet des chrétiens : « Ne violentez personne pour sa foi »(*ibid.*, chap. xı, verset 259).

C'est d'après cette règle (qui sans doute souffrit des exceptions) que furent signées toutes les premières conventions entre les Sarrasins et les Grecs. Nous citerons, entre autres, la capitulation de Jérusalem proposée par le patriarche Sophronius et acceptée par Omar (637), le traité conclu par Amrou avec les Cophtes au moment de la conquête de l'Égypte (638), traité qui leur garantissait la liberté du culte chrétien et qui fut également ratifié par le calife.

Après la prise de Jérusalem, Omar se rendit avec le patriarche dans l'église de la Résurrection, et, comme c'était l'heure de la prière, il fit la sienne incliné sur les marches du temple. Quant au *farouche* Amrou, on ne prétend plus aujourd'hui qu'il fit brûler la fameuse bibliothèque d'Alexandrie. Le fait n'est rapporté par aucun auteur contemporain, chrétien ou musulman. On en doit conclure que c'est là une de ces anecdotes comme il y en a tant en histoire et qui ne sont que des contes.

Il en fut de même en Afrique; mais les troubles intérieurs de cette partie du monde musulman, et la grande réaction religieuse qui suivit le mouvement des croisades, y enlevèrent bientôt toute sécurité aux derniers débris de la population romaine. Le christianisme s'en éloigna peu à peu, et à la fin du douzième siècle il eût été difficile de trouver un seul évêque dans la patrie de saint Augustin.

NOTE C. (Page 17.)

Au premier siècle de notre ère, la Mauritanie césarienne renfermait treize colonies romaines, trois municipes, deux colonies en possession du droit latin, et une jouissant du droit italique; toutes les autres villes étaient libres ou tributaires. Du premier au second siècle, la Numidie avait douze colonies romaines, cinq municipes et trente et une villes libres; les autres étaient soumises au tribut. Nous venons de voir, enfin, que dans le quatrième siècle on comptait en Afrique au moins six cent quatre-vingt-dix villes ou bourgades ayant rang d'évêchés. Cela indique une population considérable, surtout en Numidie. Là, en effet, s'élevaient Cirta, Sitifis, Suthul, Théveste, Lambæsa, villes de 50,000 à 60,000 âmes, avec leurs duumvirs, leurs décurions, leurs assemblées populaires, images fidèles de la grande Rome, dont elles reflétaient la magnificence et la gloire. Autour d'elles se pressaient Hippône (Bone), Igilgilis (Djigelli), Sicca-Veneria, Zama-Regia, Tipasa, Cuiculum (Djémilah), Bagasis

(Bagaï), Tadutti (Tattubt), Tamugadis, et une foule d'autres qu'il serait trop long d'énumérer [1].

Des milliers d'esclaves étrangers ou indigènes y cultivaient la terre, et telle était l'incomparable fertilité du sol, qu'il nourrissait à la fois l'Afrique et l'Italie. Salluste, Tite-Live et Pline n'en parlent qu'avec admiration. « On y voyait, dit Strabon, des champs de froment « où l'on fait deux moissons par an, et dont les épis

---

(1) *Sitifis-Colonia* (aujourd'hui Sétif). Les murs de cette ancienne métropole existent presque en entier et protègent facilement la garnison française qu'on y a installée. C'était le point d'intersection des grandes communications qui unissaient Carthage, Cirta et Césarée : de là partaient en outre des voies directes qui rattachaient Sitifis d'une part à Saldæ (Bougie), à Igilgilis, à Coba et à Tucca, de l'autre à Lambæsa, à Théveste, à Musti, à Tamugadis, etc.

Suthul ou *Calama* (aujourd'hui Guelmah), située entre Hippône et Constantine. C'est auprès de cette ville, dans laquelle Jugurtha renfermait ses trésors, que le roi numide fit passer sous le joug quarante mille Romains. Lorsque les Français vinrent s'y établir en 1846, le rempart conservait dans certains endroits six mètres d'élévation; une immense quantité de fortes pierres de taille encombrait les abords extérieurs et tout l'intérieur. On y voit un cirque d'une étendue considérable.

Théveste (aujourd'hui Tébésah). Au seizième siècle, Léon l'Africain mentionnait ses remparts bâtis en pierres de taille comme celles du Colisée, ainsi que le grand nombre de colonnes de marbre, de pilastres, d'inscriptions qui décoraient l'ancien forum et les autres édifices. Tout cela existe encore.

Lambæsa (aujourd'hui Tezzoute). On y comptait quarante portes ou

NOTE C.

« sont hauts de cinq coudées. » Quatre siècles après Strabon, Procope constate le même fait. Malgré la conquête des Vandales et l'affreuse dévastation qui en fut la suite, il trouve presque partout un pays bien cultivé et d'une fécondité extraordinaire. Il remarque le grand plateau de l'Aurasius (le mont Aurès), chaîne immense qui sépare la Numidie du désert. « Pour qui veut gravir

arcs de triomphe. Peyssonnel, au dix-huitième siècle, en a vu quinze, qui avaient jusqu'à cinquante et soixante pieds d'élévation. Lambæsa était une ville de la plus haute importance. Placée dans une plaine fertile, au pied de l'Aurasius, elle gardait de ce côté l'entrée de la Numidie méridionale. C'est là que résidait, ainsi que l'atteste une inscription trouvée par Bruce, la célèbre *legio III Augusta* qui construisit la voie romaine de Carthage à Théveste.

Tipasa. A mi-chemin entre Guelmah et Tiffesech (Tiffech), on trouve les débris d'une très grande ville ancienne, de superbes portiques bien alignés, des colonnes de marbre, des palais encore debout, un amphithéâtre de cent cinquante pas de diamètre, dont dix rangs sont intacts, le tout en grosses pierres de taille. Ce lieu, qui aujourd'hui s'appelle Hamisah, était probablement la colonie de *Tipasa,* que quelques géographes placent à Tiffesech.

Cuiculum (aujourd'hui Djémilah). On remarque à Djémilah un théâtre, un temple quadrilatère à six colonnes, les restes d'une basilique chrétienne, des bas-reliefs, enfin le forum, renfermant un temple dédié à la Victoire, et où l'on arrivait en passant sous un arc de triomphe élevé à l'empereur Caracalla.

En 1840, le maréchal Soult avait donné l'ordre qu'on transportât à Paris l'arc de triomphe de Djémilah, comme le plus complet des monuments de ce genre qui ont été construits en Afrique. Ce projet n'a pas été exécuté.

« cette chaîne, dit-il, la route est difficile, le pays affreux
« et sauvage ; mais lorsqu'on est monté sur le plateau,
« on découvre de vastes plaines, de nombreuses sources
« qui donnent naissance à des rivières, et une telle quan-
« tité de vergers, que cette culture si variée semble
« presque un prodige. Le blé et les fruits qui y croissent
« y atteignent une grosseur double de celle qu'ils ont
« dans tout le reste de la Libye[1]. »

Il y eut donc en Afrique, depuis Auguste jusqu'aux Vandales, c'est-à-dire pendant plus de quatre siècles, une grande population, une grande activité commerciale, un grand mouvement artistique. La littérature n'y brilla pas moins que les arts. C'est l'époque d'Apulée, né à Madaure; de Tertullien, né à Carthage; de saint Cyprien, orateur puissant et martyr illustre; c'est enfin l'époque de saint Augustin, philosophe, rhéteur, évêque, qui les surpassa tous les trois par la profondeur comme par la variété de son génie.

---

(1) *Renseignements sur la province de Constantine,* par M. DUREAU DE LA MALLE, p. 60 et 67.

NOTE D. (Page 25.)

Les Numides n'étaient pas meilleurs tacticiens que les Arabes. Tite-Live rapporte que Syphax, un moment allié des Romains, voulut les accoutumer à la discipline des légions; mais ils furent complétement battus par les mercenaires de Carthage.

Quant à la population de l'ancienne Afrique, Strabon dit bien quelque part que les Carthaginois y possédaient trois cents villes. Mais quelles étaient ces villes? quelles était leur importance, leur étendue? Strabon ne précise rien.

Le passage de Procope rapporté ci-dessus (note A) est plus positif. Procope affirme, en effet, que les guerres de Justinien coûtèrent à l'Afrique plus de cinq millions d'hommes. Mais il n'est pas ici question de l'Afrique de Justinien, ni même de l'Afrique romaine; il s'agit de l'Afrique *carthaginoise* et *numide* [1].

---

(1) Il serait certainement curieux de rechercher qu'elle était l'ancienne population de l'Afrique à l'époque des Carthaginois, pour la comparer à celle que nous y trouvons aujourd'hui.

Toutefois ce travail serait d'autant plus difficile que nous n'occupons pas précisément le même pays que Carthage; nous sommes plus loin et moins loin qu'elle. Carthage ne possédait point, comme l'ont cru quelques auteurs, tout ce vaste espace compris entre la grande Syrte et le détroit de Gadès. Le *territoire carthaginois* proprement dit commençait

NOTE E. (Page 54.)

Voici un aperçu de la situation à la fin de 1843 :

Routes terminées. — Depuis deux ans, pendant les intervalles de guerre, l'armée a ouvert 357 lieues de routes, qui ont à la fois leur importance militaire, commerciale et industrielle, savoir :

du côté de l'est à la Cyrénaïque, et s'arrêtait à l'ouest au *promontorium Candidum* (le cap Blanc) en deçà d'Hippo-Regius (aujourd'hui Bone). Au delà, c'était l'Afrique indépendante, c'étaient les Numides et les Maures.

Il est vrai que des colonies carthaginoises s'étendaient sur toute cette côte. Un grand navigateur, Hannon, s'avançant même dans l'Océan occidental, en avait fondé plusieurs sur les rivages du Maroc ; mais c'étaient plutôt des comptoirs et des *échelles* que de véritables villes, et nous ne savons rien de leur population.

Tout ce que nous savons, par quelques mots échappés aux historiens romains, c'est que l'ancienne Afrique, même l'Afrique indépendante et nomade, passait pour très peuplée ; c'est que l'on comptait sur le territoire de Carthage des villes importantes et un grand nombre de ports florissants ; c'est que les nations libyennes fixées sur ce territoire, pouvaient armer de nombreux combattants, puisque, dans la guerre des Mercenaires, on les vit mettre sur pied soixante-dix mille hommes ; c'est qu'enfin Carthage faisait un commerce immense avec toute l'Europe connue, au moyen de ses flottes, et avec l'intérieur de l'Afrique, au moyen de ses caravanes, comme nous l'apprend Hérodote.

Mais nous ne trouvons aucune donnée sérieuse qui nous permette d'apprécier la force numérique du pays, et il en faut conclure que les éléments nous manquent pour décider aujourd'hui une pareille question.

NOTE E.

	Lieues.
D'Oran à Zebdou par Tlemcen.	44
De Tlemcen à Lella-Magajnia, dans la direction d'Ouchda	15
D'Oran à Saïda par Maskarah.	43
De Mostaganem à Maskarah	25
De Maskarah à Tiaret.	32
De Mostaganem à Milianah par Orléansville . .	60
D'Orléansville à Ténez, en partie dans le rocher.	10
De Cherchell à Téniet-el-Had par Milianah . . .	37
De Milianah à Blidah.	20
De Blidah à Médéah.	11
D'Alger au pont des Béni-Hini sur l'Isser. . . .	19
De Philippeville à Constantine	21
De Bone à l'Édough	8
De Bone à La Calle. . . , ...	12
Total. . .	357

Onze ponts ont été jetés sur ces routes, dont quelques-unes sont en partie macadamisées, principalement celles qui sont les plus rapprochées d'Alger [1].

Colonisation.—Les villes de Médéah, Milianah, Maskarah et Telemsen (Tlemcen), où l'armée n'a trouvé que des ruines, ont été relevées depuis trois ans; celles d'Orléansville,

---

(1) *L'Algérie* du 6 avril 1844.

Tiaret, Téniet-el-Had et Boghar ont été créées à la fin de 1843; Orléansville et Ténez, fondées depuis moins de six mois, comptaient ensemble, à la même époque, plus de 1,800 Européens, presque tous Français.

Philippeville, fondée en 1837, est devenue une localité importante, chef-lieu d'une subdivision militaire, d'une sous-direction de l'intérieur et d'un tribunal de première instance. Bone, Oran, Mostaganem, Blidah, Cherchell sont des villes *françaises*, où les constructions s'élèvent comme par enchantement, sans qu'elles puissent suffire aux besoins des habitants [1].

Enfin, vingt-cinq centres agricoles existent dans la seule province d'Alger. Nous citerons comme les plus nouveaux Staouéli, Foukah, Sainte-Amélie, Montpensier, Joinville, etc., jolis villages qui s'entourent déjà d'une riche ceinture de mûriers, d'orangers et d'oliviers [2].

Population. — Le chiffre de la population européenne augmente rapidement. En 1831, il n'y avait en Algérie que 3,228 Européens; en 1840, on en comptait 28,736; à la fin de 1843, ce nombre s'élevait à 66,000, et au commencement de 1844, il y avait 24,000 émigrants nouveaux. La population européenne a donc doublé en trois ans.

---

(1) *Moniteur algérien* du mois de novembre 1843.
(2) *L'Algérie* du 12 février 1844.

La population indigène des établissements français suit la même progression. C'est la meilleure preuve du retour complet de la sécurité. Ainsi, à Alger, on évalue de 5,000 à 6,000 le nombre des anciens habitants qui sont rentrés dans les derniers mois de 1843 et dans le premier trimestre de 1844. La Mitidjah, qui avait été presque entièrement dépeuplée par la guerre, contient aujourd'hui plus de 3,000 indigènes, employées pour la plupart dans les villages ou dans les fermes des colons. Il en est de même à Blidah, Coléah, Médéah, Milianah; et, d'après des relevés officiels, le nombre des indigènes qui ont paru sur nos marché dans le dernier semestre de 1843 s'est élevé à près d'*un million*.

Alger n'avait (sa banlieue comprise) que 38,000 habitants à la fin de 1840; on en compte 45,000 au 1er janvier 1844. Le massif seul contient 12,000 cultivateurs européens. La circulation est devenue si active à Alger, qu'on trouve déjà 150 voitures publiques et qu'il y a autant de mouvement à la porte de Bab-Azoun qu'aux barrières les plus fréquentées de Paris[1].

Culture, plantations, forêts. — La culture des terres présente des résultats qui presque partout dépassent les espérances, et la fertilité de l'ancienne Afrique ne s'est

---

(1) Voir, *passim*, le journal *L'Algérie en 1844*, et le *Tableau de la situation des établissements français*, 1840-1842.

pas démentie. On sait de quelles riches moissons se couvrent les grandes plaines des provinces d'Oran et de Constantine : mais on ignore peut-être tous les efforts tentés par le gouvernements pour encourager les plantations publiques en Algérie ; car multiplier les arbres et l'ombrage dans ce pays brûlé par le soleil, c'est travailler tout à la fois dans l'intérêt de la salubrité, de l'agrément et de la conservation des eaux.

Des pépinières ont été établies à Alger, à Bone, à Constantine, à Sétif, à Oran, etc. Elles fourniront dans un délai rapproché autant d'arbres que les colons pourront en désirer.

Ainsi il a déjà été planté en 1842, pour le compte du gouvernement, 6,802 arbres, et par les colons des nouveaux villages, 14,211. Les habitants des environs d'Alger ont planté ou greffé plus de 100,000 arbres [1].

Mais c'est surtout la culture de l'*olivier*, de l'*oranger*, du *mûrier* et du *cotonnier* qui a attiré l'attention du gouvernement. On connaît les belles orangeries de Blidah et les oliviers séculaires des jardins de Tlemcen. Il s'agissait de savoir si l'on pourrait également obtenir de beaux produits du mûrier et du cotonnier, ce qui permettrait à la France d'alimenter sur son propre sol deux de ses

---

(1) *Tableau*..... *des établissements français pour* 1842.

plus grandes industries. Les essais tentés jusqu'à ce jour ont parfaitement réussi.

Le mûrier, dans ses diverses variétés, vient en Algérie avec une rare facilité, dans tous les terrains et à toutes les expositions. Il y végète avec une telle vigueur, ainsi qu'on le voit à Bone ou à Bouffarick, qu'il donne des feuilles en abondance deux ou trois ans après sa transplantation.

Des soies ont déjà été obtenues. Soumises à l'appréciation de la chambre de commerce de Lyon, elles ont paru avoir beaucoup d'analogie avec celles des Cévennes. Les cocons blancs et jaunes examinés également à Avignon ont donné les meilleurs résultats. Les fileuses adroites, comme les connaisseurs, sont tous demeurés convaincus que le rendement est excellent, et que la soie obtenue égale *et surpasse* les plus belles qualités de France, que nous obtenons dans la contrée de Saint-Jean-du-Gard[1].

On peut en dire autant des essais entrepris pour la culture du coton.

Le cotonnier existe en Algérie à l'état sauvage et en arbrisseau; il y était cultivé au moyen âge. Des voyageurs arabes nous parlent de plantations de *coton* qui entouraient les villes de Tobna et de M'silah. Édrisi nous

---

(1) *Tableau..... des établissements français;* 1841.

apprend qu'au douzième siècle la culture du *coton* florissait à Sétif : « ville ancienne, bien arrosée, riche en ar-« bres fruitiers et en légumes de qualité supérieure[1]. »

Il était donc intéressant de raviver cette ancienne culture. C'est ce qui a été fait, et, dès l'année 1835, des échantillons de coton récolté en Algérie ont été soumis à l'examen du comité des arts et manufactures. Le comité a déclaré que ce coton « surpassait les plus belles sortes « de coton de la Louisiane, et qu'il devait être classé avec « le coton de la Géorgie. » Examiné également par la chambre de commerce de Rouen, on lui a trouvé de profondes analogies avec les cotons de Fernambouc, de Bahia et de Maragnan[2].

Voilà donc quatre produits magnifiques, et qu'on peut regarder comme naturalisés en Algérie : l'*olivier*, l'*oranger*, la *soie* et le *coton*. Il y a là certainement une source incalculable de richesses[3].

Nous signalerons enfin un cinquième produit, qui promet des résultats non moins importants : nous voulons parler des *forêts*.

---

(1) *Recueil de renseignements sur la province de Constantine*, par M. DUREAU DE LA MALLE, p. 72 et 75.

(2) *Tableau...... des établissements français;* 1841.

(3) Ajoutez l'*indigo*, la *cochenille* et la *vigne*. L'indigo a réussi dans la pépinière du Gouvernement, à Alger. Au village de Kouba, un agronome

NOTE E.

On avait cru jusqu'à présent que les forêts de l'Algérie étaient peu considérables; mais des explorations récentes ont prouvé le contraire, et on a découvert dans les différentes chaînes de l'Atlas des bois d'une vaste étendue et de toute beauté.

On cite dans la province d'Alger les bois du Mazafran (Oued-Djer) mélangés d'ormes, de frênes, d'oliviers sauvages; ceux de l'Oued-el-Kébir, remplis de chênes, de pins d'Alep et de cèdres du Liban. L'étendue de ces bois est faiblement estimée à 2,000 hectares.

Dans la province d'Oran, on trouve d'immenses forêts avec des arbres de toute beauté : une seule, entre Saida et Tegdempt, est évaluée à plus de 40,000 hectares; quelques-unes, sur les bords de la Mina et du Zig, renferment plus de 20,000 hectares; une forêt de plusieurs lieues d'étendue, à neuf myriamètres de Ténez, est peuplée de cèdres qui s'élèvent à une hauteur prodigieuse.

Dans la province de Constantine, on rencontre les

---

distingué, M. de Nivoy, a déjà obtenu des cochenilles de bonne qualité. Un autre agriculteur, M. Cossidou, possède, dans la même commune, de belles vignes dont les plants viennent de Grèce et d'Espagne.

La vigne, du reste, est assez commune en Algérie, et les environs de Médéah sont célèbres par la grosseur de leur raisin; mais comme les indigènes ne boivent pas de vin, on se contente de faire sécher les grappes.

énormes massifs boisés du pays des Righas au sud de Sétif, ceux d'Amama chez les Haractas, ceux de Guelmah dans la vallée de la Seybouse, ceux de l'Édough, tout garnis de chênes, de châtaigniers, de frênes, d'ormes, de pins maritimes ; enfin ceux de La Calle, célèbres par le nombre et la vigueur de leurs chênes-liéges : le tout évalué à plus de 32,000 hectares.

Ces beaux massifs déploient une richesse de végétation à laquelle on est loin de s'attendre dans un pays aussi discrédité sous le rapport forestier. Ils forment des masses compactes qui affectent tout à fait le caractère des futaies. Il n'est pas rare d'y trouver des chênes qui ont 25, 30 et jusqu'à 40 mètres d'élévation, dont 10 mètres sous branches ; la circonférence d'un grand nombre atteint 4, 5 et 6 mètres.

En résumé, les forêts déjà connues de l'Algérie représentent un total de plus de 80,000 hectares. Si l'on ajoute plus de 100,000 hectares de broussailles qui servent au menu chauffage des populations arabes et à la nourriture de leurs bestiaux, il en faudra conclure que non-seulement l'Algérie ne manque pas de bois, mais qu'elle offre même une utile exploitation aux besoins du commerce européen [1].

---

(1) *Tableau..... des établissements français;* 1841-1842.

NOTE F. (Page 52.)

Cette impression favorable qu'éprouvent tous ceux qui ont visité l'Afrique depuis quelque temps est fidèlement reproduite dans le fragment suivant :

Alger, 27 mars 1844.

« Je viens de faire cent dix à cent quinze lieues dans
« l'intérieur du pays, avec M. le gouverneur général et *sans*
« *un soldat français*. J'ai été à cinquante-quatre lieues droit
« vers le sud ; j'ai traversé l'Oued-Jer, le Chélif, le Derder,
« l'Oued-el-Khamis et plusieurs autres rivières dont le
« maréchal veut emprisonner les eaux dans des barrages,
« pour arroser les terres et conquérir par les bienfaits les
« Arabes vaincus par la force. J'ai vécu au milieu des
« Béni-Khabel, des Béni-Méned, des Sumata, des Hachem,
« des Hadjoutes et autres dont les noms m'échappent ;
« j'ai pris part à la diffa et à la mouna (les vivres et l'orge)
« offerts au gouverneur sous la tente des kalifas, aghas et
« kaïds ; j'ai dormi sous la seule garde de leurs cavaliers,
« au nombre de deux à trois mille, arrivés de dix, quinze
« et vingt lieues pour saluer leur *seigneur*.

« Je pourrais raconter combien cette aristocratie arabe
« a déjà repris d'éclat, combien est pittoresque l'aspect

« de ces chefs aux selles brodées, aux bottines rouges,
« aux bernous blancs, aux mâles visages, s'élançant dans
« la plaine à la tête de leurs cavaliers, debout sur leurs
« étriers, le fusil en joue, constamment horizontal, dé-
« chargeant leur arme aux pieds du *maître*, la faisant sau-
« ter en l'air, la ressaisissant, et arrêtant court au ga-
« lop.... Tout ce que je puis dire, c'est que le Nord de
« l'Afrique est un magnifique pays.

« Depuis la mer jusqu'à quarante ou cinquante lieues
« environ au midi, c'est le Tell, la terre féconde qui pro-
« duit les grains; depuis là jusqu'au Saharâ, c'est le petit
« désert, nom que les Arabes lui donnent parce que les
« grains ne peuvent y mûrir, mais qui n'en est pas moins
« très riche et très populeux. Au delà sont les montagnes
« bleues, puis le Saharâ [1].

« Eh bien! ce qui m'a surpris, ce n'est pas l'aspect
« riant et fertile des vallées et des plaines, l'étendue des
« bois *que nous n'avons point quittés depuis Blidah* jusqu'à la
« forêt de chênes et de cèdres de Téniet-el-Had, à trente
« lieues de cette première ville, l'importance et la qua-
« lité des terres cultivables, toutes ensemencées par les
« Arabes, l'état et le nombre des troupeaux, etc...—C'est

---

(1) Les Arabes algériens appellent également Saharâ le petit désert. Il nous semble que, pour être parfaitement clair, il aurait fallu dire : « Depuis là jusqu'au *grand* Saharâ, c'est le petit désert... Au delà sont « les montagnes Bleues, puis le *grand* Saharâ. »

« de voir nos soldats travaillant gaîment aux défriche-
« ments pour nos Européens, aux constructions pour
« les établissements militaires, et aux routes qu'ils ou-
« vrent dans toutes les directions ; ce sont ces routes à
« peine praticables, déjà fréquentées par des Européens
« et des Arabes allant vendre ou acheter du bétail et des
« grains ; ce sont les indigènes (sans solde !) montant la
« garde de distance en distance jour et nuit depuis plu-
« sieurs mois, pour assurer la sécurité de ces routes, et
« l'assurant en effet complétement ; c'est de voir à cin-
« quante lieues d'Alger, dans un lieu naguère désert
« (Téniet-el-Had), un magnifique hôpital et une caserne
« en pierres, bien et solidement bâtis par l'armée, sous
« la direction d'un jeune officier du génie plein de cœur
« et de résolution...

« Ce qui m'a le plus étonné dans les Arabes, ce n'est
« pas de les voir si promptement remis des rudes attein-
« tes et des désastres dont ils nous faisaient sous la tente
« le naïf récit ; ce n'est pas de leur voir mettre tant d'ar-
« deur dans les exercices militaires, qu'ils aiment avec
« passion ; ce n'est pas de voir les populations faire nu-
« pieds, à travers les montagnes, sept à huit lieues pour
« demander au maréchal ou justice ou faveur, acceptant
« immédiatement et en silence ses décisions, quelles
« qu'elles soient, entourant le gouverneur et lui baisant
« les mains, les pieds, les vêtements, pour le retour pro-

« mis d'un marabout ou d'un vieux chef exilé; c'est de
« les voir écouter avec une religieuse attention les re-
« commandations qu'il fait aux chefs pour qu'ils com-
« mandent avec justice, les avis et les conseils qu'il donne
« à tous pour améliorer leur bien-être, soigner leurs
« bestiaux et cultiver leurs terres d'une manière plus
« intelligente....

« Voilà les faits. Posons-en les conséquences.

« Il y a deux ans, au 11 avril 1842, on se battait en-
« core à Méred, sur la route d'Alger à Blidah; on ne
« pouvait s'éloigner des villes sans danger; on regardait
« comme impossible la soumission des Arabes et le
« payement des impôts, comme chimériques la popula-
« tion et la richesse du désert; l'Algérie passait pour
« avoir à peine une largeur de quelques myriamètres.
« Aujourd'hui elle a plus de cent lieues de profondeur;
« l'activité européenne pénètre déjà au tiers de cet es-
« pace sur les routes qui sillonnent le territoire; l'im-
« pôt se paye partout avec plus de facilité et surtout avec
« plus de justice que sous les Turcs; notre pouvoir s'é-
« tend au delà des limites du leur; les chefs du désert
« viennent implorer notre protection au nom de l'ordre
« et du commerce; enfin un continent nouveau est ou-
« vert à l'industrie de la France et du monde[1]. »

(1) *Lettres d'un voyageur à son frère*, Alger, 1844.

NOTE G. (Page 56.)

Partie de Constantine sous le commandement de M. le duc d'Aumale, la colonne française arrive le 23 février 1844 au camp de Bêtnah. « Le 24, écrit un officier de l'ex-
« pédition, pendant que le prince consacrait au travail
« la journée de repos donnée aux troupes, le duc de
« Montpensier allait visiter les ruines de Lambæsa, cette
« ville où la IIIe légion Auguste était établie. Nous y avons
« vu beaucoup de monuments remarquables : un temple à
« la Victoire ; un temple à Esculape avec son inscription
« entière, telle que la rapporte Peyssonnel ; une quantité
« immense de tombeaux, et d'inscriptions que l'infati-
« gable capitaine Delamarre a copiées en grande partie.
« Ces ruines, qui peuvent couvrir une étendue de deux
« à trois lieues de tour, montrent bien l'importance de
« cette position, à l'entrée du défilé qui fait communi-
« quer le Tell avec le Saharâ, et promettent des décou-
» vertes importantes, si on a le temps de les exploiter.
« Avant Baitnah (Bêtnah) le capitaine Delamarre a pu
« mesurer ce fameux Madraschen, dont parlent avec éton-
« nement Shaw et Peyssonnel. Ce monument, qui peut

« avoir servi de sépulture et de trésor aux rois numides,
« a une importance réelle. Par sa masse et ses dimen-
« sions, il rappelle les monuments égyptiens. Son dia-
« mètre est de 80 mètres, son élévation de 27, et il est
« soutenu par plus de cent colonnes ou pilastres d'ordre
« toscan... Sur toute notre route, nous avons suivi la
« voie romaine, très bien conservée en quelques points ;
« partout de ces énormes blocs, de ces restes d'enceintes
« que l'on appelle vulgairement postes romains; enfin
« beaucoup de choses intéressantes que l'on dépasse avec
« regret sans pouvoir les étudier convenablement....

« Quelques jours après, le duc de Montpensier est allé
« reconnaître le défilé d'El-Kantara. Il revint le même
« jour, et jusqu'au dernier soldat, tous le monde parlait
« avec transport du coup d'œil qu'offre le pont romain
« suspendu sur l'abîme, et des nombreux dattiers que
« l'on voyait pour la première fois; car ce n'est réelle-
« ment que là que commence le Zâb. La population est
« venue au-devant du prince et a apporté du lait et des
« dattes à la troupe. »

Le 4 mars, le duc d'Aumale entre à Biskra, petite capitale du Zâb. Le 7, il va visiter Sidi-Okba que les cartes
placent encore plus au sud[1]. Il en accueille les notables

---

(1) Un peu au-dessous de 34° latit. N. Voyez la belle carte qui accom-

avec bienveillance, et se rend avec eux dans la principale mosquée. « Les Tolbas l'y attendaient en chantant la « prière pour le souverain, prière qui correspond dans « la religion musulmane à notre *Domine, salvum fac regem*. Après la prière, le prince entra dans la kobba, « sanctuaire inviolable où repose depuis des siècles « le général arabe qui a conquis le Màgreb à l'isla- « misme[1]. »

De retour à Biskra, le duc d'Aumale organise le pays, et reçoit une députation de la grande ville de Tuggurt, située à quarante lieues sud-est[2]. Il repart le 15 de Bis-

---

pagne l'*Itinéraire de Hhággy-Ebn-el-Dyn*, publié en français sur la version anglaise de M. Hodgson, par M. D'Avezac, Paris, 1856*.

(1) *L'Algérie* du 6 avril 1844.

(2) « Téqort (Tuggurt) est une ville de richesse et d'abondance. Le pays produit des dattes, des figues, des raisins, des grenades, des pommes, des abricots, des pêches et d'autres fruits. Le marché de Téqort est fort grand. Cette ville est la capitale de ce district, et a juridiction sur vingt-quatre villages. Elle est ceinte de murailles avec des portes. Ces murailles sont entourées d'un fossé qui peut être comparé à un fleuve.

« Le gouverneur de Téqort possède une grande quantité de chevaux et de selles avec leurs harnais brodés d'or... Le nombre des troupes qu'on peut lever est de cinq mille hommes. Le teint des gens de Téqort est noir... » (*Itinéraire de Hhággy-Ebn-el-Dyn*, p. 15).

(*) Ebn-el-Dyn, natif ou originaire d'El-Aghouath, entreprit avant 1830 le saint pèlerinage de La Mecque : ce qui lui valut le titre respecté de *hhággy* (pèlerin).

A la prière de M. Hodgson, consul général des États-Unis à Alger, Ebn-el-Dyn rédigea en 1829 la relation de ses voyages, et lui en fit présent. Cette relation, écrite sans art, offre tous les caractères de la sincérité.

kra, après y avoir laissé une garnison française et indigène, et atteint bientôt le kalifa d'Abd-el-Khader (Mohammed-Séghir), qui s'était réfugié dans l'oasis de Mchounech, position fortifiée et réputée inaccessible, au pied du mont Aurès (l'Aurasius). Après un combat très vif, où le duc de Montpensier est blessé en chargeant lui-même à la tête des troupes, la position est enlevée par l'infanterie, et Mohammed-Séghir prend la fuite vers le territoire de Tunis.

La position stratégique de Mchounech est tout à fait digne de remarque. On croit lire dans le rapport de M. le duc d'Aumale une description de cette partie de l'Aurasius, faite par Procope il y a treize siècles.

« Le groupe de montagnes connu sous le nom de Djébel-
« Aurès, dit le rapport, se termine, *vers le sud,* par des
« rochers escarpés, à peu près inabordables. C'est au
« pied de cette chaîne qu'est située l'oasis de Mchou-
« nech. L'Oued-el-Abiad (l'*Abigas*), sortant d'une gorge
« étroite et entièrement impraticable, arrose une petite
« vallée remplie de palmiers, de jardins bien cultivés et
« de maisons en pierre.

« Cette vallée est enfermée au nord par le Djébel-
« Ahmar-Kaddou, qui dépend du groupe de l'Aurès, et
« qui n'est accessible que par un sentier très difficile.
« Sur les flancs déboisés et à pic, se trouvent trois petits
« *forts* solidement construits, et un village retranché

« dont la positition est réputée inexpugnable, et qui sert
« de *dépôt*, non-seulement aux habitants de l'oasis, mais
« à beaucoup de gens de l'Aurès et du Saharâ. Au sud,
« deux collines moins élevées dominent l'oasis à l'est et
« à l'ouest[1]. »

Voici le récit de Procope : « Les Maures, après avoir
« été vaincus par Salomon, renoncèrent à disputer la vic-
« toire aux Romains en bataille rangée. Ils se flattèrent
« que la difficulté de se maintenir dans l'Aurasius con-
« traindrait l'ennemi à se retirer de leurs montagnes...
« Leur roi Jabdas y resta avec vingt mille hommes, et
« y choisit une position défendue de tous côtés par des
« précipices et des rochers taillés à pic. Ce lieu est
« Tumar[2]... »

Tumar, ajoute M. Dureau de La Malle, devait être sur la chaîne *méridionale* de l'Aurasius, au-dessus des sources de l'*Abigas*[3].

Procope continue : « Jabdas avait été blessé à la prise
« de Tumar, et s'était sauvé en Mauritanie... Restait un
« petit château fort nommé *la Roche de Géminien*, bâti
« sur un roc qui s'élève à pic au milieu des précipices...
« Jabdas y avait déposé ses femmes et ses trésors. Les

---

(1) *Moniteur* du 6 avril 1844.
(2) *Guerre des Vandales*, II, XIX.
(3) *Recherches sur la Régence d'Alger*, p. 140.

par de furieux orages et n'atteignit Taguin que le 14; du 18 au 21, elle traversait la chaîne du Djébel-Amour; le 22 elle était près d'Aïn-Madhy, petite place forte où pénétrait hardiment M. le lieutenant-colonel de Saint-Arnaud, suivi de douze officiers et de quelques cavaliers[1]; le 27 on entrait à Laghouath, on installait le kalifa, on percevait l'impôt sans aucune résistance; le 30 on poussait jusqu'à Boudrin, sur l'Oued-el-Hémer, à onze lieues au delà de Laghouath, et plus loin qu'aucune colonne turque n'avait jamais été; le 1er juin on quittait Laghouath pour reprendre la route du Tell, et le 11 on était revenu à Boghar, après un trajet de cent soixante-dix lieues parcouru en trente-deux jours, et par une chaleur où le thermomètre marquait quelquefois quarante degrés à l'ombre.

(1) Aïn-Madhy a de hautes murailles en bonne maçonnerie, généralement flanquées avec créneaux. Il y a deux entrées. Celle où est la maison du marabout Tedjini, dont la famille gouverne ce pays depuis longues années, peut passer pour très forte; les portes sont garnies en fer-blanc, et donnent sur une place entourée de murs crénelés, avec d'autres portes pour pénétrer en ville. Pour des Arabes, Aïn-Madhy est presque imprenable, et on se rappelle qu'elle résista pendant neuf mois à toutes les attaques d'Abd-el-Kader, qui n'y entra que par surprise. Il fallait donc tout l'ascendant du nom français pour que Tedjini consentît à recevoir M. de Saint-Arnaud dans l'intérieur de sa citadelle, et à nous payer en même temps un tribut de deux mille boudjous, que le général Marey lui renvoya, du reste, dès le lendemain.

« Malgré cela, dit M. le général Marey, malgré les « sables, malgré la pénurie ou la mauvaise qualité des « eaux, nous n'avons rien laissé en arrière; il n'y a pas « eu un seul accident, ni un vol de fusil... Il n'y a pas « eu de maladies graves.

« La discipline de nos soldats a fait l'admiration de « tout le pays, qui avait toujours vu les camps des beys « et d'Abd-el-Kader piller les maisons, les jardins et tous « les gens qui ne pouvaient se défendre,..... L'impression « laissée par notre opération a été certainement celle « d'une organisation sociale et militaire supérieure, « ayant une grande puissance d'ordre et de discipline « envers nos sujets, devant être très à craindre pour nos « ennemis et inspirant une grande confiance en la parole « donnée. A Tejmout, où nous parûmes d'abord, chacun « voulait s'éloigner; il fallut toute l'autorité du kalifa « pour rassurer; mais quand on vit que nous respections « les propriétés, que personne n'était maltraité, que tout « était payé exactement, que nous avions une mission « non de destruction, mais d'ordre et dans l'intérêt du « pays, personne ne songea à fuir; nous trouvâmes par- « tout une grande confiance; on fit même à nos soldats « un accueil cordial que je n'avais encore observé nulle « part en Algérie[1]. »

(1) Peut-être faut-il attribuer également cet accueil si empressé à une

Au surplus, M. le général Marey ne se borne pas au simple récit des opérations militaires : son rapport est un des documents les plus curieux que l'on puisse consulter sur le Saharâ algérien.

« Le pays, depuis la mer jusqu'au désert, présente six
« climats différents : la Métidjah, terrain chaud, bas, hu-
« mide ; l'Atlas, qui a vingt-cinq lieues de largeur, dont
« le climat est celui du midi de la France, et qui finit à
« Boghar ; le petit désert, terrain assez élevé et peu ar-
« rosé ; puis, le Djébel-Amour et le Djébel-Sahari, qui
« ont vingt-cinq lieues de largeur et une hauteur analo-
« gue à celle des Vosges. Vient ensuite le bassin du
« Mzi, présentant une série de hauteurs abruptes ; le
« terrain est aride, la chaleur forte. Enfin, après La-
« ghouath, vient le désert sans eau et sans montagnes.
« Dans la Métidjah croissent l'aloès, le figuier de Bar-
« barie, l'oranger, qui ne réussissent pas dans l'Atlas ;
« le palmier qui n'y donne pas de dattes. Les arbres de
« l'Atlas sont ceux du midi de la France : l'orme, le chêne
« vert, etc. Les céréales poussent sans irrigations, de la

prédiction singulière qui courait alors dans le Saharâ. On assurait qu'un marabout célèbre avait prédit, il y a cent trente ans, que les Français prendraient Alger, viendraient à Laghouath et pousseraient jusqu'à l'Oued-el-Hémer.

La prédiction probablement n'a pas été faite ; mais on y ajoutait foi, et cela suffit.

« mer jusqu'à Boghar; à partir de là, elles exigent de
« l'eau, sauf dans quelques parties hautes du Djébel-
« Amour et du Djébel-Sahari, et sur les plateaux de
« l'ouest du petit désert, en face de Tiaret, qui sont très
« élevés, et qui donnent naissance aux source du Chélif,
« de la Mina, du Sig, et des ruisseaux qui se rendent
« dans les Chotts (marais saumâtres).

« Les arbres du désert sont le lentisque, le genévrier,
« et quelquefois le garoubier; ceux des parties basses
« des montagnes sont le pin et le thuya; le chêne vert se
« trouve au haut des montagnes de l'Atlas, du Djébel-
« Sahari et du Djébel-Amour; les palmiers ne donnent
« du fruit qu'au sud de ces dernières montagnes. Dès
« qu'on les a passées, le blé et l'orge sont des denrées très
« rares; la datte est la base de la nourriture; les végé-
« taux, les reptiles, les insectes, les oiseaux, les miné-
« raux, la nature entière, ont un caractère tout particu-
« lier, comme les mœurs des habitants; c'est le type
« de l'Afrique centrale [1].

---

(1) Il faut ajouter cependant que les oasis contiennent beaucoup d'arbres fruitiers.

A Aïn-Madhy, les palmiers ont une hauteur de vingt à trente mètres; les poiriers, les amandiers sont comme nos gros chênes, et les légumes y y sont très bons.

A Laghouath, un ruisseau parcourt de magnifiques jardins qui forment au nord et au sud de la ville comme deux hautes forêts de trois mille

« Partout le terrain m'a paru formé généralement de
« très bonnes terres végétales, sur lesquelles s'étend
« une couche de sable fin, probablement apporté par le
« vent du midi. Cette couche est sensible à partir de
« Taguin; elle est plus forte à Zaghaz, dans les Djébel-
« Amour et Sahari, enfin très forte près de Tejmout et
« au delà. On remarque sur les hauteurs abruptes, au-
« près de Laghouath, que le côté nord est sans sables, et
« que le côté sud en présente de grandes agglomérations.
« Presque toutes les rivières au delà du Djébel-Amour
« sont des torrents qui donnent lieu à de grandes inon-
« dations, et qui coulent ensuite généralement sous terre.
« La rivière principale, le Mzi, disparaît sous le sable
« au-dessous de Tejmout, reparaît à Récheg, disparaît
« encore, reparaît à une demi-lieue de Laghouath, et dis-
« paraît ensuite complétement.
« Le petit désert présentait une immense quantité
« d'herbes fourragères excellentes en mai et juin. On en

---

mètres de longueur; le palmier, le figuier, le pêcher, le prunier, l'abri-
cotier, l'amandier, le mûrier, le bananier y croissent facilement, et les
les légumes sont très variés.

Le voyageur arabe Ebn-el-Dyn avait déjà fait cette observation pour
Laghouath. « Le pays d'El-Aghouath produit des fruits en abondance, tels
« que dattes, figues, *raisins*, coings, grenades et poires... Le commerce y
« est florissant et la culture y est soignée... Les scorpions et la peste n'ap-
« prochent point de la ville, parce qu'elle a été fondée sous un favorable
« horoscope » (*Itinéraire de Hhdqgy-Ebn-el-Dyn*, p. 2).

« trouvait moins au Djébel-Amour, et il n'y en avait au
« delà que dans certains endroits encore humides. Par-
« tout était encore une grande quantité d'halfa (jonc);
« l'aspect général de tout le pays était celui d'une grande
« prairie d'halfa. Mais au mois de juillet, l'herbe et l'halfa
« se dessèchent, sauf dans quelques parties humides et
« hautes; alors les troupeaux n'y peuvent vivre. L'herbe
« reparaît dans l'hiver. Nous avons trouvé dans tout le
« sud, à partir de Boghar, une très grande quantité de
« truffes. Elles ont la peau lisse comme la pomme de
« terre, la forme de la truffe et sa grosseur; elles sont
« blanches, sans grande saveur; c'est un manger recher-
« ché et sain, et même un objet de commerce. Parmi les
« reptiles, on remarque la vipère à cornes, qui est très
« commune. »

M. le général Marey fait également observer que les sangsues sont tellement nombreuses qu'il en a fait prendre 4,000, et qu'il aurait pu en avoir 100,000. Il signale enfin un quadrupède extrêmement curieux, mais fort rare, le méhari, espèce de chameau qui habite l'Afrique centrale, et qui fait, dit-on, cinquante, soixante et même *cent* lieues par jour. L'expédition a ramené avec elle trois de ces animaux, offerts en présent par le kalifa des Arba' et des Ouled-Na'il [1].

---

(1) Voir l'*Appendice*, chap. III.

Après cette description de l'aspect physique du Saharâ algérien, le général s'occupe des habitudes et des relations commerciales des populations qu'il a visitées.

« Dans le petit désert, les tribus cultivent un peu vers
« le Tell ou dans le voisinage des rivières ; elles élèvent
« de nombreux bestiaux, qui trouvent sur leurs terrains
« une nourriture suffisante en automne, assez abondante
« l'hiver, très abondante au printemps ; pendant l'été,
« elles rentrent dans le Tell. Les tribus du Tell vont,
« pendant l'hiver, dans le petit désert pour éviter le
« froid des montagnes, ménager leurs pâturages et
« utiliser ceux du désert. Dans le Djébel-Amour et le
« Djébel-Sahari, une partie de la population et des bes-
« tiaux peut rester l'été dans quelques parties arrosées
« des montagnes. Quant au grand désert, la culture est
« nulle ; on utilise seulement les pâturages par des trou-
« peaux de moutons et de chameaux ; ces animaux peu-
« vent rester trois mois sans boire l'hiver ; les hommes
« et les chevaux boivent le lait des brebis et chamelles,
« et de l'eau qu'on apporte sur des chameaux.

« Rien ne les forçant de se fixer sur un point plutôt
« que sur un autre, les tribus font un commerce très
« lucratif. L'hiver, elles vont à Tougourt (Tuggurt), y
« vendent leurs laines, beurre, fromage, bestiaux, grains
« du Tell, marchandises de l'*Europe*, et elles y achètent
« des dattes, des étoffes de laine, des esclaves, des plumes

« d'autruche, etc. Elles reviennent au printemps, en
« communiquant avec les Béni-Môzab, et laissent repo-
« ser leurs chameaux près de Laghouaht. Quand l'été
« vient, elles se rendent dans le Tell, vendent les mar-
« chandises du sud et achètent celles du nord et le grain.
« Elles reviennent chez elles au commencement de l'au-
« tomne, laissent reposer leurs chameaux, et recom-
« mencent chaque année ces grandes oscillations, qui
« leur font faire quatre cents lieues par an.

« Rien de plus aventureux que la vie de ces Arabes, des
« Larba (Arba'), par exemple. Ils sont divisés en fractions
« qui, régulièrement chaque année, se font la guerre en
« rentrant sur leur terrain : ils passent par la force chez
« leurs ennemis ; ils sont attaqués par les tribus pillar-
« des, comme les Tronds, les Châmbas, qui sont les pi-
« rates du désert ; ils attaquent à leur tour ceux qui y
« voyagent, s'allient avec leurs amis pour combattre les
« ennemis de ceux-ci. Ils doivent connaître à fond la po-
« litique, les intérêts commerciaux, les conditions sani-
« taires de tous les pays qu'ils fréquentent ; leur existence
« et leurs bénéfices en dépendent. Aussi ces Arabes sont-
« ils intelligents, braves, décidés, et très durs à la fatigue
« comme aux privations ; il est honteux chez eux de
« boire beaucoup, il est même honorable de pouvoir
« passer plusieurs jours sans boire.

« Ces tribus sont comme de grandes maisons de com-

« merce, qui réaliseraient d'immenses bénéfices, si les
« maîtres du Tell ne leur faisaient payer des droits con-
« sidérables pendant l'été, si elles ne se déchiraient pas
« entre elles, et si cette guerre qu'elles font de tous côtés
« ne leur occasionnait pas de grandes pertes. Elles sont
« néanmoins très riches.

« Elles ne pourraient pas facilement ni sûrement
« transporter partout avec elles leurs marchandises; il
« leur faut nécessairement des magasins. De là vient
« l'établissement des divers ksour (villages) qui bordent
« le désert, et qui sont là ce que sont les ports pour la
« marine. Chaque tribu a son ksar. Les uns sont mis
« sous la protection des marabouts, comme Aïn-Madhi,
« Chérif-Sidi-Bousid, etc.; d'autres sont gardés par les
« tribus mêmes; d'autres enfin, comme Laghouath, dé-
« pendent de chefs, non de la tribu. Les ksour ne peu-
« vent pas plus se passer des tribus, que les tribus des
« ksour; tous dépendent de plus des chefs du Tell, sans
« lequel les hommes et les troupeaux du désert péri-
« raient. Aussi le proverbe du désert est-il : *Celui-là est*
« *notre père, qui est le maître de notre mère, et notre mère est*
« *le Tell*[1].

---

(1) *Rapport* de M. le général Marey, inséré dans le *Moniteur* du 15 août 1844.

NOTE I. (Page 57.)

Étendue de l'Algérie : 250 lieues de longueur ; 40, 50 et 125 lieues de largeur. — Population : 3 à 4 millions d'habitants.

Quelques auteurs ont adopté une estimation beaucoup moindre pour ce qui regarde la population. Malte-Brun ne l'évaluait qu'à 800,000 âmes. M. le consul Shaler, en 1826, la plaçait plutôt au-dessous qu'au-dessus d'un million. C'était l'opinion de M. le colonel Juchereau de Saint-Denis, qui fit partie de l'expédition de 1830, opinion également partagée par le rédacteur d'un savant article inséré dans le journal *l'Algérie* du 26 janvier 1844.

Cependant, depuis 1830, l'ancienne Régence a été parcourue en tous sens, et il résulte de la plupart des documents que nous avons eus sous les yeux que les premières estimations étaient beaucoup trop faibles. Dès la fin de 1830, le *Journal des Sciences militaires* portait la population à près de 1,900,000 âmes, et, en 1837, M. Dureau de La Malle pensait qu'on pouvait la faire monter à près de 4,000,000 d'individus[1].

Les rapports des voyageurs constatent en effet sur

---

(1) *Recueil de renseignements sur la province de Constantine*, p. 151.

certains points la présence d'une population considérable. On rencontre des tribus de 40 et 50,000 âmes. « A « toutes les demi-lieues, nous trouvions des douars, dit « M. l'abbé Suchet; car ces déserts sont plus peuplés que « les Européens ne le pensent[1]. »

L'ancien chiffre de l'impôt avait été également fixé trop bas. Les Turcs n'avaient point de comptabilité régulière : nous ne pouvons donc former à cet égard que des conjectures. Suivant Thomas Shaw, les taxes annuelles de la Régence, au commencement du dix-huitième siècle, produisaient 1,647,000 francs; M. Shaler les fait monter, pour l'année 1822, à environ 2,360,964 francs. Mais on doit y ajouter beaucoup d'autres revenus, tels que les contributions en nature, les droits de succession et d'importation, les dons plus ou moins volontaires, les exactions fréquentes des collecteurs, etc.[2]. En 1843, malgré les malheurs inséparables de l'invasion, malgré la difficulté des transactions commerciales dans un pays ruiné par la guerre, les revenus de l'Algérie ont dépassé 10 millions de francs, parmi lesquels l'impôt arabe figure pour 3 millions, et les importations ont atteint près de 78 millions[3].

(1) *Annales de la propagation de la foi*, pour les années 1842 et 1844.
(2) DUREAU DE LA MALLE, p. 194.
(3) *Moniteur algérien* du 4 avril 1844.

L'importance de l'Algérie n'a donc pas été exagérée. Au contraire, les premières estimations avaient été trop faibles : on s'était trompé *en moins*. Et, en vérité, que savait-on de l'Algérie il y a quelques années? Qui aurait jamais pu croire, soit à cette grande population nomade, dispersée jusque dans les sables, soit à ces nombreux villages de tribus agricoles et sédentaires? Qui aurait jamais pensé, il y a quatorze ans, qu'on y naturaliserait si rapidement le coton, la soie, l'indigo, la cochenille? Qui songeait seulement à ses richesses naturelles? Nous ne parlons pas des céréales, ni des oliviers; mais qui songeait à ses orangers, à ses vignes, à ses plantations si productives de safran, de tabac, à ses forêts de cèdres séculaires, cachées dans les flancs de l'Atlas? Qui aurait pu s'attendre surtout à cette pacification presque générale, à cette transformation tellement singulière d'un pays où naguère encore on voyageait avec une armée, qu'un homme seul peut y faire aujourd'hui plus de cent lieues sur la simple recommandation de M. le maréchal gouverneur?

Un semblable état de choses a dû vivement frapper les esprits, et l'on conçoit maintenant qu'un observateur impartial ait pu dire, en présence de ce qu'il voyait :
« Les résultats de la guerre ont dépassé tout ce qu'on
« pouvait attendre. Pour mon compte, je n'hésite pas à
« l'avouer : *je ne croyais pas que l'on pût réaliser de pareils*

« *résultats en aussi peu de temps*. Je suis bien heureux de
« reconnaître que je me trompais dans mes craintes, et
« j'accepte avec bonheur ce démenti que me donnent les
« faits. Bien d'autres partageaient mon erreur, et la re-
« connaîtraient comme moi s'ils voyaient de leurs yeux
« ce que je viens de contempler...

« L'heureuse issue de la guerre est due à cette héroï-
« que armée et à l'habile capitaine qui l'a commandée[1]. »

---

(1) *Discours de M. G. de Beaumont* à une députation des habitants d'Alger, inséré dans *l'Algérie* du 26 janvier 1844.

NOTE J. (Page 46.)

Des voyages maritimes des Phéniciens.

« Hécube descend dans un cabinet parfumé de toutes
« sortes d'odeurs les plus exquises, où elle avait quantité
« de meubles précieux qui étaient tous ouvrages des
« femmes sidoniennes que Pâris avait amenées de Sidon
« sur la vaste mer, dans le fatal voyage de l'enlèvement
« d'Hélène[1]. »

Ailleurs Homère parle du Troyen Dolops, dont l'aigrette avait été teinte dans « la plus vive pourpre de
« Sidon[2]; » et il raconte l'histoire des marchands phéniciens qui vendaient des esclaves en Libye[3], ainsi que des
colliers d'or entrelacés de grains d'ambre[4]. On sait que
l'ambre jaune venait du Nord de l'Europe[5]; les Phéniciens allaient donc l'y chercher à travers l'Océan.

Il y avait, en outre, les voyages de l'Éthiopie et de

---

(1) *Iliade*, ch. I, traduct. de Mme Dacier.
(2) *Ibid.*, ch. xv.
(3) *Odyss.*, ch. xiv.
(4) *Ibid.*, ch. xv.
(5) Hérodote, l. III.

l'Inde que les Phéniciens entreprenaient par le golfe Arabique et par le golfe Persique. Par le premier, leurs vaisseaux, partant d'Élath et d'Asiongaber, s'arrêtaient aux différents ports de l'Arabie heureuse pour y acheter de l'encens et de l'or ; ils naviguaient ensuite jusqu'à Ophir, dont le nom paraît devoir s'appliquer à toute région riche et lointaine. Par l'autre golfe, ils échangeaient leurs beaux tissus de diverses couleurs contre les perles de Tylus et d'Aradus (les îles Baharein?) et pénétraient jusqu'à l'Inde, d'où ils rapportaient les pierres fines de la presqu'île en deçà du Gange et le cinnamome (cannelle) de la Taprobane. « L'ivoire indien couvrait « les bancs de tes rameurs... ceux de Damas t'ont procuré « du vin excellent et des laines d'une couleur éclatante. « Les Syriens ont exposé dans tes marchés des émerau- « des, de la pourpre, des ouvrages en broderie, du fin lin « et de la soie... L'Arabie t'amenait ses troupeaux... les « marchands sabéens leurs épices et leur or... et les « enfants de Dédan (une des îles de la mer Érythrée?) « t'ont donné du bois d'ébène[1]. »

---

(1) ÉZÉCHIEL, *Prophétie contre Tyr*, XXVII, 6-24, traduct. de la Vulgate ; *Histoire du commerce... des anciens*, par HUET, évêque d'Avranches, ch. LI; Paris, 1763.

NOTE K. (Page 54.)

Des mines de Carthage.

Il existait de belles mines d'or en Espagne, suivant Strabon, mais elles y étaient beaucoup moins nombreuses que les mines d'argent. Tous les historiens parlent de l'abondance des mines d'argent, et l'on peut affirmer avec Heeren que l'Espagne fut le Mexique et le Pérou de cette époque : « L'Ibérie fit le commerce avec toi, à cause « de tes grandes richesses ; elle paya tes denrées avec de « l'argent [1]. »

Lorsque les Phéniciens abordèrent en Espagne, on assure qu'ils y trouvèrent le minerai presque à fleur de terre, et qu'ils en revinrent avec des ancres d'argent. Ce qui paraît certain, c'est que les indigènes fabriquaient avec de l'argent les ustensiles les plus ordinaires. Des colonies florissantes furent bientôt établies sur les bords du Bœtis (Guadalquivir), et dans la Sierra-Ségura, près de Castalon, pour l'exploitation des mines nouvellement découvertes. Les Carthaginois, succédant aux Phéni-

---

[1] ÉZÉCHIEL, *Prophétie contre Tyr*, ch. XXVII, 12, traduct. allemande.

ciens, étendirent le cercle de leurs entreprises, et firent creuser les mines de Carthagène. Ces mines, sous les Romains, si l'on en croit Polybe, rapportaient vingt-mille drachmes par jour, ou environ neuf millions par an, et occupaient quarante mille esclaves.

Aujourd'hui c'est vers le Nord qu'il faut tourner les yeux pour voir s'y renouveler l'étonnant spectacle qui dut frapper les Phéniciens à leur arrivée en Espagne. C'est là qu'on trouve une contrée qui, avant la fin de ce siècle, produira plus d'or et d'argent que le monde entier. Peu de personnes imagineront que je veux parler de la Sibérie asiatique.

Hérodote écrivait, il y a longtemps, que le Nord de l'Europe abondait en or[1], et on l'accusait de mensonge. Les mines d'or de l'Oural ont fait justice de cette accusation; mais ce qui était peu connu jusqu'à présent, c'est que la Sibérie asiatique recèle des mines beaucoup plus abondantes que celles de l'Oural, et qu'elles sont exploitées sur une grande échelle par le gouvernement russe. On doit les détails qui vont suivre au voyage récent de M. de Tchihatcheff dans l'Altaï oriental, et j'ai pensé que l'on me pardonnerait quelque digression à ce sujet[2].

(1) HÉRODOTE, l. III, § 106.
(2) *Voyage scientifique dans l'Altaï oriental*, par Pierre de TCHIATCHEFF; Paris, 1845.
M. de Tchiatcheff, qui fit partie de l'expédition russe contre Khiva, a

La Sibérie contient d'admirables richesses. « Il sem-
« ble, dit une revue périodique, que la nature s'est plu
« à réunir dans cette contrée les trésors qu'elle a dis-
« séminés dans le reste du monde. Tous les métaux
« usuels, et en particulier le fer et le cuivre, s'y ren-
« contrent à côté de l'argent, de l'or, du platine, et de
« vastes amas de houille sont là tout prêts à remplacer
« le bois quand les forêts seront épuisées[1]. »

M. de Tchihatcheff a visité treize mines d'argent, qui sont en général peu profondes. L'usine de Salaïr, entre autres, doit être organisée bientôt de manière à pouvoir fournir tous les ans 1,500 à 1,800 kilogr. d'argent pur[2].

Quant à l'exploitation de l'or, elle est encore plus facile que celle de l'argent. On trouve presque toujours l'or à la surface du sol, et il suffit, pour l'extraire, de laver le sable qui le contient. La ville de Krasnoyarsk, sur les bords du Yénisseï, est l'un des chefs-lieux de cette industrie. En 1842, les seuls districts de Kaïnsk et de Yéniseisk avaient fourni près de 6,150 kilogrammes

visité plusieurs des immenses bassins où les grands fleuves de la Sibérie prennent naissance, et a atteint les frontières de la Chine. Dans son magnifique ouvrage de l'Asie centrale, M. de Humboldt parle avec éloge de cette savante exploration.

(1) *Revue des Deux Mondes* du 15 juillet 1845 ; compte rendu par M. A. DE QUATREFAGES du voyage de M. de Tchihatcheff.

(2) L'usine de Salaïr produit également du fer. On en tire annuellement, ainsi que de celle de Tomsk, plus de 500,000 kilogrammes.

d'or pur, et un bénéfice de 800 pour 100 est regardé par les orpailleurs comme tout à fait ordinaire. On cite un orpailleur qui a gagné net, pour le seul été de 1842, 1,920,000 francs.

Ces renseignements ont quelque chose de fabuleux, et cependant ils surprendront moins quand on saura que l'industrie du lavage des sables aurifères a marché en Sibérie avec une rapidité sans exemple. Dans l'espace de quatorze ans, les produits de ce pays se sont accrus de 100 à 1,200, et tandis que l'Amérique équatoriale ne fournit plus que 64 millions d'or, la Sibérie (qui n'en rapportait pas 4 millions avant 1830) en fournit aujourd'hui plus de 62 millions. Il est impossible de prévoir les gigantesques développements de ce fleuve d'or, et j'avais raison d'annoncer, au commencement de cette note, qu'à la fin du siècle la Sibérie russe produirait plus d'or à elle seule que le monde entier. Mais si on considère qu'un des plus grands obstacles que la Russie a rencontrés jusqu'à présent pour mettre en marche ses nombreuses armées a été l'exiguïté de ses revenus, et que tout à coup une nouvelle source d'inépuisables richesses vient de s'offrir à elle, on comprendra facilement qu'il doit y avoir là un grave sujet de méditation pour les économistes et les hommes d'État[1].

(1) On sera peut-être étonné qu'à propos d'or, je ne parle ni de la

NOTE K.

Maintenant revenons à Carthage, dont cette digression nous a fort éloignés.

J'ai dit que l'or circulait à Carthage aussi bien que l'argent, et était employé, comme l'argent, dans toutes les transactions. On fait à ceci une objection : Comment l'or aurait-il pu circuler à Carthage, puisqu'on ne trouve aucune pièce d'or *carthaginoise?*

L'objection aurait quelque valeur s'il existait de la monnaie d'argent frappée à Carthage ; mais les numismates n'en connaissent pas plus que de monnaie d'or. Prétendra-t-on alors que Carthage n'employait l'argent de ses mines qu'en lingots?... Il faut plutôt conclure ou qu'on ne trouve plus de monnaie réellement carthaginoise, ou que les Carthaginois se contentaient de faire frapper leurs pièces d'or et d'argent en Sicile. Il existe en effet un assez grand nombre de pièces de cette nature, frappées en Sicile, et qui portent une inscription punique [1].

Californie ni de l'Australie. Mais il est bon d'observer qu'au moment de la rédaction de cette note (1845), les mines merveilleuses de ces deux pays n'étaient pas encore connues du monde industriel.

Je n'ai, d'ailleurs, eu ici d'autre intention que celle d'établir une fois de plus la véracité des renseignements d'Hérodote. (Juin 1852.)

(1) On assure qu'il y a quelques monnaies autonomes de Carthage, mais on convient en même temps qu'elles sont excessivement rares (*Recherches sur la topographie de Carthage*, par DUREAU DE LA MALLE ; Paris, 1835).

Ainsi, plus d'objection sérieuse à l'égard de la monnaie d'or, qui, je le répète, circulait très probablement à Carthage aussi bien que celle d'argent; mais ce qui est bien digne de remarque, c'est qu'outre la monnaie ordinaire, il y avait encore une sorte de monnaie fictive ou de convention dont les Romains ne paraissent pas avoir jamais eu l'usage.

« Les Carthaginois, dit Heeren, ne connurent pas le papier-monnaie ni les billets de banque; mais ils possédèrent une institution qui découle de la même source et exista dans quelques villes commerçantes de la Grèce et dans quelques États modernes, savoir des signes de monnaies.

« Il en est fait mention plusieurs fois comme d'une monnaie *de cuir;* mais nulle part elle n'est mieux décrite que dans le discours sur les richesses attribué à Eschine, disciple de Socrate :

« Il faut, dit Socrate, considérer aussi la nature de
« l'argent. C'est ainsi que les Carthaginois se servent de
« la monnaie suivante : dans un petit morceau de cuir,
« ils enveloppent quelque chose de la grosseur d'une pièce
« de quatre drachmes (quatre francs environ); mais ce
« que c'est que la chose enveloppée, voilà ce que savent
« seulement ceux qui l'ont confectionnée. Puis, cache-
« tée, on la met en circulation, et celui qui en possède
« le plus est regardé comme ayant le plus d'argent et

« étant le plus riche. Mais quelle que fût la quantité
« qu'en posséderait un homme chez nous, il n'en serait
« pas plus riche que s'il avait autant de cailloux. »

« Il résulte naturellement de cette description, observe
Heeren, que cette monnaie, appelée à tort par quelques
écrivains *argent de cuir*, ne se composait pas de cuivre
ni de bronze, et qu'elle n'était pas taxée d'après sa valeur
intrinsèque, mais plutôt que c'étaient des signes de monnaies auxquels on attribuait une valeur fictive, et qui
par conséquent ne pouvaient avoir cours hors de Carthage. Il s'ensuit, en outre, que cet argent n'était
frappé et mis en circulation que sous l'autorité de l'État.
Le cachet appliqué dessus est sans doute un signe que
l'État y faisait mettre, s'il ne désignait même la valeur
qu'il devait avoir dans le cours… Si c'était, comme il
faut le supposer, une composition de métaux, leur fabrication resta un secret[1]. »

En adoptant dans son ensemble l'interprétation d'Heeren, je pense qu'il va trop loin quand il suppose que
la monnaie dont il s'agit était une monnaie d'argent,
ou du moins une composition particulière de métaux.
Socrate dit seulement que les Carthaginois enveloppaient
dans un petit morceau de cuir « *quelque chose* de la gros-
« seur d'une pièce de quatre drachmes; » et il ajoute :

---

(1) HEEREN, t. IV, ch. IV.

« Quelle que fût d'ailleurs la quantité qu'en posséderait
« un homme chez nous, il n'en serait pas plus riche
« que s'il avait *autant de cailloux.* » A coup sûr, Socrate
ne se serait pas exprimé de la sorte s'il eût été question
d'argent ou d'une composition particulière de métaux.
Je crois donc que ce quelque chose n'était pas de l'argent, mais un objet quelconque d'une nature tout à fait
inconnue, et qui n'avait de valeur que celle qu'on lui
donnait. Il n'en est pas moins très intéressant de voir
déjà nos signes de monnaies imaginés et adoptés par les
Carthaginois; seulement je n'en tire pas, comme Heeren,
la conséquence que l'or et l'argent devaient être rares
sur la place de Carthage avant la conquête de l'Espagne.
Il n'y a point de pays d'Europe où l'or soit plus commun aujourd'hui qu'en Angleterre ; il n'y en a pas où
l'on se serve davantage de bank-notes, en d'autres termes, de papier-monnaie[1].

(1) *Consulter*, sur le rapport des métaux entre eux dans l'antiquité,
Dureau de La Malle, *Économie politique des Romains*, t. I, ch. vi;
Paris, 1840.

NOTE L. (Page 56.)

Du lac Tritonide.

Le lac Tritonide est aujourd'hui la sebka-el-Aoudièh, ou la sebka-Melghigh (ce qui revient au même), grand marais salé au sud de l'Algérie et de la régence de Tunis. Divers auteurs, entre autres Solin, l'ont placé beaucoup plus loin, auprès de la grande Syrte. C'est évidemment une erreur provenant de ce qu'on a mal lu ou mal interprété le passage d'Hérodote. Voici le passage : « Les « Machlyes s'étendent jusqu'au Triton, *fleuve* considéra-« ble qui se jette dans un grand lac nommé Tritonide, « où l'on voit l'île de Phla. » Et plus loin : « Quand Jason « fut arrivé au cap Malée (promontoire méridional du « Péloponèse), il s'éleva un vent du nord qui le jeta en « Libye, et il se trouva dans les bas-fonds du lac Trito-« nide[1]. »

On a d'abord recherché le fleuve considérable qui doit se jeter dans le lac Tritonide, puis la communication de ce lac avec la mer ; et comme on n'a retrouvé ni l'un ni

---

(1) Hérod., l. IV, § 178 et 179.

l'autre, on en a conclu un peu légèrement que rien de tout cela n'avait existé autrefois, et que le renseignement d'Hérodote était faux.

Un savant géographe moderne propose une explication fort ingénieuse. Suivant lui, le lac Tritonide serait le golfe même de la petite Syrte, et l'île de Phla ne serait autre chose que Gerbeh (Djerbi). Mais il supprime, dans ce système, le grand fleuve Triton; il pense que l'épithète que lui donne Hérodote est une de ces libéralités métaphoriques dont l'histoire est si prodigue, et le met au nombre des petites rivières qui débouchent au voisinage de Gâbès, l'ancienne Tacapa [1].

Je propose avec réserve une autre explication, qui me paraît lever toute difficulté. Ne pourrait-on pas d'abord soutenir que la constitution physique des localités a dû changer depuis Hérodote? N'est-il pas très possible que les sables amoncelés par les flots ou par les vents aient entièrement séparé le lac d'avec la mer [2]? Homère raconte qu'il fallait *un jour* pour qu'un vaisseau qui avait le vent en poupe arrivât de l'île de Phare au rivage de l'Égypte [3]; aujourd'hui l'île de Phare tient, en quelque

---

(1) *L'Afrique ancienne*, par D'AVEZAC, IIe partie; Paris, 1844.
(2) ... « in tempestate vadosa » (SALLUSTE, *Guerre de Jugurtha*, § 78).
(3) *Odyss.*, l. IV.

NOTE L.

sorte, au port d'Alexandrie. Ne peut-on donc pas supposer que le lac Tritonide ne communique plus aujourd'hui avec la mer, parce que les sables l'ont comblé en partie? Car Hérodote nous apprend que ce lac avait très peu de profondeur. « Jason, dit-il, se trouva au milieu des *bas-fonds* du lac Tritonide; » et Apollonius, dans son voyage des Argonautes, appelle la Syrte elle-même un marais[1]. Enfin, je lis une phrase d'Heeren, qui vient parfaitement à l'appui de ce que j'avance : « Le banc de sable s'est élevé *depuis*; ce qui a fait naître la séparation du lac et du golfe[2]. »

Ceci une fois admis, je vais plus loin, et je crois avoir retrouvé le grand fleuve Triton; je l'ai retrouvé dans le Zabus, aujourd'hui l'ouad-el-Djedi. Il est vrai que, d'après les cartes en usage, l'ouad-el-Djedi ne débouche pas dans la sebka-el-Aoudièh. Il débouche dans la sebka-Melgigh, qui en est tout près[3]. Cependant je demanderai pourquoi les sables n'auraient pas rempli également l'étroit espace qui sépare ces deux marécages, de manière que le Zabus (ouad-el-Djedi), qui se rendait autre-

---

(1) APOLLONIUS, *Expédition des Argonautes*, ch. IV. Plusieurs géographes pensent qu'il est question de la grande Syrte, placée plus à l'est, et non de la petite.

(2) T. IV, ch. I.

(3) *Cartes* de la Numidie, par DANVILLE, en 1742; de BRUÉ, en 1830; de LAPIE, en 1858, et du Dépôt de la guerre, en 1843.

fois dans le lac Tritonide, se rende maintenant dans un lac plus rapproché. Cette hypothèse paraît d'autant mieux fondée que c'est une croyance généralement répandue en Algérie (croyance dont je ne cherche pas l'origine) que les rivières y étaient autrefois beaucoup plus importantes qu'aujourd'hui. Elles ont diminué depuis la domination des Romains, et là où coulaient de larges fleuves, on ne voit plus que des lits de torrents desséchés[1].

Mais si on s'en rapporte à des cartes tout à fait récentes, l'objection n'existe même pas. La sebka-el-Aoudièh a complétement disparu pour faire place à un immense marais qu'on appelle le lac Melr'ir (Melghigh). C'est dans ce marais salé, qui devient l'ancien lac Tritonide, que se perd l'ouad-el-Djedi, le Zabus, ou *l'ancien fleuve Triton*, fleuve encore considérable à l'époque des pluies ou des orages, et qui forme en Algérie la grande division de la région des céréales et de la région des sables[2].

(1) E. CARETTE, *Recherches sur la géographie.... de l'Algérie....* t. II, ch. v, vi et suiv.; Paris, 1844.

(2) *Cartes* de MM. CARETTE et RENOU. La sebka-el-Aoudièh a tellement disparu de ces cartes qu'on en chercherait vainement le nom, auquel celui de la sebka-Melr'ir, marais plus vaste, a été substitué, et qui est indiqué, du reste, au même endroit. — *Viaggio da Tripoli... alle frontiere... dell' Egitto*, fatto nel 1817, dal D.r P. DELLA-CELLA, lettera VI; Milano, 1826.

NOTE M. (Page 62.)

Des caravanes carthaginoises.

« Tels sont, dit Hérodote [1], les peuples nomades qui
« habitent les côtes maritimes de la Libye. Au-dessus,
« en avançant dans le milieu des terres, on rencontre la
« Libye, remplie de bêtes féroces, au delà de laquelle est
« une élévation sablonneuse, qui s'étend depuis Thèbes
« en Egypte jusqu'aux colonnes d'Hercule. On trouve
« dans ce pays sablonneux environ de dix journées en
« dix journées, de gros quartiers de sel sur des collines.
« Du haut de chacune on voit jaillir, au milieu du sel,
« une eau fraîche et douce. Autour de cette eau on
« trouve des habitants qui sont les derniers des déserts
« et au-dessus de la Libye sauvage. Les premiers qu'on
« y rencontre en venant de Thèbes sont les Ammo-
« niens, à dix journées de cette ville. Ils ont un temple
« avec des rites qu'ils ont empruntés de celui de Jupiter
« Thébéen. Entre autres fontaines, ils en ont une dont

[1] L. IV, § 181-184.

« l'eau est tiède au point du jour, fraîche à l'heure du
« marché, et extrêmement froide à midi ; aussi ont-ils
« soin, à cette heure, d'arroser leurs jardins. A mesure
« que le jour baisse, elle devient moins froide, jusqu'au
« coucher du soleil qu'elle est tiède. Elle s'échauffe en-
« suite de plus en plus jusqu'à ce qu'on approche du
« milieu de la nuit : alors elle bout à gros bouillons.
« Lorsque le milieu de la nuit est passé, elle se refroidit
« jusqu'au lever de l'aurore : on l'appelle la fontaine du
« Soleil[1].

(1) Au sud du temple, à la distance d'une demi-lieue environ, s'élance d'un bois de dattiers la *source du Soleil*. On lui donne six toises de profondeur ; mais son eau est si claire qu'on en voit sortir une foule d'ébullitions, comme d'une marmite bouillante. La température de l'eau change : elle est la nuit plus chaude que le jour, et fume d'ordinaire un peu de grand matin.

Tout le temple était couvert, en dedans et en dehors, de sculptures et d'hiéroglyphes ; les sculptures, semblables à celles de Thèbes, montrent les traces du culte d'Ammon, sans oublier la procession et la nef sacrée.

Les habitants de Syouah racontent que, dans les bonnes années, toute la place est remplie de dattes ; ils obtiennent tous les ans de cinq à neuf mille charges de chameau, comptées chacune à trois quintaux. A côté de l'oasis (qui n'a que trois lieues de longueur, nulle part plus d'une lieue de largeur), la nature a établi un grand magasin de *sel*. Il y a des endroits qui, dans l'espace d'une demi-lieue, sont tellement couverts de sel qu'ils ressemblent à un champ de glace, et au milieu de ces couches salsugineuses jaillissent quelquefois des sources d'eau douce (*Voyage de* MINUTOLI... *en 1820 et 1821*, ch. v et suiv.; Berlin, 1824).

NOTE M.

« A dix autres journées du chemin après les Ammo-
« niens, on trouve sur cette élévation de sable une autre
« colline de sel, semblable à celle qu'on voit chez les
« Ammoniens, avec une source d'eau. Ce canton est ha-
« bité : il s'appelle Augiles. C'est là que les Nasamons
« vont, en automne, recueillir des dattes [1].

« A dix journées du territoire d'Augiles, on rencontre
« une autre colline de sel, avec de l'eau et une grande
« quantité de palmiers portant du fruit, comme dans les
« autres endroits dont on vient de parler. Les Garaman-
« tes, nation fort nombreuse, habitent ce pays... et font
« la chasse aux Troglodytes-Éthiopiens... Ces Troglo-
« dytes vivent de serpents, de lézards et autres reptiles;
« ils parlent une langue qui n'a rien de commun avec
« celles des autres nations : on croit entendre le cri des
« chauves-souris [2].

---

(1) Augiles (Audjelah) offre encore au voyageur du sel et de l'eau ; les Arabes de Bengasi y vont recueillir des dattes chaque année, comme autrefois les Nasamons. La distance à l'oasis de Syouah est de *dix* journées (*Relation d'un voyage dans la Marmarique...* par PACHO, ch. XIX et XX ; Paris, 1827).

(2) La caravane d'Hérodote descend vers le sud et arrive au Fezzan actuel, vaste oasis dont la longueur est de plus de trois cents milles anglais, et la largeur de deux cents. Les caravanes modernes se reposent à Zuila, station peu éloignée de l'ancienne Garama, et près de laquelle on trouve à la fois de l'eau douce et un champ de sel de sept lieues. Quant à la chasse des Troglodytes, elle se fait toujours. Le sultan du Fezzan en-

« A dix journées pareillement des Garamantes, on
« trouve une autre colline de sel, avec une fontaine et
« des hommes à l'entour : ils s'appellent Atarantes...
« mais les individus n'ont point de nom qui les distin-
« guent les uns des autres[1].

voie chaque année des cavaliers à la poursuite des tribus voisines et vend tous les prisonniers, hommes, femmes et enfants. On lit dans Hornemann (ch. III, section 6) que « les Augiléens, en parlant de ces tri-
« bus, disent que leur langage ressemble à celui des oiseaux ; » et la même chose fut affirmée à M. Hodgson, consul général des États-Unis à Alger, avant 1830. Léon l'Africain les a vus vivant de dubbs (lézards), comme Hérodote le dit ici des Troglodytes, comme il ajoute que les Nasamons vivaient de sauterelles (l. IV, § 172). Ce dernier fait, qui a été mis en doute ainsi que le premier, n'a plus rien de surprenant depuis que, cette année même, à Alger, on a vu les indigènes se nourrir avec avidité des sauterelles qui y étaient venues du Désert (*L'Algérie* du 26 juillet 1845). On fait sécher les sauterelles au soleil ou on les mange bouillies, et leur apparition, qui est regardée comme un fléau pour le Tell, est souvent un bienfait pour le Sahara[*].

(1) En suivant toujours au sud la route du Fezzan au Bournou, on atteint Tegerry, ville frontière méridionale du premier pays. Il faut à peu près dix journées pour arriver en ce lieu, où l'on trouve de l'eau, du sel, mais où cesse la culture du dattier. Hérodote dit que les habitants de cette contrée n'ont point de noms propres. Deux mille ans après lui,

---

(*) « Le dubb est un animal ressemblant au lézard, étant de la longueur d'une
« coudée et large de quatre doigts... Quand on en veut manger, il faut le faire rôtir
« et puis dépouiller de sa peau ; car étant ainsi accoutré, c'est une viande assez dé-
« licate, du goût de la grenouille et de même saveur. Il est aussi soudain que le
« lézard, et s'il se vient à cacher dans un trou, encore que quelque partie de la
« queue reste dehors, il n'y a force qui lui puisse faire quitter ce lieu. » (*Description de l'Afrique*, par LÉON L'AFRICAIN, l. IX)

NOTE M.   215

« A dix autres journées de chemin, on rencontre une
« autre colline de sel, avec de l'eau et des habitants aux
« environs. Le mont Atlas touche à cette colline. Il est
« étroit et rond de tous côtés ; mais si haut qu'il est,
« dit-on, impossible d'en voir le sommet, à cause des
« nuages dont il est toujours couvert l'été comme l'hi-
« ver [1]. »

Ici s'arrête le récit d'Hérodote. La caravane égyptienne

Léon l'Africain faisait la même remarque. Un marchand, venu de l'empire de Bournou après y avoir vécu longtemps, lui raconta qu'il n'y avait chez ces peuples aucun nom propre. Tous étaient désignés par leur grandeur, leur grosseur, ou autres qualités accidentelles, et n'avaient que des surnoms ; ceux de haute stature étant appelés hauts ; les petits, petits ; les louches, louches, etc. ; observation fort curieuse et qui est confirmée par M. Hodgson. Ce savant cite toute une liste de surnoms d'hommes et de femmes ainsi traduits : *la lumière de Soleil, la lumière de Lune, l'Abeille, la Perdrix*, et Lyon parle d'une des femmes noires du sultan du Fezzan qui n'était connue que sous le nom d'*Olivier*, probablement à cause de l'élégance de sa taille (LÉON L'AFRICAIN, l. VII. — HEEREN, t. IV, *passim*).

(1) La caravane est parvenue dans la contrée de Bilma. Cette contrée est très montagneuse ; quelques rochers noirs s'y élèvent presque à pic, et, comme disent proverbialement les Arabes, « que celui qui lève les « yeux pour les regarder prenne garde de laisser tomber son bonnet. » C'est dans le creux de ces montagnes qu'habitent les nègres Tibbos pour éviter les attaques des Touariks (Touâreg). Ces Tibbos sont appelés encore Tibbos des rochers, parce que, semblables aux Troglodytes d'Hérodote, ils demeurent dans des grottes presque inaccessibles (HEEREN, t. IV, ch. VI ; — HORNEMANN, ch. III).

ne va pas plus loin, parce que plus loin, sans doute, elle ne trouvait point de sel à échanger. C'est à Bilma, en effet, que se tient le plus grand marché de sel pour la Nigritie, et au delà on n'en trouve plus. Cette circonstance, dit Heeren, n'expliquerait-elle pas parfaitement pourquoi la caravane d'Hérodote ne dépassait point Bilma, terme obligé de son voyage?

Cependant Hérodote donne encore quelques renseignements sur l'intérieur de la Libye, et c'est ici le lieu de les faire connaître : « De dix journées en dix journées, « dit-il, on y rencontre des mines de sel et des habitants. « Les maisons de tous ces peuples sont bâties de quar- « tiers de sel. Il ne pleut, en effet, jamais dans cette « partie de la Libye; autrement les murailles des mai- « sons, étant de sel, tomberaient bientôt en ruines. On « tire des mines deux sortes de sel, l'un blanc et l'autre « couleur de *pourpre*[1]. »

Heeren croit avoir retrouvé ces indications dans la description que fait Léon l'Africain des mines de Tegaza. Selon ce dernier, elles sont situées sur la frontière sud-est du désert de Zanzaga, entre Maroc et Tombouctou, et des hommes envoyés exprès pour les exploiter habitent des cabanes à l'entrée des mines. Il y en a souvent qui meurent de faim ou qui sont étouffés par la cha-

---

(1) Hérod., l. IV, § 85.

leur. C'est de ces mines de sel blanc et coloré que la partie occidentale de l'empire de Tombouctou est approvisionnée.

Sans repousser l'interprétation d'Heeren, je ne la trouve pas complétement satisfaisante, et j'aime mieux m'en rapporter simplement au texte même d'Hérodote. Je ne vois pas pourquoi il n'y aurait pas dans le grand désert de Libye des maisons bâties de quartiers de sel[1]. On peut lire, dans le voyage d'Elphinston au Caboul, la description d'une route taillée dans le sel, entre des rochers de plus de cent pieds de hauteur, particularité qui n'est certes pas moins extraordinaire que celle dont parle l'écrivain d'Halicarnasse[2].

---

(1) « Domos sale montibus suis exciso, ceu lapide, construunt » (PLINE, *Histoire naturelle*, liv. V, ch. v).

(2) « Calla-Baugh, où nous quittâmes la plaine, mérite une mention
« particulière. L'Indus y est resserré par les montagnes en un lit profond
« qui n'a guère que 550 mètres de large. Plus loin, la route avait été
« pratiquée dans un roc de sel au pied des falaises de ce minéral, qui
« avaient çà et là plus de cents pieds d'élévation au-dessus du niveau du
« fleuve. Le sel est dur, presque pur, et ressemblerait à du cristal s'il
« n'était pas en partie veiné et nuancé de rouge; sur plusieurs points,
« des sources salées sortent du rocher et déposent sur le sol une croûte
« d'une éclatante blancheur. La terre, surtout aux environs de la ville,
« est d'un *rouge de sang*. Qu'on se figure l'étrange et imposant effet de
« ces roches de sel, l'Indus qui roule ses eaux profondes et limpides
« entre de hautes montagnes, l'aspect pittoresque de Calla-Baugh, et l'on

Du reste, en faisant la part du temps où il vivait et de sa crédulité naturelle, on ne saurait trop admirer l'exactitude des documents qu'Hérodote a su recueillir, et j'en trouve une preuve à cet endroit même. Il ajoute que « *vers le midi* et l'intérieur de la Libye, on ne voit qu'une « affreuse solitude, où il n'y a ni eau, ni bois, ni bêtes « sauvages... » N'est-ce pas là le grand Saharâ tel qu'il s'offre aux yeux du voyageur? Et remarquez ce mot : « On n'y voit pas de bêtes sauvages. » Eh bien! ce dernier renseignement, qui exclut désormais de l'imagination le lion et le tigre du *Désert*, est tout à fait en rapport avec des relations récentes : « Le lion du Désert est « un mythe; cet animal ne sort pas de la montagne où « il trouve de quoi se loger, s'abreuver et se nour- « rir [1]. »

Ainsi chaque jour et chaque découverte viennent en quelque sorte à l'appui de la bonne foi d'Hérodote, et je

---

« aura une idée du spectacle merveilleux qui s'offrait à nos regards... » (*Relation de l'ambassade de lord* ELPHINSTON *au Caboul*, en 1808).

Dans le Saharâ algérien, près de Rassoul, l'expédition du colonel Géry a trouvé cette année (1845) une montagne de sel de 120 mètres d'élévation. Tout le pays environnant venait s'y approvisionner.

(1) E. CARETTE, *Recherches sur la géographie... de l'Algérie...* t. II, ch. 1. « Assurément il existe en Afrique un grand nombre de « lions; presque toutes les montagnes boisées en sont infestées; mais « ils ne descendent jamais dans la plaine. »

puis finir par cette observation d'Heeren : « De mauvais « critiques ont insulté à la mémoire de ce grand histo- « rien ; mais le Désert est demeuré, avec une immobilité « redoutable, le témoin éternel de sa véracité[1]. »

(1) HEEREN, t. IV, ch. VI.

NOTE N. (Page 69.)

Du Périple d'Hannon.

Relation d'Hannon, roi des Carthaginois, sur les pays de la Libye au delà des colonnes d'Hercule, déposée par lui dans le temple de Saturne[1].

« Les Carthaginois résolurent qu'Hannon naviguerait au delà des colonnes, et qu'il fonderait des colonies avec les Liby-Phéniciens. Il partit, emmenant avec lui une flotte de soixante vaisseaux, une quantité d'hommes et de femmes au nombre de trente mille, des provisions et toutes les choses nécessaires.

« Après nous être embarqués et après avoir passé les colonnes, nous naviguâmes deux jours, et fondâmes une ville du nom de Thymiatérium. Il y avait à côté d'elle une grande plaine. De là nous fîmes voile à l'ouest, vers le cap libyen de Soloës, garni d'arbres de toutes parts. Après y avoir élevé un temple à Neptune, nous nous dirigeâmes à l'est, jusqu'au moment de toucher à un

---

(1) Version d'Heeren, revue sur le texte grec et les traductions latines d'Hudson et de Gail.

NOTE N.

marais voisin de la mer et rempli de joncs. Il s'y trouvait des éléphants et beaucoup d'animaux qui paissaient. Nous longeâmes le marais pendant une journée et nous construisîmes des villes sur la mer, que nous appelâmes Caricon-Teïchos, Gytte, Acra, Mélyssa et Arambys [1].

« En partant de ces lieux, nous arrivâmes au grand fleuve Lixus, qui descend de la Libye. Le long de ses rivages demeure un peuple nomade, les Lixites, qui faisaient paître leurs troupeaux; nous y restâmes quelque temps en contractant avec eux alliance. Au-dessus vivaient des Éthiopiens sauvages, occupant un pays plein

---

(1) Ces cinq colonies paraissent avoir été fondées dans la contrée de Safy.

Les éléphants, qui ont disparu du Nord de l'Afrique, y étaient communs alors; ce passage le prouve. Solin, géographe du troisième siècle, fait mention des éléphants de l'Atlas; Isidore de Séville, qui écrivait au septième, raconte qu'autrefois la Mauritanie abondait en éléphants, mais que de son temps il n'en existait plus.

Les lions se montraient primitivement en Grèce, en Thessalie et en Macédoine;

Les crocodiles du Nil étaient renommés pour leur nombre et leur férocité;

L'aurochs vivait dans les forêts de la Gaule;

Les loups infestaient la Grande-Bretagne...

Aujourd'hui le lion a abandonné l'Europe; il faut remonter presque en Nubie pour rencontrer le crocodile; l'aurochs est relégué dans les forêts du Nord, et le loup ne se trouve plus en Angleterre (*Histoire militaire des éléphants*, par P. ARMANDI, ancien colonel d'artillerie; Paris, 1843).

de bêtes fauves et entrecoupé de hautes montagnes, où le Lixus prend naissance. Les montagnes étaient habitées par des hommes d'une figure étrange, des Troglodytes, que les Lixites dépeignaient comme plus agiles à la course que des chevaux.

« Nous prîmes des interprètes parmi les Lixites et nous passâmes près d'une côte déserte pendant deux jours. Nous nous portâmes de là à une journée vers l'est : ici nous rencontrâmes au fond d'un golfe une petite île ayant cinq stades de circuit ; nous y établîmes des colons en lui donnant le nom de Cerné. Selon notre calcul..., *on mit autant de temps pour le trajet de Carthage aux colonnes que de celles-ci à Cerné*[1]. Nous traversâmes ensuite un grand fleuve nommé Chrémète, et nous arrivâmes à une lagune qui renfermait trois îles plus grandes que Cerné ; à partir de ces îles, il nous fallut une journée pour atteindre la fin du marais.

« Au-dessus de ce marais on voyait de très hautes montagnes, couvertes d'hommes féroces, revêtus de peaux d'animaux, qui nous lancèrent des pierres et nous empêchèrent d'aborder. En continuant notre route, nous parvînmes à un large fleuve rempli de *crocodiles* et d'*hip-*

---

(1) C'est d'après ces termes du Périple que Rennel a cru pouvoir placer l'île de Cerné près du cap Blanc méridional. Il la prend, ainsi que Bougainville, pour l'île d'Arguin.

popotames. Nous rebroussâmes chemin, et nous allâmes retrouver Cerné[1].

« De cet endroit nous nous embarquâmes vers le sud, et nous longeâmes les côtes pendant douze jours. Toute la contrée était habitée par des Éthiopiens, qui, en nous voyant arriver, prirent la fuite. Ils parlaient un langage inintelligible même pour les Lixites qui nous accompagnaient. Le dernier jour, nous abordâmes près de quelques montagnes élevées et garnies de différentes espèces de bois odoriférant. Nous naviguâmes deux journées plus loin, et nous entrâmes dans un immense golfe, terminé par une vaste plaine sur laquelle nous vîmes partout la nuit des feux qui brûlaient par intervalles et à une élévation plus ou moins grande. Nous y fîmes de l'eau, et nous côtoyâmes le rivage pendant cinq jours; au bout de ce temps, nous vîmes devant nous un grand golfe auquel nos interprètes donnèrent le nom de la Corne d'Ouest. Il y avait dans ce golfe une grande île, et

---

[1] Tout porte à croire qu'il est question du grand fleuve le Sénégal, où vivent le crocodile et l'hippopotame. « Au-dessus des roseaux, le cro-
« codile fait saillir son dos osseux et écaillé ; il se traîne aux rayons du
« soleil ; il attend, assoupi à moitié, qu'un homme ou qu'une gazelle vien-
« nent se désaltérer aux eaux du Sénégal... Vers l'île de Kouma station-
« nent quelques hippopotames, gigantesques pachydermes qui, de temps
« à autre, élèvent à fleur d'eau leur monstrueuse tête, et hennissent
« comme le cheval » (DUMONT D'URVILLE, *Voyage autour du monde*, t. I, ch. v ; Paris, 1859).

dans cette île se trouvait un lac d'eau salée qui à son tour renfermait une autre île.

« Nous abordâmes en ce lieu, où nous ne vîmes, le jour, que des forêts, mais la nuit beaucoup de feux; et nous entendîmes le son des flûtes, des cymbales, des tambourins et des milliers de cris[1]. La terreur s'empara de nous et nos devins nous ordonnèrent de quitter l'île. Mettant aussitôt à la voile, nous passâmes près de la contrée brûlante des Parfums (Thymiamata). Elle était pleine de torrents de feu qui se jetaient dans la mer, et sa grande chaleur empêchait qu'on n'y posât les pieds. La crainte nous fit encore quitter promptement ces parages[2].

« Pendant quatre jours en mer, nous aperçûmes, la nuit, les côtes couvertes de feux[3]. Nous vîmes, au milieu de ce pays, un feu plus considérable qui semblait

---

(1) C'est ce que font encore à présent les nègres, se reposant le jour, s'amusant la nuit.

(2) Voir à la page 68 l'explication naturelle de ces torrents de feu.

(3) N'oublions pas que ce feu, d'une tout autre nature que celui des torrents, apparaissait *la nuit*. Ne serait-ce pas le phénomène de la phosphorescence?

On a supposé aussi que ces feux de nuit provenaient des hautes herbes incendiées par les naturels. Cela ne serait pas impossible et servirait à établir qu'Hannon se trouvait en face des côtes de la Sénégambie ou même de la Guinée. Mungo-Parck fut témoin d'un spectacle semblable chez les Mandingues ; « Cette scène était alors d'une étonnante grandeur.

NOTE N.

toucher aux étoiles; le jour, nous y distinguâmes une montagne très élevée que l'on appelait le Char des Dieux. Durant trois jours nous passâmes près des torrents de feu, et nous approchâmes d'un golfe nommé la Corne du Sud. Dans le fond de ce golfe, il y avait une île pareille à celle dont nous avons parlé, ayant comme elle un lac; celui-ci renfermait une autre île habitée par des sauvages; la plupart étaient des femmes aux corps velus, que nos interprètes appelaient Gorilles. Nous ne pûmes pas attraper les hommes; ils s'enfuirent dans les montagnes et se défendirent avec des pierres. Quant aux femmes, nous en prîmes trois, qui mordirent et égratignèrent leurs conducteurs et ne voulurent pas les suivre[1]. Nous les tuâmes et nous leur ôtâmes la peau que nous apportâmes à Carthage; car nous ne pûmes aller plus loin, faute de provisions[2]. »

Suivant quelques anciens auteurs, la mer était telle-

« Pendant la nuit, la plaine et les montagnes paraissaient couvertes de « feux qu'un ciel ardent reflétait au loin. Pendant le jour, d'énormes « colonnes de fumée s'élevaient sans interruption, et tout autour volti- « geaient les oiseaux de proie, prêts à s'élancer sur les reptiles qui « fuyaient l'incendie » (MURRAY's *historical accounts of discoveries... in Africa*, t. I; Édinburgh, 1818).

(1) Il s'agit très probablement de singes d'une grande espèce.

(2) HANNONIS *Periplus*, apud Hudson, vol. I.—*Idem.*, apud J.-F. Gail, vol. I; Parisiis, 1826.

ment pleine de beaux poissons, dans le voisinage de l'île de Cerné, qu'on les pêchait pour les saler et les porter à Carthage ; elle était également tellement couverte d'herbes marines que, selon Scylax, on ne pouvait avancer au delà[1]. Tous ces faits, qui paraissent singuliers, ont été confirmés par les relations modernes : « A « mesure que nous approchions des côtes d'Afrique, dit « Dumont d'Urville, la mer devenait plus poissonneuse, « et nos lignes à la traîne nous ramenaient de brillantes « bonites, au dos bleuâtre et au ventre argenté[2]. »

On lit dans le même voyageur : « Le lendemain, la « mer était verdoyante ; on eût dit que le navire fen- « dait une immense cressonnière. Des couches épaisses

---

(1) SCYLACIS CARYANDENSIS *Periplus*, apud Hudson, vol. I. — *Idem.*, apud J.-F. Gail, vol. I.

(2) DUMONT-D'URVILLE, *Voyage autour du monde* t. I, ch. v; Paris, 1830.

« En toute cette côte, écrivait au quinzième siècle le Vénitien Cada- « moste, se trouve grande pêcherie et incomparable de divers et bons « poissons, semblables aux nôtres que nous avons à Venise » (*Les Navigations* d'ALOUYS DE CADAMOSTE, traduites par Jean Temporal ; Lyon, 1556).

Un travail récent de M. Berthelot, qui a passé dix ans aux Canaries, fait connaître les résultats prodigieux de la pêche des naturels. Tandis que le pêcheur terreneuvien prend en moyenne 400 kilogrammes de poisson par année, un Canarien en pêche en moyenne 14,000 ; en d'autres termes, le marin des îles retire plus de 5,000 poissons quand celui de Terre-Neuve n'en prend que 200.

« de varechs, ou sargasses, d'un vert sombre passant au
« jaune, occupaient toute la surface des eaux... A la pre-
« mière vue de ces prairies flottantes, la crainte d'un
« bas-fond a dû saisir les navigateurs. Même en 1492,
« quand Christophe Colomb les traversa, ses équipages
« ne purent se défendre d'un sentiment d'effroi, et ap-
« pelèrent cette portion de l'Atlantique *Mar de Sar-
« gasso* [1]. »

Je ferai, du reste, une observation qui justifie assez bien le système de Rennel et qui semble avoir échappé aux principaux commentateurs d'Hannon. Il paraîtrait que c'est à partir surtout du cap Blanc que l'on rencontre ces herbes marines qui embarrassent la marche du navire, et Scylax, de son côté, dit qu'on ne peut dépasser, à cause des herbes, l'île de Cerné. Cette île était donc située auprès du cap Blanc. Or, le cap Blanc n'étant pas loin du Sénégal, il en résulte que l'île de Cerné est beaucoup plus rapprochée du Sénégal qu'on ne le

---

(1) DUMONT D'URVILLE, *Voyage autour du monde*, t. I, ch. v.

On conçoit, d'après cette description, comment Scylax prétend qu'on ne peut pas avancer au delà de Cerné. Les Carthaginois, qui voulaient écarter toute concurrence, avaient évidemment répandu ce bruit. Ils soutenaient la même chose de l'Océan du nord, pour empêcher que d'autres qu'eux y allassent chercher l'étain des Œstrymnides : « Aucun
« vent ne conduisait ici le vaisseau ; les flots de la mer y sont impassi-
« bles et paresseux, et sa surface est couverte de joncs qui retiennent le

suppose; il en résulte, par cela même, que les Carthaginois devaient trafiquer avec la contrée de la Sénégambie, et purent même pousser leurs reconnaissances jusqu'à la côte de Sierra-Leone, comme le veut Rennel[1].

« cours du navire, qu'entourent les monstres marins » (FESTI AVIENI... *Ora maritima*, vers 120-150).

(1) RENNEL, *Geographical system of Herodotus*, section XXVI. — BOUGAINVILLE, *Mémoires de l'Académie*, t. XXVI. — GOSSELIN, *Recherches sur la géographie... des anciens*. — HUDSON, *Geographiæ veteris scriptores græci minores*, vol. I. — GAIL, *Geographi græci minores*, vol. I, etc.

M. d'Avezac ne croit pas que les Carthaginois se soient avancés aussi loin que le pensent Bougainville et Rennel. Il y a lieu de regretter que le docte géographe n'ait pas donné plus de développement à son opinion, qui est toujours si grave dans les matières scientifiques (*Iles de l'Afrique*, par D'AVEZAC, II° partie; Paris, 1845).

NOTE O. (Page 140.)

Du traité de 1270 avec Tunis.

Traité entre le prince illustre PHILIPPE, *par la grâce de Dieu, roi de France; le prince illustre* CHARLES, *par la grâce de Dieu, roi de Sicile; le prince illustre* THIBAUT, *roi de Navarre, d'une part; et, de l'autre part, le khalife, l'Iman, commandeur des Croyants,* ABOU-'ABD-ALLAH-MOH'AMMED[1].

« ARTICLE 1ᵉʳ. Protection et sûreté sont accordées à tous les musulmans des États du commandeur des Croyants, ou des pays de sa dépendance[2], qui se rendront dans les États des princes susdits, dans ceux de leurs vassaux et de leurs barons. Aucun d'eux ne pourra être inquiété, ni dans sa personne, ni dans ses biens, grands et petits. De plus, les princes susdits veilleront à ce qu'aucun de leurs sujets, ni de ceux qui reconnaissent leur autorité et qui courent la mer, ne cause le moindre

---

(1) Abou-'Abd-Allah, de la famille des Abi-Hafs, qui s'étaient rendus indépendants des Almohades, avait la prétention de descendre d'Omar, l'un des quatre premiers khalifes auxquels les musulmans Sunnites donnent la qualification d'émirs légitimes.

(2) Le royaume de Tunis, outre le pays de ce nom, se prolongeait alors sur la côte occidentale jusqu'au delà d'Alger et de Cherchell.

dommage dans les États du commandeur des Croyants; que s'il arrivait qu'un des sujets du commandeur des Croyants fût lésé dans sa personne ou dans ses biens, les princes susdits s'engagent à lui donner satisfaction. Ils s'engagent encore à ne protéger qui que ce soit qui manifesterait des mauvaises intentions contre les sujets du commandeur des Croyants [1].

« Art. 2. Si un vaisseau musulman, ou un vaisseau chrétien dans lequel se trouveraient des musulmans, vient à faire naufrage sur les côtes des princes susdits, ils mettront à part ce qui aura échappé au naufrage, corps et biens, et ils le rendront en totalité au propriétaire. La même règle sera suivie par le commandeur des Croyants envers les sujets des princes susdits. Sûreté entière sera accordée aux marchands chrétiens, sujets des princes susdits, dans leurs personnes et dans leurs biens, soit qu'ils séjournent dans les États du commandeur des Croyants, ou qu'ils ne fassent qu'aller et venir.

---

[1] Dans le traité de 1271 fait avec Venise, la république promit que tous les sujets d'Abou-'Abd-Allah, venant commercer à Venise ou dans ses autres possessions, y trouveraient liberté et protection; elle s'engagea de plus à venger les torts que pourraient leur occasionner ses nationaux, et à les indemniser des dommages qu'ils auraient soufferts. En retour de ces avantages, l'émir garantit la juridiction des consuls vénitiens établis en Afrique, et l'irresponsabilité de la nation pour les crimes et les délits des particuliers (L. DE MAS-LATRIE).

En un mot, on les traitera sur le même pied que seront traités les musulmans dans les États des princes susdits.

« ART. 3. Il sera libre aux moines et aux prêtres chrétiens de s'établir dans les États du commandeur des Croyants. On leur accordera un lieu où ils pourront bâtir des maisons, construire des chapelles et enterrer les morts. Il sera permis aux moines et aux prêtres de prêcher dans l'intérieur des églises, de réciter à haute voix leurs prières, en un mot de servir Dieu conformément à leur rite et de faire tout ce qu'ils feraient dans leur pays[1].

« ART. 4. Les marchands chrétiens qui sont sous l'autorité des princes susdits et qui se trouvaient dans les États du commandeur des Croyants lorsque l'expédition a eu lieu, rentreront dans tous leurs droits, comme par le passé ; si on leur a pris quelque chose, on le leur rendra ; ce qui leur est dû leur sera payé. De plus, le commandeur des Croyants s'engage à ne pas souffrir dans ses États les transfuges, ni ceux qui auraient levé l'étendard de la révolte contre les princes susdits. De leur

---

(1) L'article 3 s'applique aux moines comme aux prêtres ; il en faut conclure qu'il existait des *monastères* dans les pays musulmans. On cite, en effet, plusieurs bulles pontificales adressées aux religieux des royaumes de Tunis, de Bougie, de Tlemcen et de Maroc ; ces religieux étaient des frères cordeliers et des frères dominicains ou prêcheurs.

côté, les princes susdits promettent de ne donner asile à aucun musulman qui aurait pris les armes contre le commandeur des Croyants. Ils retireront leur protection à quiconque aurait annoncé le dessein de lui nuire.

« Art. 5. De part et d'autre les prisonniers seront rendus.

« Art. 6. Les princes susdits, ainsi que tous ceux qui reconnaissent leur autorité ou qui sont venus à leur suite, évacueront sur-le-champ les États du commandeur des Croyants. Il en sera de même de ceux qui viendraient après la conclusion du traité, tels que le prince Édouard d'Angleterre et autres. Il ne restera ici que ceux qui ne pourront trouver place sur la flotte, ou qui seraient retenus par quelque affaire; encore ne pourront-ils pas sortir du quartier que le commandeur des Croyants leur aura assigné, et ils mettront à la voile le plus tôt que faire se pourra. En attendant, le commandeur des Croyants promet de veiller à leur sûreté, et si quelqu'un de ses sujets venait à les léser dans leurs personnes ou dans leurs biens, il s'engage à leur donner satisfaction[1].

---

(1) L'émir veilla avec tant de soin à la sûreté de ces derniers, que, craignant quelque collision entre eux et les Arabes au moment de l'embarquement, il envoya, pour les protéger, un corps régulier de musulmans et de chrétiens; ce qui prouverait, pour le dire en passant, qu'il y avait des chrétiens indigènes dans ses États (E. Pellissier, III° *Mémoire*).

Art. 7. La durée de ce traité sera de quinze années solaires, à partir du mois de novembre prochain.

« Art. 8. Il sera payé, pour frais de guerre, aux princes susdits, 210,000 onces d'or, équivalant chacune à cinquante de leurs pièces d'argent, pour le poids et pour le titre; la moitié de cette somme sera payée sur-le-champ; l'autre moitié le sera en deux paiements: l'un d'ici à un an, et l'autre à la fin de l'année suivante. Pour cette seconde moitié, le commandeur des Croyants donnera des gages sur les marchands établis dans les États des princes susdits[1].

« De plus, le commandeur des Croyants se soumet de nouveau au tribut que les rois de Tunis étaient dans l'usage de payer aux rois de Sicile; il comptera au roi Charles les arrérages des cinq dernières années, et il s'engagera à payer désormais le double de ce qu'il payait autrefois. »

---

(1) D'après ce passage, il y avait des musulmans à demeure *fixe* chez les peuples chrétiens.

NOTE P. (Page 110.)

Des navigations portugaises autour de l'Afrique.

On doit reconnaître que la découverte si extraordinaire de l'Inde par Vasco de Gama avait été préparée depuis plus de quatre-vingts ans.

Dès le commencement du quinzième siècle, les armateurs européens cherchèrent le passage aux Indes, encouragés qu'ils étaient par les efforts et le génie de l'infant don Henri de Portugal. Ayant autour de lui les plus savants hommes de son temps, et l'un des plus savants lui-même, l'infant don Henri vint fixer sa résidence à la pointe de Sagres, près du cap Saint-Vincent; c'est de ce petit coin de terre que, les yeux constamment fixés sur les flots, le prince lança les Portugais dans le vaste champ de l'Atlantique. Il eut du moins la satisfaction d'apprendre avant sa mort (1460) que ses espérances tarderaient peu à se réaliser.

Les Portugais franchirent d'abord le cap Noun (1415), terme obligé jusque-là des voyages maritimes, le long de la côte occidentale de l'Afrique; puis on dépassa le cap Boyador (1434), puis le Sénégal (1446); les îles du cap Vert, les rivages de la Guinée, le Congo, furent ensuite reconnus (1455-1475) ; et en 1483 Barthélemy Diaz atteignit le cap des Tempêtes, que le roi Jean appela le cap de Bonne-Espérance. Cependant Madère et les Açores avaient été découvertes, tandisque Pédro de Covillam, pénétrant dans l'Inde par l'Égypte et la mer Rouge, en revenait avec l'assurance qu'il était possible d'y arriver également en contournant l'Afrique.

Une question qui offre beaucoup d'intérêt au point de vue de la vanité nationale est celle de savoir à qui appartient la priorité des découvertes au dela du cap Boyador. Les Portugais la revendiquent pour eux-mêmes, bien que l'on puisse soutenir avec quelque vraisemblance que des navigateurs français les avaient précédés. Dès l'année 1364, des marchands de Dieppe, s'il faut en croire certains documents, se seraient avancés jusqu'au delà de Sierra-Leone ; l'année suivante, ils auraient poussé leurs explorations jusqu'à la côte d'Or, et, ultérieurement, échelonné leurs établissements depuis le cap Vert jusqu'à la Mine, où ils auraient bâti une église en 1383. On ne peut nier non plus qu'un gentilhomme normand, le baron de Bethencourt, s'installa en 1402 aux îles Canaries, et fit des excursions à la rivière d'El-Oro sur la côte d'Afrique, c'est-à-dire bien au delà du cap Boyador. Je citerai un portulan de 1375, qui existe à la Bibliothèque de Paris, ainsi qu'une carte des frères Pizigani, conservée à Parme, carte qui date de 1367, sur lesquels se trouve figurée la rivière d'El-Oro, au sud du cap Boyador. Madère, Porto-Santo, les Canaries sont également tracées en détail sur des portulans plus anciens, et dès le treizième siècle les pilotes génois avaient conduit leurs navires jusqu'à ces îles.

Il résulterait bien évidemment de toutes ces particularités que le cap Boyador et plusieurs des contrées au sud de ce cap auraient été explorées, avant les Portugais, soit par des Français, soit par des Espagnols, soit par des Génois; mais cela ne doit rien diminuer de la gloire du prince Henri. Il restera à ce grand homme l'éternel honneur d'avoir pressenti la découverte des Indes, d'avoir dirigé toute sa pensée pendant cinquante ans vers ce noble but, et fondé l'école fameuse de navigateurs d'où sortit bientôt Christophe Colomb [1].

---

(1) *Notices statistiques sur les colonies françaises,* publiées par le ministre de la marine, t. III. — *Histoire de la première découverte... des Canaries, dès l'an* 1402, par messire Jean DE BETHENCOURT; Paris, 1630. — *Esquisse générale de l'Afrique,* par D'AVEZAC; Paris, 1844. — *Le Sénégal,* par Ch. COTTU; Paris, 1845. — *Indice chronologico das novegacoës dos Portuguezes,* par le cardinal PATRIARCHE de Lisbonne; 1841. — *Recherches sur la priorité de la découverte des pays situés sur la côte occidentale d'Afrique, au delà du cap Bayador...* par le vicomte DE SANTAREM; Paris, 1845, etc.

NOTE Q. (Page 111.)

Des voyages de Léon l'Africain.

Entre Édricy, qui vivait au douzième siècle, et Léon l'Africain, qui écrivait au seizième, il faut indiquer plusieurs géographes arabes, tels que Ebn-el-Ouârdy, dans le treizième; Abou-el-Fedâ, et Ebn-Batouthah de Tanger dans le quatorzième; ce dernier voyagea pendant trente années consécutives, et se rendit à Tombouctou en 1353. Mais aucun d'eux ne donne des renseignements aussi circonstanciés que Léon l'Africain sur les contrées qu'ils connaissaient ou qu'ils avaient parcourues. Léon décrit avec détail les royaumes de Maroc, de Fez, de Tlemcen, de Bougie, de Tunis, etc.; ils traverse les déserts de la Libye, descend dans le pays des Noirs, dont il visite quinze royaumes, et s'avance par la Nubie jusqu'en Égypte. Les derniers chapitres de son ouvrage traitent des fleurs, des animaux, des arbres et des plantes.

Voici quels étaient à cette époque les principaux royaumes de la Nigritie; il sera facile de reconnaître quelques noms modernes sous les désignations du moyen âge. « La terre Noire est divisée en plusieurs royaumes;

« néanmoins aucuns d'iceux nous sont inconnus et loin
« des lieux où nous trafiquons ; par quoi j'entends seule-
« ment parler de ceux auxquels je me suis acheminé, et
« là où j'ai longuement pratiqué... et veux bien qu'on
« sache comme j'ai été en quinze royaumes de terre
« Noire, et j'en ai laissé trois fois davantage, là où je ne
« mis jamais le pied, étant encore chacun d'iceux assez
« proche des lieux auxquels je me trouvais. Les noms de
« ces royaumes, qui prennent leur commencement à
« l'occident et suivent vers l'orient et du côté du midi,
« sont tels : Gualata (Oualâta), Ghinea (Djennè), Melli,
« Tombut (Tombouctou), Gago (*idem*), Guber (Gouber),
« Agadez (*idem*), Cano (*idem*, Ghânah), Casena (Cassina,
« Kâtchna), Zegzeg (*idem*), Zanfara (Zamfra), Guangara
« (Wangara), Burno (Bournou), Gaoga et Nube (Nubie).
« Ceux-ci sont les quinze royaumes dont la plus grande
« partie est assise sur le fleuve Niger, et c'est le chemin
« par lequel passent les marchands qui partent de Gua-
« lata pour *s'acheminer au Caire*... Il est besoin aussi
« d'entendre comme un chacun royaume, à part soi,
« était gouverné par un seigneur particulier ; mais de
« notre temps ils se sont tous quinze soumis à la puis-
« sance de trois rois ; c'est à savoir de Tombut, lequel
« en tient et possède la plus grande partie ; du roi de
« Borno qui en tient la moindre ; et l'autre partie est
« entre les mains du roi de Gaoga ; mais, outre ceux-ci,

« le seigneur de Ducale en tenait une petite portion[1]. »

Ce qui surprend notre voyageur, et ce qui nous étonne aujourd'hui plus que lui, c'est la communication, en quelque sorte journalière, qui existait alors entre l'Afrique septentrionale et ces contrées éloignées; c'est la grande quantité de marchandises *européennes* qu'il trouve partout, et qui y étaient apportées par les caravanes. Dans le royaume de Ghinéa, les habitants vendent leurs toiles de coton aux marchands de Barbarie, « qui, à l'en-
« contre, leur vendent et délivrent plusieurs draps d'Eu-
« rope, cuir, laiton, armes et autre choses semblables; »
au Tombut, les marchands de Barbarie transportent des draps d'Europe qu'ils vendent très bien, ainsi que des livres (arabes) écrits à la main, parce que le roi « tient
« en grand honneur ceux qui font profession des let-
« tres ; » à Gago, « il arrive une infinité de Noirs, qui
« apportent de l'or en grande quantité, pour acheter et
« enlever ce qui vient de l'Europe et Barbarie... L'aune
« du plus bas drap d'Europe s'y vend quatre ducats,
« quinze le moyen, et celui de Venise, fin comme est
« l'écarlate, le bleu ou le violet, ne se laisse à moins de
« trente ducats. Une épée, la plus imparfaite qu'on saurait
« trouver, s'y vendrait trois et quatre ducats. » Le roi de

---

(1) *La description d'Afrique*, par LÉON L'AFRICAIN, t. I, traduction de Jean Temporal ; Lyon, 1556.

« Gaoga troquait des esclaves contre les chevaux qu'il
« faisait venir de l'Égypte, et s'étant concilié l'affection
du soudan du Caire, il en recevait des draps et des armes. Léon cite à ce sujet le fait suivant dont il fut témoin : « Un noble homme de Damiette lui présenta un
« cheval de très belle taille et maniable, un cimeterre
« turquesque, une cotte de mailles, un pistolet à feu,
« avec quelques beaux miroirs, peignes, chapelets de
« corail, et aucuns couteaux, dont le tout pouvait mon-
« ter à la somme de cent cinquante ducats... en récom-
« pense de quoi le roi lui donna cinq esclaves, cinq
« chevaux, cinq cents ducats, et outre ce, cent dents
« d'éléphants de merveilleuse grosseur[1]. »

Ces contrées paraissaient généralement fertiles; il y
croissait beaucoup de riz, de millet et autres grains. Le
sel seul y était rare. A Tombut, où il fallait le faire
venir de Tégaza, distant de cinq cents milles[2], Léon

---

(1) L. VII.

En 1825, le principal cheikh du Bournou et le sultan de l'empire
des Fellatahs passaient, comme le roi de Tombut dont parle Léon, pour
être très versés dans l'étude du Coran et des livres arabes. Le sultan
Bello, surtout, était un homme instruit; il avait souvent entendu parler
des nations européennes; il prenait un vif intérêt à la guerre que les
Turcs faisaient alors aux Grecs, et connaissait, sur un globe céleste, toutes
les figures du zodiaque. Il fit présent à Clapperton d'une carte particulière du Soudan (*Narrative of... discoveries...*; London, 1826).

(2) Ce sont des milles romains, dont deux et demi font communément
une lieue de France.

vit vendre la charge d'un chameau quatre-vingts ducats, et en Éthiopie la livre de sel valait un demi-ducat : « au moyen de quoi les habitants ne le placent dans « des salières aux repas, mais en mangeant leur pain « tiennent une pièce de sel en leur main, et, à chacun « morceau qu'ils mettent dans leur bouche, ils passent « la langue par-dessus, et ne font cela pour autre respect « qu'afin de l'épargner et user peu [1]. »

L'or était très abondant dans tous ces pays des Noirs ; il me semble inutile d'insister là-dessus. On a déjà parlé, dans le texte, des ornements d'or du roi de Tombut, nommé Izchia, qui, à cette époque, avait conquis une grande partie de la Nigritie et rendu tributaires les rois de Gualata, Ghinéa, Melli, Guber, Cassena, Cano, etc. Le souverain de Borno n'était pas moins riche : « J'ai vu, « dit Léon, tout le harnais de ses chevaux, comme les « estafes, éperons, brides et mors, tout d'or, et de même « matière est toute sa vaisselle, les lesses et chaînes de « ses chiens [2]. »

La population n'avait donc pas lieu d'être malheureuse ; mais elle était gouvernée despotiquement ; et la traite des Noirs, qu'Hérodote signalait comme étant déjà de son temps un objet de commerce, se continuait de la

---

(1) L. VII et IX.
(2) L. VII.

même manière au temps de Léon. Les villes qu'il traversait avaient leur marchés d'esclaves : « Une fille de « quinze ans s'achetait au prix de six ducats, et autant « un garçon; » les palais des rois étaient remplis « de « concubines esclaves et d'eunuques commis à leur « garde. Le roi de Borno donnait par cheval de Barbarie « quinze ou vingt esclaves et faisait la course tous les « ans [1]. »

L'Afrique n'a pas changé depuis Hérodote et depuis Léon. C'est toujours le pays des grandes richesses et des grandes misères.

(1) L. VII.

NOTE R. (Page 118.)

De l'administration espagnole en Afrique.

Il eût été difficile à l'Espagne de pouvoir se maintenir en Barbarie avec l'incurie déplorable de son administration. Ces tristes faits ressortent non-seulement de l'histoire, mais des correspondances secrètes des rois espagnols et des officiers généraux qui commandaient dans les différentes villes d'Afrique. On a bien voulu me communiquer plusieurs documents de cette époque, *tous inédits,* et qui ne laissent aucun doute à cet égard. Ainsi, dès l'année 1510, Ferdinand le Catholique écrivait à son capitaine général, don Pédro de Navarro, que « les Espa- « gnols devaient s'arranger pour se soutenir désormais « en Afrique avec les ressources du pays[1]; » ce qui forçait nécessairement le soldat mal payé à recourir au pillage et à la violence. En 1534, le commandant de la ville d'Onè (place maritime fort importante, située à quelque distance d'Oran, mais dont la position est aujourd'hui incertaine) disait à Charles-Quint : « Les trou-

[1] *Lettre* du roi FERDINAND LE CATHOLIQUE, en date du mois de mai 1510, adressée à don Pédro de Navarro.

« pes sont criblées de dettes, pauvres d'argent et dénuées
« des choses nécessaires à la vie ; il est dû dix-huit mois
« de solde aux gens à cheval¹. » En 1535, le commandant de Bougie faisait connaître que « la place manquait
« de vivres, d'avoine et d'argent ; on devait aux soldats
« dix-huit mois de paye². » Dans la même année, le commandant de Bone se plaignait du pitoyable état des
troupes, qui, n'ayant point de discipline, volaient ce
qu'elles pouvaient trouver dans la campagne, où elles
étaient ensuite massacrées par les Arabes³.

Jusqu'à la fin du dix-huitième siècle, ce fut la même
incurie. Presque toutes les lettres des officiers qui as-
sistèrent à la malheureuse expédition de 1775 font entendre les plus vifs reproches sur les désordres et l'indiscipline des soldats. En 1790, lorsque Oran était bou-
leversé par un affreux tremblement de terre, lorsque
les habitants et la garnison, ensevelis sous les décombres, avaient encore à repousser les attaques du bey de
Mascara, le comte de Cumbre Hermosa, gouverneur de
la place, écrivait au ministère espagnol que les troupes
manquaient de tout, que les voleurs et les scélérats,

---

(1) *Deux lettres* des 15 mars et 26 avril 1534.

(2) *Compte rendu* à l'empereur de la lettre écrite à S. M. par PERA-
VAS de Ribera, commandant de Bougie, en date du 4 juin 1535.

(3) *Lettre* de don ALVAR GOMEZ de Horosco, commandant de Bone,
en date du 15 septembre 1535, adressée à Charles-Quint.

échappés des prisons écroulées, avaient fait irruption dans la ville, et qu'ils y signalaient à chaque instant leur présence par le meurtre et l'incendie[1]...

Du reste, il ne pouvait guère en être autrement. L'attention de l'Espagne, lorsqu'elle n'était pas distraite par des intrigues d'antichambre et de palais, avait toujours été absorbée par les affaires de l'Europe; la question d'Afrique lui paraissait secondaire. De là l'isolement dans lequel on laissait les garnisons de cette côte, et qui avait même commencé sous Charles-Quint. Presque entièrement occupé de ses guerres d'Allemagne et d'Italie, ce prince ne jetait qu'à de longs intervalles un regard fatigué sur l'Afrique, et, quoique doué d'une certaine grandeur personnelle, il n'avait pas rougi de descendre à des moyens de succès que repoussent tous les cœurs honnêtes. On ignore généralement que l'empereur avait consenti à l'assassinat du second Barberousse, et que, si ce crime eût été commis, l'expédition de Tunis n'aurait pas eu lieu très probablement.

Dans les documents inédits dont j'ai parlé au commencement de cet article, on trouve, en effet, un mémoire fort intéressant adressé à Charles-Quint par un sieur Luys Presenda. Cet agent espagnol avait été en-

---

(1) *Correspondance* du comte CUMBRE HERMOSA, depuis le 9 octobre 1790 jusqu'au 21 août 1791.

voyé secrètement par l'empereur auprès de l'ancien roi de Tunis Muleï-Hacen, ainsi qu'auprès des chefs arabes qui n'avaient pas voulu reconnaître l'autorité des Turcs. Luys Presenda demande dans une note de sa dépêche : « Quelle somme en argent comptant ou en rente, si on « l'exige, Sa Majesté veut-elle que l'on promette au « More, au Turc ou au renégat qui voudra se détermi-« ner à tuer le corsaire Barberousse ? » Et voici la réponse de l'empereur, écrite en regard de cette question :

« La chose ayant lieu, on pourra promettre jusqu'à « quatre mille ou cinq mille ducats en argent, une fois « payés, et mille ducats en rente[1]. »

(1) *Mémoire et Notes* de LUYS PRESENDA envoyé en mission secrète à Tunis, en date du 7 novembre 1534.

NOTE S. (Page 119.)

Des pirates barbaresques.

Le premier traité entre la France et la Porte Ottomane fut conclu par François Ier et Soliman. Ce traité, de 1536, déclare que la navigation est libre, que nos consuls sont inviolables, que les esclaves seront remis en liberté, et qu'il n'y aura plus à l'avenir que des prisonniers de guerre; il nous accorde de plus le privilége de la pêche du corail sur une partie des côtes d'Afrique. Mais les Barbaresques ne se croyaient pas liés par les conventions du Sultan, tout redoutable qu'il fût alors, et sous Henri IV leurs nombreux corsaires infestaient le littoral de la Provence[1]. De Brèves, ambassadeur du roi auprès de la Porte, signe le traité de 1604. Aux termes de ce traité : « Si les corsaires barbaresques causent le moin- « dre dommage aux Français, les pachas en sont respon- « sables. La France se réserve le droit de châtier les

---

(1) La ville de Marseille ayant pris parti pour la Ligue, le sultan Amurath IV écrivit aux Marseillais qu'il ruinerait complétement leur commerce, s'ils ne se hâtaient de se soumettre à Henri IV, leur légitime souverain et son *ami* (E. Pellissier, IIIe *Mémoire*).

« Barbaresques, sans que la force dont elle croira devoir
« faire usage puisse être une cause de rupture avec la
« Porte... » Cependant, en 1616, les Barbaresques pillent encore les vaisseaux de Marseille, et lui font éprouver une perte de deux millions. En 1617, une escadre
commandée par plusieurs officiers français surprend
la ville de Bone, d'où elle emmène dix-huit cents captifs.
En 1619, les Algériens demandent la paix et envoient
un ambassadeur à la cour de France. Mais, au moment
où elle allait se conclure, on apprend que l'équipage d'un
vaisseau de Marseille a été massacré par les corsaires;
le peuple marseillais se précipite sur l'ambassadeur, et
le met en pièces avec quarante-cinq personnes de sa
suite.

Richelieu poursuit les Barbaresques avec vigueur.
Excité par les remontrances du parlement d'Aix, il envoie des escadres sur les côtes d'Afrique, fait nettoyer
la mer, et donne les ordres les plus précis pour la destruction des pirates[1]. Mazarin continue l'œuvre de Ri-

---

(1) Les pirates étaient devenus tellement hardis que les malheureux habitants de la Provence avaient été obligés de convertir leurs demeures en places fortes; ils entretenaient des gardes à leurs frais, et des signaux de feu leur annonçaient l'approche de ces voleurs de mer.

Ce qu'il y avait de plus pénible à penser, c'est que des marchands chrétiens établis à Alger n'avaient pas honte d'acheter les effets volés à leurs compatriotes; ils allaient ensuite les vendre en Toscane, où la

chelieu. Il songe même un moment à la conquête du Nord de l'Afrique, et Du Quesne propose à Louis XIV de faire creuser le port de Djidjel. Une expédition brillante, commandée par le duc de Beaufort, s'empare de cette petite ville, qu'on est bientôt forcé d'abandonner (1663). En 1682, Du Quesne bombarde Alger; il brûle encore Alger l'année suivante[1]. La paix est faite en 1684, et un ambassadeur vient à Paris demander pardon à Louis XIV de l'insulte commise envers son pavillon. Cependant, dès 1688, le pavillon français est de nouveau insulté ; des navires nationaux sont pris, et le maréchal d'Estrées jette dix mille bombes dans Alger. Il fallut traiter de la même façon Tunis et Tripoli.

Les Barbaresques se tinrent assez tranquilles vers la fin du règne de Louis XIV. Néanmoins plusieurs vaisseaux de notre commerce furent encore pillés, et la navigation ne fut jamais complétement rassurée. On les

grand-duc favorisait cet infâme commerce. Ce prince avait autorisé les Barbaresques à établir un bagne à Livourne, où ils déposaient les esclaves qui voulaient traiter de leur rançon. D'autres chrétiens faisaient eux-mêmes la course pour leur compte ; il y en avait plusieurs, anglais et flamands, surtout à Tunis. N'oublions pas non plus les renégats, qui étaient les plus habiles et les plus impitoyables ; leur nombre en 1640 s'élevait, dans Alger seulement, à plus de trois mille (E. PELLISSIER, *passim*).

(1) Ce fut pendant ce second siége que les Algériens firent périr le P. Levacher, notre consul, en l'attachant à la bouche d'un canon.

coulait bas, on incendiait leurs villes, on exigeait d'eux la restitution des esclaves, et on leur imposait d'énormes indemnités[1]. Quelques moments après, ils recommençaient. Ils agirent ainsi plus ou moins sous Louis XV, sous Louis XVI, sous la République. Intimidés un instant par Napoléon, ils reprirent leurs courses dans les derniers jours de l'Empire et ne disparurent qu'avec la prise d'Alger[2].

---

(1) En 1685, Tripoli fut frappée d'une indemnité de 500,000 livres; la même année, Tunis paya tous les frais de la guerre. En 1729, la France imposa à Tripoli une indemnité de 200,000 piastres; Tunis paya 800,000 écus.

(2) Des traités de paix ont été signés, le 8 août 1830, par M. Lesseps, avec le bey de Tunis, et le 11 du même mois, par M. le contre-amiral de Rosamel, avec le bey de Tripoli.

Les principales clauses sont communes aux deux conventions. Ainsi les gouvernements de Tunis et de Tripoli se sont interdit chacun d'autoriser la course contre les bâtiments français; ils ont aboli pour jamais, dans leurs États, l'esclavage des chrétiens, de quelque nation qu'ils soient. Ils se sont obligés à faire participer la France à tous les avantages qui sont ou qui seront accordés à une nation étrangère.

Par l'article 2, le bey de Tripoli s'est interdit d'augmenter ses forces navales; en vertu de l'article 7, il a payé une somme de 800,000 francs, pour indemniser les négociants qui avaient des réclamations à faire valoir contre le gouvernement tripolitain.

Par un article additionnel au traité du 8 août, le bey de Tunis a cédé au roi des Français un emplacement près des ruines de Carthage pour y ériger un monument religieux en l'honneur de saint Louis.

NOTE T. (Page 125.)

Du Saharâ algérien.

Le Saharâ algérien est un diminutif du Saharâ de Libye. Si on y rencontre un grand nombre de villes et de villages, on y voit aussi de vastes solitudes, des campagnes où il ne croît que du jonc, et des routes sans eau. A l'ouest principalement, aussitôt qu'on a quitté les dernières stations du Tell, ce sont de hauts plateaux, froids, humides, où le thermomètre, au matin, descend au-dessous du degré de congélation, où la neige, pendant la nuit, couvre quelquefois la terre, où le soleil dévore et brûle pendant le jour. Quand on veut conduire une expédition de ce côté, quand on veut atteindre, comme l'a fait cette année le colonel Géry, les ksour de Stitten ou de Brizina, il faut s'aventurer au sud, franchir les Chotts, grands marais salés, peu profonds, mais vaseux, gluants, et traversés par des gués qu'un orage fait disparaître ; il faut se diriger ensuite vers des sources ou des puits épars, et marcher ainsi jusqu'au petit village de Rassoul. Là on rencontre une montagne de *sel*, haute de cent vingt mètres, et on entre dans la plaine d'El-Arouia.

Cette plaine, que l'on croirait bouleversée par un cataclysme, est remplie de grosses masses de pierre. Ces masses, ou plutôt ces dalles, sont à leur tour couvertes d'une couche de fer sur laquelle le métal semble appliqué par fusion. Lorsque le soleil les échauffe, la chaleur redouble et devient accablante. A l'extrémité de la plaine, deux blocs de marbre gigantesques et presque à pic s'élèvent comme une porte : les Arabes les appellent Bab-el-Saharâ (la Porte du Saharâ) ; en effet, quand on les a dépassés, on a devant soi un désert de sables. Bientôt on aperçoit Brizina. A la vue de ce triste ksar, composé de cent cinquante maisons, le voyageur presse sa marche. Il est sûr, du moins, d'y trouver un peu de repos, de l'ombre et des palmiers [1].

Le Saharâ de l'est présente également des solitudes et des sables. On y trouve de grands lacs ou plutôt des bas-fonds salés et marécageux, tels que la sebkah Melr'ir, la sebkah de Saïda, où vont mourir une foule de petites rivières qui tarissent en été. Néanmoins les cours d'eau y sont plus abondants que dans le Saharâ occidental. Je citerai entre autres l'ouad-el-Arab, l'ouad-el-Abiad (Abigas), et l'ouad-Biskra, qui descendent des cimes élevées de l'Aurès (Aurasius), et se jettent tous dans

---

(1) Les environs de Brizina contiennent 5,000 dattiers, et on y cultive toutes sortes de fruits.

l'ouad-el-Djedi, le Zabus de l'ancienne Numidie. L'ouad-el-Arab est quelquefois aussi considérable que le bras gauche de la Seine à Paris, et l'ouad-el-Djedi, souvent à sec en été, devient en hiver un torrent fougueux[1].

Les bords de presque toutes ces rivières sont couverts de ruines romaines; on en compte quatorze dans le seul bassin de l'ouad-el-Djedi. La culture de la datte et l'affluence des sources y avaient sans doute attiré la population; il suffit de fouiller légèrement le terrain pour en voir sortir l'eau. Dans les oasis de l'ouad-R'ir, d'Ouârgla et de Témacin, elle s'élance de véritables puits *artésiens*, creusés par les habitants au moyen des procédés ordinaires, et revêtus à l'intérieur de planches de pal-

---

[1] A Berriân, dans l'ouad-Mzâb, l'arrivée des pluies produit un phénomène bien extraordinaire. Le torrent débordé inonde soudainement les plantations et déracine les arbres. Aussi lorsque, vers le nord, le ciel s'assombrit, les cavaliers partent en toute hâte dans cette direction, qui est celle du cours supérieur des eaux, et vont s'échelonner de distance en distance sur les points culminants de la berge. Si le torrent se montre, le plus avancé de ces éclaireurs tire un coup de fusil; répété de sommet en sommet par tous les autres, ce signal télégraphique parvient à la ville en quelques minutes. A l'instant, on court aux jardins, on éveille tous les hommes qui s'y seraient endormis, on enlève tous les objets qui pourraient devenir la proie des eaux. Bientôt un bruit horrible annonce l'irruption du torrent; le sol du jardin disparaît sous les flots, et la cité saharienne se voit transportée, comme par magie, au bord d'un fleuve large et rapide d'où sortent, pareilles à de petites îles de verdure, les innombrables têtes de palmiers, décoration éphémère qui en quelques jours se sera é   noule (E. Carette, t. II, ch. v).

mier[1]. Aussi croient-ils tous à l'existence d'une mer souterraine, et prétendent-ils, dans certains lieux, entendre bouillonner l'eau quand ils approchent l'oreille à la surface du sol. Les fleuves du Saharâ oriental auraient-ils été plus considérables autrefois? Les eaux y auraient-elles été plus abondantes? Toutes ces ruines romaines qu'on rencontre à chaque pas feraient-elles croire que le pays a dû être encore plus fertile et mieux arrosé? Ce sont là des questions que je livre à la sagacité des géologues.

Maintenant, dans son ensemble, le Saharâ présente sur un fond de sable, ici des montagnes, là des ravins; ici des marais, là des collines; ici des villes, là des nomades; ici des terres incultes, là des terres cultivées. Chaque grande oasis a sa ville principale, autour de laquelle rayonnent les ksour de sa dépendance et les tentes des tribus ses alliées; errantes au printemps pour faire paître leurs troupeaux, émigrant pendant l'été pour aller acheter des grains dans le Tell, toujours de retour en novembre pour les emmagasiner, pour cueillir les dattes et passer l'hiver en famille.

---

(1) On assure qu'il existe des puits dont la construction en pierre de taille annonce l'origine romaine, et qui, depuis deux mille ans, donnent sans discontinuation de l'eau jaillissante (E. CARETTE, t. II, ch. VII).

NOTE T.

Cependant une observation frappe tout d'abord :
« Comment trouvons-nous dans le Sahará tant de populations sédentaires ? Pourquoi les hommes s'y sont-ils pour la plupart groupés dans des enceintes ? Pourquoi tous n'y sont-ils pas nomades ? »

Voici la réponse :

« Premièrement, c'est que les soins incessants à donner aux palmiers ont dû grouper la population autour de l'arbre qui les nourrit. Il est remarquable ensuite que celles-ci ne sont pas de race arabe. Leurs pères vivaient autrefois sur le littoral, dans des villes et des villages : chassés par les invasions successives, refoulés dans l'intérieur, ils y ont porté leurs instincts sédentaires et se sont établis où nous retrouvons leurs enfants, là seulement où la vie leur devenait possible. Après ces premiers occupants, sont arrivés les Arabes, apportant, eux aussi, leurs instincts éminemment vagabonds, comme ceux de tous les peuples pasteurs, auxquels se prêtait merveilleusement la configuration du sol qui pour eux allait devenir une patrie nouvelle... Toutefois, forcés de vivre côte à côte et d'une vie qui se complète par l'association, il est arrivé de leurs relations habituelles que les uns et les autres sont devenus propriétaires sur le même sol, dans la même enceinte. Mais le nomade qui possède ne cultive pas; il est seigneur, le citadin est son fermier; par contre, celui-ci s'est donné des troupeaux qu'il a confiés aux bergers de la tribu. Pendant que le nomade les conduira dans les pâturages, l'habitant de la ville ou du ksar cultivera les palmiers[1]. »

Observons encore, ce qui du reste a déjà été signalé, que le Saharâ manque presque absolument de céréales, et que c'est encore le nomade qui va les chercher dans le Tell. Il s'ensuit que le Tell est réellement le grenier du Saharâ, et que le maître du Tell l'est nécessairement du Saharâ : « Celui-là est notre père, disent les Saha-
« riens, qui est le maître de notre mère, et notre mère
« est le Tell. » Cette phrase significative se trouve souvent accompagnée de celle-ci, qui ne l'est pas moins :
« Nous ne pouvons être ni musulmans, ni juifs, ni chré-
« tiens; nous sommes forcément les amis de notre
« ventre. »

---

(1) *Le Saharâ algérien* (aperçu général), par M. le lieutenant-colonel DAUMAS; Paris, 1845.

NOTE U. (Page 127.)

Des voleurs du Désert.

La vie exceptionnelle que mènent les Touâreg échappe à toute appréciation géographique un peu certaine; nous les retrouvons partout dans cet immense périmètre cerclé par une ligne qui, du Tidikelt, dans le Touât, descend à Timbek'tou (Tenboktoue, Tombouctou), longe le Niger de l'ouest à l'est, et remonte par le Fezzan jusqu'à R'damès (Ghadamès), le point extrême de la province de Tripoli. C'est là le véritable Désert, l'océan de sables dont les Touâreg se sont fait les pirates.

Un grand archipel montagneux, égaré dans le centre à peu près de cette immensité, et qu'on nomme le Djebel-Hoggar, est le nid, le refuge habituel des véritables Touâreg, des Touâreg H'arar ou de race, comme on les appelle. Cependant quelques fractions de leur grande tribu ont fait élection de domicile plus près de notre Saharâ.

Si nous gagnons le sud, nous les trouvons campés en

avant de Timbek'tou, et tenant cette ville en état de blocus perpétuel. Jalonnés dans le désert, les uns au nord, les autres au centre, d'autres au sud, ils gardent les portes du Saharâ et celles du Soudan, prélevant sur les caravanes un droit d'entrée, un droit de passage, un droit de sortie; et si quelqu'une tâche de voyager en contrebande, elle est impitoyablement pillée.

Quelle est l'origine de ce peuple singulier, morcelé ainsi en tant de bandes si distantes les unes des autres, et qui toutes, dans le nord au moins, révèlent par leurs traits, par leurs mœurs, par leur langage, une race commune?...

Les Touâreg prétendent descendre des Turcs. Nous croyons inutile de discuter cette opinion, accréditée sans doute par leur amour-propre; car ils affectent de mépriser les Arabes, qu'ils traitent en peuple vaincu. Quoi qu'il en soit, ils sont grands, forts, minces et de couleur blanche, même ceux qui campent sous Timbek'tou. Cependant les fractions que l'on retrouve autour des villes du Soudan sont de sang mêlé : leurs yeux sont généralement très beaux, leurs dents très belles; ils portent de grandes moustaches à la manière des Turcs, et sur le sommet de la tête, dont ils rasent le tour, une touffe de cheveux qu'ils ne coupent jamais, et qui, chez certains d'entre eux, devient si longue qu'ils sont obligés de les tresser[1]. Tous ont des boucles d'oreilles. Leur costume consiste en une grande robe qu'ils nomment djeba; elle est très large, très ample, faite de bandes réunies d'une étoffe noire étroite, appelée saï, et qui vient du Soudan. Sous le djeba, ils portent un pantalon qui a quelques rapports avec celui des Européens, mais qui se soutient sur les hanches à l'aide d'un cordon passé dans une coulisse. Une ceinture en laine leur presse la taille. Pour coiffure, ils ont une chachia (calotte) très élevée, fixée à leur tête par une pièce d'étoffe roulée en façon de turban, et dont l'un des bouts, passé dans toute sa largeur sur leur figure, n'en laisse voir que les yeux; « car disent-ils, des gens nobles ne doi-« vent pas se montrer[2]. »

Leurs armes sont : une lance très longue dont le large fer est taillé en losange, un sabre large et long à deux tranchants, un couteau fourré dans une gaîne en cuir ; un grand bouclier en morceaux de peau d'éléphant, consolidés par des clous, dont ils se servent avec beaucoup

---

(1) « Les Maces (voisins des Garamantes) se coupent les cheveux de « manière qu'il leur en reste une touffe. Ils y parviennent en les laissant « croître sur le milieu de la tête, et en se rasant de très près les deux « côtés » (HÉRODOTE, l. IV, § 175).

(2) Il y a une autre raison qui me paraît meilleure ; c'est qu'ils évitent ainsi l'action du sable et du vent, augmentée par la vitesse de leurs dromadaires.

d'adresse, et qui complète cet arsenal portatif. Les chefs, et les plus riches seulement, ont des fusils dont quelques-uns sont à deux coups.

Très sobres au besoin, ils resteront deux, trois jours sans boire ni manger plutôt que de manquer un coup de main; mais, très gloutons à l'occasion, ils se dédommagent largement après la razzia.

Leur nourriture habituelle est le lait, les dattes, la viande de mouton et de chameau, et, par exception, des galettes de farine ou du kouskoussou; car ils n'ont que peu ou point de blé, et celui seulement qu'ils pillent. Ils sont riches en troupeaux de chameaux et d'une espèce de moutons qui n'ont point de laine, mais un poil très court, et qui se distingue par une queue énorme.

Les femmes vont la figure découverte; elles sont très belles et très *blanches :* « blanches comme des chrétiennes. » Quelques-unes ont les yeux bleus, et c'est dans la tribu un genre de beauté fort admiré. Les plus riches se chargent de bijoux; les autres n'ont pour tout ornement que des bracelets en corne aux avant-bras. Hommes et femmes portent au cou des colliers de talismans. Ils parlent un dialecte que l'on croit dérivé du berbère [1].

Leur religion est la musulmane; mais ils prient peu,

---

(1) C'est une langue dure, saccadée, emphatique; les Arabes lui trouvent de l'analogie avec l'allemand. Lorsque les gens de Mettili enten-

ne jeûnent point, ne font point les ablutions ordonnées. Aux jours des grandes fêtes de l'islamisme, au lieu de faire des prières, ils se réjouissent par des combats simulés, par des essais de petite guerre qu'ils mettent en pratique à la première occasion. Ils n'ont, en un mot, de musulman que le titre, et il serait difficile qu'il en fût autrement au milieu de la vie sans cesse agitée qu'ils mènent. Ce mépris du Koran, et la terreur qu'ils inspirent, n'ont pas peu contribué à exagérer leur terrible réputation [1].

L'immense montagne appelée Djebel-Hoggar, le refuge principal des Touâreg du nord, forme une espèce de

daient parler à Alger les soldats allemands de la légion étrangère, ils croyaient assister, disaient-ils, aux conversations des Touâreg (E. CARETTE, II° partie, l. I, § v).

(1) N'y eût-il que la différence de langage et de costume, cela suffirait pour les faire soupçonner d'hérésie; mais un autre motif contribue à justifier et à propager ces soupçons. Les Touâreg paraissent affecter, dans la forme de leurs armes et dans le dessin de leurs ornements, une singulière prédilection pour le principal emblème de la foi chrétienne : la poignée du sabre, le devant de la selle sont façonnés en croix ; les broderies du saï dessinent des croix. Cette insistance à reproduire une image réprouvée par l'islamisme blesse la sévérité des croyances musulmanes, et c'est sans doute pour flétrir toutes ces dérogations aux habitudes de la vie orthodoxe que les Sahariens ont surnommé les Touâreg *chrétiens du Désert*[*].

J'émettrai à cet égard une opinion qui est, je crois, nouvelle, ou du moins peu répandue. Ces musulmans chrétiens, ces cavaliers à la peau

(*) E. CARETTE, II° partie, l. I.

quadrilatère. Presque tous ses pics sont boisés de grands arbres; ses ravins, tourmentés et rocailleux, sont autant de torrents à la saison des pluies; il y fait alors un froid humide contre lequel ces frileux habitants du Désert luttent de précautions en s'enveloppant de vêtements de laine, espèce de bernous doublés en peau de chèvre. Ils

si blanche et aux yeux bleus, ne seraient-ils pas mélangés des anciens Vandales du temps de Procope, et beaucoup mieux certainement que les montagnards de l'Aurès, indiqués par Shaw et Bruce? Voici le passage de Procope : « Je tiens de la bouche d'un chef maure (qui habitait « à l'ouest de l'Aurasius) qu'au delà de son pays s'étend un vaste désert « inhabité, et que les peuples voisins de ces solitudes ne sont pas basanés « comme les Maures, mais sont blancs de teint et blonds de cheveux[*]. » Shaw et Bruce ont cru que ce passage s'appliquait à certains montagnards de l'Aurès dont le teint est clair, dont les cheveux sont d'un jaune foncé, et qui seraient, suivant eux, les restes des Vandales. Mais Procope ne parle aucunement de montagnards; l'écrivain grec signale, au contraire, à l'ouest de l'Aurasius un vaste *désert* dans le voisinage duquel vivent des peuples dont le teint est blanc. Or c'est précisément au milieu du grand Désert que se trouvent les Touâreg, race d'hommes extrêmement belle, et dont la peau est si blanche, au rapport du capitaine Lyon, qu'il serait difficile de les distinguer des Européens, quand ils ne sont pas brûlés par le soleil[**].

Il y a, du reste, bien d'autres points de similitude entre les Touâreg et les Vandales. Le principal vêtement des Touâreg est une large blouse composée d'une étoffe qu'ils appellent *saï* : personne n'ignore que l'un des principaux vêtements des Germains était une espèce de surtout auquel on donnait le nom de *saie*[***]. Le saï des Touâreg est rayé de plu-

[*] Procope, *Guerre des Vandales*, l. II, chap. VII.
[**] Lyon's *Narrative*..., ch. II.
[***] « Cécina était vêtu à la gauloise : il portait des braies et des sayons à longues

vivent alors en famille sous leurs tentes circulaires, faites en peaux tannées qui leur viennent du pays des Nègres. Leur seule distraction est la pipe, dont abusent les hommes et dont usent largement les femmes.

Au printemps, ils reprennent le Désert.

C'est également au printemps que les caravanes se mettent en mouvement. Elles savent d'avance que les Touâreg les guetteront au passage ; aussi les chefs des

---

sieurs couleurs ; la saie des Germains était bariolée de diverses nuances*. Les Touâreg portent un pantalon qui a la forme du pantalon européen ; il est ample et descend sur le pied ; notre pantalon vient des peuples du Nord, et l'on peut voir à Paris, dans le Musée des Antiques, n° 7, deux prisonniers barbares dont le pantalon ressemble parfaitement à celui des Touâreg. Qu'on ajoute que les Vandales étaient chrétiens et révéraient par conséquent l'emblème du christianisme ; qu'ils parlaient la langue teutonique, ce qui explique de suite comment l'accent des soldats allemands ne paraît pas différer de celui des Touâreg** ; qu'on observe enfin qu'un grand nombre d'entre eux purent très bien s'enfoncer dans le Désert et s'y mêler avec d'autres peuples, soit comme conquérants, soit pour éviter les atteintes de l'invasion byzantine ; et l'on pensera peut-être que mon hypothèse n'est pas dénuée de fondement.

« manches... » (PLUTARQUE, *Vie d'Othon*). Si l'on peut objecter que le saï des Touâreg couvre tout le corps et a les manches courtes, il restera toujours singulier que les deux vêtements aient le même nom. On rencontre, d'ailleurs, des Touâreg qui portent une casaque courte, comme était la saie gauloise ou germaine ; une des gravures du Voyage du capitaine Lyon représente deux Touâreg habillés de cette manière.

(*) « Quòd versicolori sagulo braccas, barbarum tegimen, indutus togatos allo« queretur » (TACITE, *Histoires*, l. II, § 20).

(**) Je dis l'accent, et non la langue, qui est berbère.

plus prudentes s'entendent-ils avec le chef le plus voisin des bandes errantes, qui leur donnera quelques cavaliers, sous la sauvegarde desquels la caravane continuera sa route, changeant de protecteurs d'espace en espace, et payant à tous, jusqu'à destination et selon l'importance de ses marchandises, un impôt forcé que l'amour-propre des Arabes déguise sous le nom de cadeau en échange d'une protection. Les plus grandes caravanes passent cependant sans contributions, fortes de leur nombre; mais alors le Targui se fait brigand ou voleur, et les met encore à contribution.

Dès que les espions ont éventé l'immense convoi, ils le suivent à la piste de loin, prudemment, en se cachant dans les plis des vagues de sable, pendant que d'autres sont allés donner l'éveil à leur bande commune. Elle arrive sur ses rapides mehâra, se disperse dans l'espace, et quand la nuit sera venue, quand la caravane se reposera, sur la foi de ses sentinelles, des fatigues de la journée, les voleurs s'en rapprocheront, chacun laissant son chameau à la garde d'un complice et à quelque distance. Les plus adroits s'avancent en rampant, lentement, sans bruit; et le lendemain, dix, quinze, vingt chameaux, plus ou moins, mais toujours les plus chargés, manqueront au départ de la caravane.

Les grandes expéditions, soit sur le pays des Nègres, soit sur le Tidikelt ou sur les Chambas, ou sur une caravane qu'on sait être en marche, sont décidées dans un conseil tenu par les chefs [1].

Tous ceux qui doivent partager les dangers et les bénéfices de l'entreprise partent quelquefois au nombre de quinze cents ou deux mille hommes, montés sur leurs mehâra. La selle d'expédition est placée entre la bosse de l'animal et son garrot; la palette de derrière en est large et très élevée, beaucoup plus que le pommeau de devant, et souvent ornée de franges en soie de diverses couleurs. Le cavalier y est comme dans un fauteuil, les jambes croisées, armé de sa lance, de son sabre et de son bouclier; il guide son chameau avec une seule rêne, attachée sur le nez de l'animal, et parcourt ainsi des distances effrayantes sans se fatiguer.

Chacun ayant sa provision d'eau et de dattes, la bande

---

(1) Les Chambas campent aux environs de Metlili, d'Ouàrgla et de Guélea (Goléa); les deux premières villes appartiennent au Saharâ algérien, la dernière au grand Saharâ. Ils transportent eux-mêmes les marchandises ou louent des chameaux pour les transporter : ce sont de véritables commissionnaires.

Goléa fut peut-être une station romaine. Ce qui paraît certain, c'est qu'elle est construite tout entière de pierres taillées que les indigènes assurent être les débris d'une ville romaine. Une énorme pierre taillée, que vingt hommes ne pourraient remuer, gît auprès de la porte qui semble être celle de l'ancienne ville. On y trouve aussi un puits immense, d'une grande profondeur, et bien bâti; mais on ne sait pas s'il y existe quelques inscriptions.

entière se met en marche à jour convenu, ou plutôt à nuit convenue; car, pour éviter les chaleurs et l'éclat des sables, elle ne voyage que de nuit en se guidant sur les étoiles. A quatre ou cinq lieues du coup à faire, tous mettent pied à terre, font coucher leurs chameaux, qu'ils laissent à la garde des plus fatigués d'entre eux et des malades. Si c'est une caravane qu'ils veulent attaquer, et qu'elle ne soit pas trop forte, ils se jettent sur elle en hurlant un effroyable cri de guerre; ils la dispersent à coups de sabres et de lances. Non point qu'ils frappent au hasard : l'expérience leur a appris à frapper leurs ennemis aux jambes; chaque coup de leur large sabre met un homme à bas. Quand le carnage est fini, le pillage commence : à chacun sa part désignée par les chefs. Les vaincus morts ou blessés, ils les laissent là sans les mutiler, sans leur couper la tête, mais dans l'agonie du désespoir, au milieu du Désert!

Si la caravane est trop forte, ils la suivent à quelques lieues, s'arrêtant quand elle s'arrête, et faisant épier ses mouvements par des espions. Quand la discipline s'y relâchera, quand, sur le point d'arriver à sa destination, elle se croira quitte de toute surprise et se gardera moins bien, ils tomberont sur elle.

Ce qui semble incroyable, c'est que ces brigands redoutés, et si généralement détestés, fréquentent ouvertement, et souvent isolément, les marchés du Touât et

NOTE U.

de R'damès (Ghadamès), où ils apportent, du pays des Nègres, des esclaves, de la poudre d'or, des défenses d'éléphants, des peaux tannées pour faire des tentes, des espardilles dont les semelles sont inusables, des saies, du poivre rouge, des dépouilles d'autruches, une espèce de fruit que l'on appelle *daoudaoua*, produit par un arbre du même nom, que l'on pétrit en galette, et qui, séché au soleil, a, dit-on, goût de viande.

Les Touâreg du sud font, sur la lisière du pays des Nègres, le même métier à peu près que leurs frères du nord sur la lisière du Saharà. On les appelle Sergou à Timbek'tou, et Kilouan dans les royaumes noirs de Bournou et de H'aouça. Ces derniers sont de sang très mêlé, ainsi que nous l'avons dit. Le pays qu'ils habitent leur fournit du millet; leurs troupeaux leur donnent du lait, du beurre, du fromage; leurs arbres, beaucoup de fruits. Aucune caravane n'entre dans le Soudan sans leur avoir payé un droit de passage, ou sans s'exposer à être ravagée. Le Sergou et les Kilouan combattent avec le sabre, et avec des flèches qu'ils portent dans un carquois pendu à leur ceinture; elles sont empoisonnées : le seul remède à leur blessure est d'enlever la partie lésée.

On a remarqué plus haut qu'ils tenaient les villes du Soudan, et particulièrement Timbek'tou, en état de blocus perpétuel. Campés à quelques lieues dans les terres, sous leurs tentes en peau, et toujours en grand nombre, ils dominent le pays et font la chasse aux Nègres sur les bords du Niger, dans les champs, dans les jardins, jusqu'aux portes des villes, les enlèvent et les vendent aux caravanes. Ils font, au reste, un commerce régulier sur tous les marchés du Soudan, où ils portent les produits de leurs chasses, des peaux, de la poudre d'or, etc., et où ils s'approvisionnent d'une infinité d'objets qu'ils revendent aux caravanes[1].

A côté de ce tableau si curieux de la vie des Touâreg au milieu du grand Saharâ, il ne sera pas sans intérêt de placer celui des Hal-Ben-Ali, autre espèce de voleurs nomades qui habitent le territoire des Zibân, dans le Saharâ algérien.

La tribu des Hal-Ben-Ali, tribu vraiment aristocratique, très orgueilleuse de son antique noblesse, a conservé sa race dans toute sa pureté; ses familles ne s'allient qu'entre elles; il n'est permis aux jeunes gens de déroger à cette règle qu'en faveur des belles filles de la tribu des Abd-el-Nour.

Cette tribu est du nombre de celles où se recrutent ces audacieux aventuriers qui courent le Désert pour piller les voyageurs. Des espions disséminés dans toutes les oasis informent exactement leurs bandes de l'arrivée

---

(1) *Le Saharâ algérien*, par le lieutenant-colonel DAUMAS, art. *Touâreg*; Paris, 1845.

d'une caravane, de la nature et de l'importance de son chargement, du nombre de cavaliers qui l'accompagnent, de la direction qu'elle doit prendre.

De leur côté, les chameliers étudient le terrain; ils ont, eux aussi, leurs espions, hommes spéciaux, roués au métier d'éventer la marche des flibustiers du Saharâ. C'est par eux que la caravane sait où croisent la bande Doudène, celles de Maraf, de Nami, et surtout celle de Refèse, la plus redoutée de l'est. Si le péril est imminent, si la caravane est trop faible, elle attendra, dans l'oasis où elle est campée, pendant trois, quatre, six mois au besoin, que d'autres voyageurs viennent la renforcer, ou que les pillards fatigués soient allés chercher fortune ailleurs. Mais quand ils ont flairé la proie, quand ils savent qu'elle est là sous les palmiers, à l'horizon, sous les murs de cette ville, protégée par une tribu amie, et qu'il faudra bien enfin qu'elle reprenne la route, ils luttent avec elle de patience. Feignant une retraite, ils la provoquent à la confiance, et ce sont alors des marches et des contre-marches dans tous les sens. Au jour, ils décampent à grand bruit, et s'enfoncent à l'est si la caravane voyage à l'ouest, au sud si elle est au nord; mais ils laissent en partant un espion couché dans le sable comme un chacal au guet, ou recouvert de branches comme un buisson, gardant jusqu'à la nuit l'immobilité la plus complète. Ils reviendront alors, au grand galop

de leurs chevaux, au bivouac de la veille, interroger leur vedette. Ces hommes de fer manœuvrent ainsi pendant des mois entiers sous le soleil ardent, mangeant un peu de farine délayée et roulée en boulettes dans le creux de la main, buvant un peu d'eau saumâtre; et si enfin les chameliers abusés ont plié leurs tentes et se sont remis en voyage, « alors, disait Refèze, dont nous citons tex-
« tuellement les paroles, il se fait dans l'air un change-
« ment que je ne puis définir, mais la solitude du Désert
« est troublée, et, quoique toute une journée de marche
« nous sépare de la caravane, un bruit imperceptible
« m'apprend que le moment d'agir est arrivé. Légers
« comme la gazelle, nous nous élançons dans une direc-
« tion qui n'est jamais la mauvaise, et nous découvrons
« bientôt à l'horizon le bienheureux nuage de sable qui
« achève de nous orienter. »

Une de ces expéditions fut entreprise, il y a deux ans, par cinquante cavaliers. Ils avaient été avertis du prochain passage d'une riche caravane sur la route du Djerid à Souf. Le quatrième jour au matin, la caravane était en vue : à midi elle était pillée.

Refèze, chef de la bande à laquelle il a donné son nom, est un homme vraiment extraordinaire. C'est une célébrité. On dit de lui qu'il a une si grande habitude du Désert, qu'il lui suffit de flairer le sable pour reconnaître, sans jamais se tromper, et quelle que soit d'ailleurs l'obscurité de la nuit, le lieu où il se trouve. La teinte plus ou moins foncée du terrain lui révèle où gît un filet d'eau et à quelle profondeur [1].

---

(1) *Le Sahara algérien*, par le lieutenant-colonel DAUMAS, art. *Hal-Ben-Ali*.

Cette étonnante perspicacité de Refèze est attribuée également à beaucoup d'habitants de l'ouad-Souf. Ils se reconnaissent tous, disent-ils, à la trace de leurs pieds sur le sable, et quand un étranger traverse leur territoire, ils le suivent à la piste; car pas une tribu, selon eux, ne marche comme une autre; une femme ne laisse pas la même empreinte qu'une jeune fille.

Sans ajouter une foi aveugle à ces récits merveilleux, il faut pourtant se rappeler ce que tous les voyageurs rapportent de la finesse des sens chez les Indiens de l'Amérique; et il y a une telle unanimité dans la relation des Arabes, qu'il est bien difficile de révoquer complétement en doute ce qu'ils racontent.

Voir, dans Édricy, l'histoire d'un Berbère qui, faisant partie d'une caravane près de mourir de soif, prit une poignée de sable, la flaira, et dit : « L'eau est avec nous » (*Géogr.*, 1er climat, 3e section).

NOTE V. (Page 147.)

Des principaux objets d'échange.

Les principaux marchés de l'Algérie se tiennent dans le Tell. C'est là que les populations nomades apportent, soit des objets de leur industrie, soit ceux qu'elles se sont procurés dans l'Afrique intérieure; elles y achètent en échange les produits du Tell et de l'Europe. Le marché de l'ouest est celui de Loha, le marché du centre est celui de Rbéia, le marché de l'est est la foire annuelle de l'Atmânïa, à neuf lieues ouest-sud-ouest de Constantine. Je n'indique que les marchés les plus importants. Quant aux villes d'Alger, de Constantine, d'Oran, etc., on peut dire d'elles que ce sont des bazars toujours ouverts et continuellement visités par les Nomades ou par leurs commissionnaires répandus dans l'Algérie [1].

(1) Le véritable marché du centre est la ville de Bou-Sada, située à dix-sept lieues ouest-sud-ouest de Msîlâ, et qui appartient au Saharâ algérien; mais sa position la rapproche assez du Tell pour qu'elle soit avec lui en rapport direct et constant. Cette ville, qui peut lever un millier de fusils, fait un commerce considérable; on y compte quarante fabriques de savon, dix boutiques de forgerons et d'armuriers, quatre maisons de teinturiers. Il n'est pas rare d'y voir arriver cinq ou six cents chameaux à la fois.

NOTE V.

Les Nomades apportent :

Des dattes,

De l'huile de Biskra ou des pentes méridionales de l'Aurès,

Des chevaux,

Des chameaux,

Des moutons,

Des bœufs,

De la laine brute,

Du beurre,

Du fromage,

Des tentes,

De long tapis rayés,

Des sacs de charge pour les chameaux,

Des couvertures pour les chevaux,

Du sel,

Du henna, pour teindre en jaune,

Des terfas (espèces de truffes),

Des fruits secs,

De la garance,

De la poudre d'or,

Des plumes d'autruche,

Des Nègres,

De l'ivoire,

Des bernous,

Des haïck,

Des gandoura,

Du tabac de l'ouad-Souf,

De la poudre à fusil,

Du lagmi (el-aguêmi),

Du h'achisch, etc.[1]

(1) Le haïck est une longue pièce de laine dont les hommes s'enveloppent la tête et se drapent le corps, et qui sert de voile aux femmes.

Le gandoura est une espèce de blouse qui descend jusqu'aux pieds.

Le tabac de l'ouad-Souf a beaucoup de réputation, bien qu'il soit si fort qu'il faut le mélanger avec d'autres plantes. Il se vend 20 boudjous d'Alger, 50 francs à peu près le quintal.

La poudre à fusil se fait en grande quantité dans le Saharâ algérien. Les nombreuses ruines romaines fournissent le salpêtre; le bois de laurier-rose donne le charbon; le soufre vient de l'Europe.

Le lagmi est une boisson tirée du palmier et qui ressemble au cidre. On fait encore avec les dattes de très bonne eau-de-vie*.

Le h'achisch, qui ressemble au chanvre d'Europe, produit comme l'opium des hallucinations extraordinaires. Il croît dans les environs de Tougourt; on le retrouve également dans l'Inde, en Arabie et en Égypte, où il était connu dès la plus haute antiquité. C'est de lui, sans doute, qu'Homère a dit : « Hélène mêle au vin une potion qui assoupit la dou-
« leur, calme la colère, et fait oublier tous les maux. Celui qui en a pris
« dans sa boisson ne verse pas une seule larme pendant tout le jour,
« quand même son père et sa mère seraient morts, quand même on aurait
« tué en sa présence son frère ou son fils bien-aimé. Telle était la vertu
« de cette préparation que lui avait enseignée l'Égyptienne Polydamna,
« épouse de Thonis » (*Odyss.*, ch. IV). Homère ne désigne pas le nom de la plante; mais les effets produits par le h'achisch sont ceux indiqués

(1) « Les Lotophages ne vivent que du fruit du lotos (espèce de jujubier); ce fruit est à peu près de la grosseur du lentisque et d'une douceur pareille à celle des dattes. Les Lotophages en font aussi du vin » (HÉRODOTE, l. IV, § 177).

NOTE V.

Les Nomades exportent :

Des céréales que le Sahara produit peu ou point ;

De l'huile de la Kabylie, moins fine que celle de Biskra, et que l'on emploie dans le Soudan à la toilette des femmes ;

Des épices,

Du sucre,

Du café,

Du soufre,

De la mercerie et la quincaillerie,

Du fil,

Des aiguilles,

par le poëte ; c'est une sorte de folie, de fantasia, pendant laquelle on oublie tous ses chagrins, pour n'éprouver, aux dépens de l'organisation, qu'une suite de sensations déréglées et indéfinissables.

L'illustre de Sacy a parfaitement établi que les fameux Assassins du Vieux de la Montagne, dans le moyen âge, n'étaient pas autre chose que des buveurs de h'achisch (*hachischin*). Les princes du Liban possédaient seuls alors, très probablement, le secret des vertus de cette plante ; ils faisaient faire pour leurs adeptes un breuvage qui leur enlevait la raison, et les entraînaient aveuglément à l'exécution de leurs ordres.

L'électuaire le plus généralement employé est celui que les Arabes appellent *dawomesc* ; c'est un extrait gras qui s'obtient en faisant bouillir les feuilles et les fleurs de la plante avec de l'eau, à laquelle on ajoute une certaine quantité de beurre frais. Les feuilles du h'achisch se fument encore avec le tabac ; sous le gouvernement du dey, il y avait à Alger un café réservé aux fumeurs du h'achisch. On commence à l'employer comme remède en médecine (*Du h'achisch et de l'aliénation mentale...* par J. MOREAU ; Paris, 1845).

Des armes,

Des articles de toilette,

Des objets de teinturerie,

Du safran,

De l'alun,

Du papier,

De la soie en fil ou fabriquée,

Du tabac du Levant,

Des parfumeries,

Des calottes rouges de Tunis,

Des cuirs du Maroc, etc.

Maintenant, si de l'Algérie on passe aux grands marchés de Tunis, du Maroc et du Soudan, si on veut rechercher quels sont les objets qui s'y vendent de préférence, on s'assurera que les produits de l'étranger, et surtout de l'Europe, y ont un facile débit. Ainsi les caravanes de l'Afrique intérieure achètent à Tunis :

Des calicots de toute qualité,

Des étoffes du genre de celles que nous appelons rouenneries,

Des chachia (calottes), dont beaucoup sont fabriquées à Marseille,

Des draps français communs,

Des mousselines françaises et anglaises,

Des foulards simples ou dorés, venant de Lyon,

NOTE V.

Des soies teintes,
Des ceintures d'homme en laine ou en soie, } venant de Lyon,

Du coton,
Du chanvre, } filés en France,

Du corail de toute qualité, pour chapelets et colliers de femmes,

De la verroterie de Trieste,

Du papier à écrire de Gênes et de Marseille,

De l'antimoine de Marseille, pour teindre les yeux et les sourcils,

Du sucre et du café,

Des teintures anglaises,

Du soufre de Marseille,

Du bleu de Prusse,

Du safran pour teinture,

De l'alun de Marseille et de Londres,

Des épiceries anglaises,

Des lunettes,

De la coutellerie française,
Des fils de fer pour cardes,
Des clous et des pointes,
Des fils de laiton,
Des feuilles de cuivre et de fer-blanc,
Des aciers, mais qui ne sortent qu'en contrebande, } venant de Marseille,

Des fers de Suède et d'Angleterre, } venant de
Des armes, } Marseille,

Des carabines d'un calibre énorme, pour chasser les éléphants,

Du thé de l'Inde, apporté par les Anglais (les Noirs ne buvant pas de café),

Des ciseaux,
Des couteaux, } venant d'Angleterre et vendus ensuite
Des miroirs, } dans l'Afrique centrale.
Du papier,

Des douros d'Espagne, que l'on échange contre leur poids en or, et dont les femmes se font des colliers, etc.

Les différentes listes ci-dessus sont nécessairement incomplètes ; on a dû omettre une foule de menus objets qui ont leur importance et leur valeur. Mais elles donnent une idée suffisante de l'étendue du commerce dans l'Afrique septentrionale ; elle font connaître également ce qu'est celui de l'Afrique centrale entre les mains des Anglais. Il paraît évident, d'un côté, que les marchandises françaises qui vont à Tunis reprendront peu à peu la route d'Alger ; de l'autre, que nous pouvons approvisionner par le Saharâ algérien, aussi bien que les Anglais par le Maroc, tout l'intérieur de l'Afrique. Il faut seulement que nous sachions fabriquer, comme eux, à bon marché, et surtout attendre patiemment, comme eux, les résultats de l'expérience et du temps.

NOTE X. (Page 147.)

Lettre de James Richardson.

On veut bien me communiquer une lettre de Ghadamès, écrite le 13 septembre dernier par M. James Richardson, le seul Européen qui depuis longtemps ait visité cette ville. M. Richardson, agent de la société pour *l'abolition de l'esclavage*, se trouvait à Tripoli au mois d'août de cette année (1845), lorsqu'il conçut le projet de se rendre lui-même à Ghadamès en accompagnant une caravane arabe. Il s'est mis en route n'ayant d'autre sauvegarde que son titre d'Européen et celui de vice-consul. Jusqu'à présent le voyage de M. Richardson s'est fait heureusement ; on ignore s'il doit s'avancer plus loin dans le Désert, ou s'il ne reviendra pas de Ghadamès à Tripoli.

Voici cette lettre, que je publie presque intégralement dans sa simplicité, et dont j'ai dû conserver l'orthographe anglaise quant aux noms des populations et des localités.

« Ghadames, 13 septembre 1845.

« Ghadames a des fables dans son origine, aussi bien que des contrées plus étendues et plus remarquables. D'après ses habitants les plus instruits, des Arabes vinrent de l'Yémen au temps d'Abraham et de Nemrod, et commencèrent l'établissement de cette ville. Les habitants montrent quelques murailles en ruines, près du cimetière, comme des antiquités du dernier temps des chrétiens, qui ont, dit-on, possédé cette ville avant les musulmans. J'ai examiné ces ruines, et je ne les crois pas très anciennes : elles paraissent d'origine mauresque. J'ai cependant en ma possession une inscription romaine copiée, à ce qu'on prétend, sur la pierre d'un ancien tombeau, mais si mal faite que je ne puis la déchiffrer ; elle a été trouvée dans l'enceinte de Ghadamès. Sans aucun doute Ghadamès est une très antique cité, qui a été florissante pendant des siècles, et s'est peu ressentie des diverses révolutions de la côte[1].

« Quelle que puisse être, d'ailleurs, l'origine de Ghadamès, il est certain que son existence actuelle est due à une source chaude qui est très abondante pour suffire aux besoins des habitants, et fournirait assez d'eau pour l'irrigation des terres cultivées et des jardins d'une oasis beaucoup plus étendue. Cette eau a des propriétés très purgatives, et est beaucoup plus chaude en hiver qu'en été : les habitants la laissent ordinairement refroidir

---

(1) On a vu que les Romains, sous Auguste, avaient occupé Ghadamès ; sous Justinien, les Ghadamitains se firent chrétiens. « La Tripo-« litaine, voisine des Syrtes, dit Procope, a pour habitants des Maures « barbares, d'origine phénicienne. Là est aussi la ville de Kydamé (Cy-« damus, Ghadamès), peuplée de Maures depuis longtemps alliés des « Romains, et qui se sont aisément laissé persuader d'embrasser le « christianisme... » (PROCOPE, des *Édifices de l'empereur Justinien*, I, VI).

de douze à vingt-quatre heures avant de la boire. La source est située au centre de l'oasis et au nord-est de la ville. Elle court d'abord dans un grand bassin entouré circulairement de murs, où le peuple va la chercher et où elle sert quelquefois à de petits bains qui sont tout près. De là elle coule par de petits canaux et des conduits de pierre dans les jardins d'alentour, donnant la vie et l'animation à la végétation de cette région brûlante et desséchée. Quelques jardins sont arrosés chaque jour, d'autres une fois tous les sept ou dix jours. Le peuple paye au gouvernement, pour l'arrosement des jardins, suivant la quantité d'eau qu'il emploie, mais il ne paye pas l'eau à boire ou destinée aux usages domestiques : cet impôt a été levé depuis l'arrivée des Turcs. C'est l'occupation des femmes esclaves d'aller chercher, soir et matin, de l'eau dans de grandes jarres de terre.

« Outre cette source, il y a deux grands puits dont les eaux, plus ou moins chaudes, sont beaucoup plus abondantes dans l'hiver que dans l'été, étant gonflées par les pluies. La qualité de l'eau de l'un de ces puits est reconnue supérieure à celle de la source. Les eaux de la source chaude et des puits n'ont pas manqué depuis mille ans!

« Je n'ai décrit ces sources avec autant de détails que parce que l'existence de Ghadames leur est due; et le mystère de la naissance de cette belle oasis, au milieu d'un immense désert de pierres et de sables, dans des plaines horribles et des montagnes inaccessibles, est par là pleinement résolu.

« Ghadames est au sud-est de Tripoli, à une distance d'environ 9 journées, c'est-à-dire en voyageant continuellement avec de bons chameaux et à un bon pas; mais les caravanes emploient ordinairement de 15 à 20 ou 25 jours, même quand elles prennent la route la plus courte, celle de Gebel et du village de Seenawan. Une bonne marche de chameau est de 14 heures par jour, et le chameau fait habituellement 3 milles par heure; cela fait, pour la distance de Tripoli à Ghadames, 380 milles environ [1]. Ghadames est située, selon les géographes français, vers le 6ᵉ degré de longitude-est de Paris, et le 27ᵉ degré de latitude nord [2]. Mais je pense qu'elle doit être plus à l'ouest, car notre route, à partir de Tripoli, fut la plupart du temps vers le sud-ouest. Le climat de Ghadames est sec et chaud; il y tombe rarement de la pluie. On peut dire que le pays est généralement sain, parce qu'il n'y a pas d'eaux stagnantes près de là.

---

(1) 126 lieues de France. On avait cru jusqu'à présent que la distance de Tripoli à Ghadamès n'était que de 80 ou 90 lieues.

(2) Erreur : les bonnes cartes placent Ghadamès vers le 30ᵉ degré.

« Les Arabes comptent trois routes de Tripoli à Ghadames : une par Gharian, et deux par Gebel, noms différents de la même ramification de l'Atlas. Celle qui passe par Gharian est plus longue de deux ou trois jours, mais habituellement plus sûre que les deux autres. La première exige vingt jours, et la seconde quinze, selon le dire habituel des marchands. Les distances de ces deux dernières routes sont distribuées ainsi : trois jours, de Tripoli aux montagnes; trois ou six, des montagnes à Seenawan et à Derg, et deux ou trois de ces villages à Ghadames. Le reste des jours est employé à faire reposer les hommes et les chameaux. Comme les habitants des montagnes cultivent des oliviers qui leur donnent de l'huile, et qu'ils ont des bestiaux, du grain et des outres pour de l'eau, les marchands de Ghadames font ordinairement chez eux quelques petits achats. Il n'y a pas d'eau pendant trois, quatre et quelquefois cinq jours dans les districts du Saharâ, entre les montagnes et les villages de Derg et de Seenawan. Chacun doit, par conséquent, avoir une outre pour soi pendant ce temps : les outres sont presque toutes en peau de chèvre.

« Les villages de Derg et de Seenawan sont de simples places verdoyantes, dispersées sur la surface sauvage du désert, avec un peu d'eau courante et quelques palmiers ou dattiers; ils peuvent ensemble contenir 200 habitants vivant dans la misère et le besoin. Ces villages sont sous la juridiction du gouvernement de Ghadames. Quand une route est infestée par les voleurs, on en prend une autre, car on trouve rarement les voleurs sur deux routes en même temps.

« Les puits ne peuvent être mentionnés ici; mais j'ajouterai que le gouvernement a adopté un excellent moyen en faisant stationner des troupes près de quelques-uns d'eux, pour empêcher les bandits de s'y rassembler. C'est ce qui a lieu au puits d'Emjezzem, à huit ou dix heures de Ghadames; on y bâtit en ce moment une sorte de baraque pour les troupes. Pendant la saison sèche, il sera impossible aux brigands de tenir les champs dans ce district.

« L'oasis de Ghadames est entourée de murailles occupant un circuit de quatre à cinq milles; pour en faire le tour il faut à peu près une heure et demie, à un pas modéré. Cette circonférence renferme la totalité de la ville, des jardins et des terres cultivées. Les murailles varient de douze à quinze et vingt pieds de haut, et ont à peu près deux pieds d'épaisseur, avec une tour qui les surmonte quelque fois; mais à l'exception d'une partie qui est nouvelle et a été bâtie par quelques propriétaires de jardins, ces murailles sont entièrement en ruines. Il y a, en outre, beaucoup de constructions qui autrefois ornaient les jardins et les faubourgs, et qui ne sont maintenant qu'un monceau de décombres; évidemment la ville a été beaucoup plus florissante, beaucoup plus considérable et plus peuplée qu'à présent. Les murailles sont en plusieurs endroits entourées de buttes de sable amoncelées près d'elles par le vent du Désert; dans d'autres parties il n'y a que pierres écroulées et débris des anciens temps. La ville avait, il y a peu d'années, quatre portes, savoir : Bab-el-Menderah, Bab-el-Mishrâ, Bab-el-Shidaz et Bab el Burr, qui toutes, excepté la dernière, ont été fermées par le gouverneur actuel pour deux raisons : la première, pour maintenir une meilleure police; la seconde, pour faciliter la recette du revenu local. La porte Bab-el-Burr, au sud-ouest, est ainsi nommée parce qu'elle ouvre du côté du Saharâ ou de la *terre déserte*. La ville n'est pas située au centre des jardins, comme les marchands de Ghadames me la représentaient quand j'étais à Tripoli, mais au sud-est de l'oasis.

« Les maisons varient de hauteur, depuis un étage jusqu'à quatre; l'étage supérieur est spacieux et bâti en terrasse. Elles sont bien construites, mais petites, et les chambres ne sont pas très commodes; des marches de pierre conduisent de l'une à l'autre, et habituellement elles n'ont point de portes; les fenêtres sont petites et sans vitres. Quelques logements ont de grandes chambres dans lesquelles on engraisse du bétail.

« L'étage inférieur est généralement habité par les hommes, qui s'occupent de vente et d'échange; le second par les femmes blanches, ainsi que par beaucoup de femmes de couleur, qui ne descendent jamais dans les rues et ne quittent pas leurs maisons, mais se promènent seulement, de temps à autre, dans les jardins. Les maisons, aussi bien que les murailles de la ville, sont, en général, construites en pierre, avec une terre rouge pour mortier, et sont d'une architecture mauresque ordinaire. Tout le bois employé pour la construction des maisons est du dattier, bois très dur et très fort, et qui subsiste pendant des siècles. Les rues de la ville sont toutes couvertes en haut et sont très sombres; elles ont çà et là une étroite ouverture pour laisser passage à la lumière : elles sont petites, tortueuses et en petit nombre, sept seulement. Quatre d'entre elles, il n'y a pas longtemps, étaient occupées par la faction des Ben-Weled, et trois par celle des Ben-Wezeed; mais maintenant les habitants vivent en commun. La rue principale est au centre de la ville. Cette rue, ainsi que les autres, est garnie de bancs de pierre pour s'asseoir. On trouve deux petites places : l'une est un marché; l'autre, qui sert ordinairement de promenade, est entourée avec goût de bancs de pierre couverts par des arcades; dans le milieu, on voit une source d'eau bouillonnante, pendant qu'un gracieux palmier étend ses branches élevées dans toutes les directions. Il y a aussi un faubourg habité particulièrement par des Arabes de

Derg et de Seenawan, et quelquefois par des marchands touaricks du Saharâ. Le faubourg peut contenir 500 habitants. La totalité des maisons occupe environ le quart de l'oasis. Les maisons et les rues sont admirablement adaptées au climat ; les unes et les autres protégent les habitants contre les feux dévorants du soleil d'été et contre le souffle aigu du vent d'hiver. Autant, en effet, le Saharâ est une fournaise ardente en été, autant c'est une froide solitude où l'ouragan mugit pendant l'hiver. Vous êtes brûlé à une époque ; vous êtes glacé à une autre.

« La population de Ghadames, qui varie fréquemment à cause de l'absence habituelle des marchands, ne s'élève pas à 3,000 individus : elle peut être distribuée ainsi :

« Hommes de Ghadames 500

« Femmes de Ghadames, un tiers de plus environ[1]. 670

« Enfants, chaque homme en ayant deux ou trois. 1,250

« Esclaves et étrangers, ces derniers Arabes et Touaricks 300

Total. . . 2,720

---

(1) Plusieurs habitants ont deux femmes, sans compter les femmes esclaves et les servantes.

« Tous sont musulmans, je suis ici le seul chrétien, et les juifs n'y résident point. Les esclaves païens capturés deviennent immédiatement mahométans. Le gouverneur est le seul Turc; les soldats sont Arabes. Les gens de Ghadames se sont fort mélangés avec la race nègre, et les deux tiers en sont des rejetons d'une teinte plus ou moins foncée. Ceci provient des marchands du Soudan, qui de temps immémorial font le trafic des esclaves et épousent leurs négresses favorites, au lieu que les Touaricks (Touâreg) du Saharâ peuvent passer comparativement pour une race d'Arabes pure et sans mélange. Quelques femmes touaricks sont, en effet, tout à fait belles, tant pour la peau que pour les traits. Cette population est peu nombreuse; sans aucun doute elle a été beaucoup plus considérable autrefois. Beaucoup d'habitants de Ghadames ont émigré vers Tunis et vers l'est; d'autres se sont établis d'une manière permanente au Bournou, dans le Soudan, ou à Tombouctou.

« Il n'y a point de manufactures qui soient particulières à cette ville, à moins que le tissage des baracans de laine, des bournous et des jubahs, auquel s'adonnent les femmes, ne soit considéré comme fabrication particulière; mais c'est là l'occupation de toutes les femmes dans l'État de Tripoli. On trouve bien à Ghadames des gens employés à tous les métiers ordinaires aux villes mauresques; cependant, à l'exception des souliers richement brodés, je n'ai rien remarqué qui fût spécial à la localité. Le peuple porte le coton grossier du Soudan, en bleu et autres couleurs ; ce qui le distingue aisément du reste des habitants de la régence.

« Le commerce est la pierre fondamentale de la célébrité de Ghadames, dont les marchands ont été connus pendant des siècles dans toute l'étendue de l'Afrique. Kanou, située à environ quinze journées de Sakkatou, à autant du Niger et à trente journées de Bournou, est le principal rendez-vous de leurs caravanes. Ces marchands aujourd'hui vont rarement à Tombouctou, à cause du déclin du commerce de l'intérieur, excepté quand ils se joignent aux caravanes du Maroc ; ce qui provient des dangers de la route, des dispositions hostiles des Touaricks et des pertes fréquentes que leur font essuyer ces bandits du Saharâ. Néanmoins il y a toujours deux à trois caravanes très considérables entre Ghadames et Kanou, capitale du Soudan, dans le courant de l'année. Les objets de commerce, ainsi que ceux des caravanes plus petites qui se rendent en d'autres lieux, sont pour la plupart les suivants :

« EXPORTATIONS.

« Poterie de diverses couleurs, ordinairement bleue ; une espèce de calicot grossier appelé *samia*, du nom du calicot même qui est fait à Kanou et à Noufi, sur le Niger; des dents d'éléphant, de la cire, de l'encens, des plumes d'autruche, des peaux de jeunes taureaux sauvages dits *klabou;* d'autres peaux, principalement rouges; de la poudre d'or, des lingots et des ornements d'or, principalement pour les femmes; du séné, de l'indigo, des noix de ghour, des perroquets, des moutons, etc.

« IMPORTATIONS.

« Soieries, brocarts, draps d'une espèce ordinaire et de couleurs éclatantes, tels que draps rouges, jaunes et verts; du papier de toute sorte ; des perles de verre de toute grosseur et des ornements de verre ; des aiguilles, quelques-unes grandes avec la marque : « Porco ; » de petits miroirs de Bohême ; des coutelas, etc. Les toiles de Hollande sont fort estimées dans le Soudan.

« Tous ces objets n'occupent pas les caravanes du Soudan ; mais les marchands ds Ghadames les importent et les exportent vers diverses parties de l'intérieur. A Damergou, on vend une volaille pour une aiguille.

« Il y a ensuite le commerce des esclaves. Les caravanes, soit des Touaricks, soit des gens de Ghadames, amènent des esclaves de Tombouctou, du Soudan et du Bournou, mais principalement de ces deux derniers lieux. Les esclaves arrivent à Ghadames deux et trois fois pendant l'année. De Ghadames, ils sont exportés dans diverses parties de Tripoli, et autrefois ils l'étaient à Tunis et à Alger; mais la guerre dans un de ces pays, et l'abolition de la traite dans l'autre, ont détruit ce commerce dans cette direction. Un bon esclave adulte se vend à Ghadames 30 mahhbouls ou environ 7 livres sterling; la plupart se vendent de 15 à 20 mahhbouls[1].

« Les Touaricks du Saharâ font quelquefois le commerce d'esclaves, et ces derniers sont fort mal traités. Dans tous les cas, excepté les très jeunes enfants, les Nègres sont obligés de faire un voyage de quatre mois à travers le Désert pour arriver à Tripoli. Bien des milliers de ces pauvres créatures, victimes de la cupidité sordide et des mœurs désordonnées de leurs maîtres, périssent en route.

« On attend une grande caravane de Noirs du Soudan dans deux ou trois mois; je pense néanmoins que ce commerce diminuera de plus en plus. Il n'y a pas à Ghadames une demi-douzaine d'esclaves, excepté les esclaves sédentaires qui sont attachés à diverses familles. Quelques personnes prétendent que le nouveau traité entre la France et l'Angleterre aura pour effet de repousser le

---

(1) Le mahhboul vaut à peu près un dollar ordinaire (5 francs).

NOTE X.

commerce des Noirs de l'autre côté du Désert. Je ne le crois pas.

« Quant à la manière dont on se procure les esclaves, c'est tout simplement en les volant (*din*, vol, ainsi qu'on dit en langage nègre). Si l'on veut mettre réellement un terme à la traite, il est à la fois nécessaire de fermer le marché de Tripoli et de négocier une sorte de convention avec les chefs, soit du Bournou, soit du Soudan, pour l'abolition du trafic de l'homme. Par-dessus tout, il faut que notre gouvernement cherche à ouvrir un commerce légitime de troc et d'échange entre les produits de l'Europe et ceux de l'Afrique.

« Les caravanes sont conduites par les Touaricks, qu'on emploie comme guides et comme soldats ; ils accompagnent habituellement les marchands jusqu'au Soudan; quelques-uns même sont associés à des commerçants de Ghadames. La route de Ghadames à Kanou est directement sud. Les caravanes passent par les oasis de Ghat, d'Aheer (Ahir) et Aghadèz, jusqu'à ce qu'elles entrent dans le Damergou, qui est de ce côté le premier pays des Noirs, et se trouve placé sous la juridiction du sultan du Bournou[1]. De la contrée de Damergou, elles

---

[1] Non plus du sultan du Bournou, mais de celui du grand empire d'Haoussa, qui réside à Sakkatou.
Voir l'*Appendice*, II.

traversent une série de régions cultivées jusqu'à Kanou, but de leur voyage. Près d'Aheer, on entre dans des districts montagneux où l'on marche pendant vingt jours.

« Ghat est une petite ville entourée de murailles, au milieu d'une grande contrée touaricke; les deux autres oasis touariks, Aheer et Aghadèz, ne sont qu'un assemblage de huttes et de tentes. La route des marchands est assez bien fournie d'eau ; les provisions abondent dans les districts touaricks, et la population y est très nombreuse. Toute la vaste région du Saharâ est couverte de tribus de Touaricks, montant à quelques centaines de mille. Partout où il y a un puits, vous êtes sûr d'y trouver une cabane ou une tente. Le voyage entier de Ghadames à Kanou se fait ordinairement en trois mois, en y comprenant nécessairement les jours de repos.

« Les marchands de Ghadames demeurent établis quelquefois quinze et vingt ans dans l'intérieur du Soudan. Après y avoir amassé une fortune considérable, ils reviennent à leur habitation du Désert, la belle oasis de Ghadames, et coulent le reste de leurs jours dans la tranquillité, la prière et les plaisirs domestiques... »

« JAMES RICHARDSON. »

APPENDICE

ET

PIÈCES JUSTIFICATIVES.

APPENDICE.

I.

Voyage de J. Richardson, en 1851, dans le Soudan.

Depuis la lettre qui précède, James Richardson a entrepris le grand voyage du Soudan. Parti de Tripoli le 29 mars 1850, en compagnie de deux autres voyageurs, MM. les docteurs Barth et Overweg, il avait atteint Mourzouk au mois de mai, Gât au mois de juillet, et Tin-Tellous le 30 août, d'où le docteur Barth faisait une excursion à Agadès, capitale du sultan d'Ahir. A Tin-Tellous, le sel se trouve en abondance. Chaque année le prince de Tin-Tellous se rend dans le Soudan avec deux ou trois mille chameaux chargés de ce produit si utile aux populations du Sud, et en revient avec des esclaves et des provisions.

Au commencement de janvier 1851, les trois voyageurs arrivaient à Damergou, sur les frontières du Soudan, par le 15° degré de latitude nord. Là ils se séparaient, le docteur Barth se dirigeant sur Kano, le docteur Overweg sur Gouber, et Richardson prenant la route de Kouka, dans le Bournou, par Zindar (Zender). Mais Richardson tomba dangereusement malade, et il expira dans la nuit du 3 au 4 mars 1851.

Les deux docteurs allemands ont continué leur voyage. Des lettres expédiées de Kano le 10 août et le 1ᵉʳ septembre derniers annoncent que M. Barth a visité le Mandara, l'Adamawa, régions fertiles, montagneuses et arrosées par de grands fleuves. De son côté, M. Overweg a parcouru le Tchâd et ses nombreuses îles. M. Barth a eu, en outre, connaissance d'une route fréquentée par les marchands arabes, et qui, le conduisant jusqu'à un autre grand lac (le lac de N'yassi), lui permettrait de gagner, à travers le continent africain, la côte orientale de Mozambique.

Tous les renseignements que donnent les deux voyageurs sur la fertilité, le commerce et le gouvernement de ces contrées sont du plus haut intérêt. Il est évident que, sous l'apparence d'un but scientifique, se cache pour l'Angleterre un but politique et mercantile. Notre conquête d'Alger l'a inquiétée plus qu'elle ne l'a dit. Elle a appris que nos Arabes reprenaient la route du Soudan, et elle a dû craindre aussitôt qu'ils ne cherchassent plus à s'approvisionner aux caravanes de Tunis et Maroc.

Richardson en laissait échapper l'aveu; ceux qui ont vu de près cet homme intelligent savent parfaitement à à quoi s'en tenir à cet égard, et les négrophiles anglais le savent mieux que personne. Le prétexte de la mission de Richardson était l'abolition de la traite; la véritable pensée du voyageur était le commerce. Qu'on relise, du reste, la lettre qui précède, et on y trouvera cette phrase, extrêmement significative : « *Par-dessus tout*, il faut que « le gouvernement anglais cherche à ouvrir un com- « merce légitime de troc et d'échange entre les produits « de l'Europe et ceux de l'Afrique. »

Voilà donc le but; il est précis : cela nous enseigne quel doit être le nôtre[1].

(1) *Bulletin de la Société de géographie*, numéros d'août 1851—février 1852.

Dans plusieurs lettres des deux docteurs allemands, on voit que les voyageurs ont emporté une quantité considérable d'objets manufacturés, et que, suivant eux, les populations du Soudan préfèrent les marchandises anglaises à toutes les autres. Mais un fait bien curieux est celui-ci. Ces marchandises anglaises, qu'on appelle à Londres *le grand véhicule de la civilisation*, sont devenues maintenant un moyen de TRAITE. Un autre voyageur, M. Livingston, qui s'est avancé par le Sud au delà du lac N'gami (17° 27'), écrit qu'en 1850 la traite des Noirs atteignit ce pays pour la première fois; « car, ajoute-t-il, des trafiquants, partis de « la côte occidentale, y ont échangé un grand nombre d'esclaves contre « des produits de manufacture *anglaise* » (*Bulletin*, n° de mars 1852).

II.

Une caravane algérienne au pays des Noirs.

Le Tell algérien vend au Saharâ septentrional des grains, de l'huile et des objets de fabrication européenne. A son tour le Saharâ apporte au Tell des dattes, des étoffes de laine, des esclaves, etc., qu'il va chercher jusque dans le Soudan.

Avant 1830, ce commerce était fort actif; interrompu pendant la guerre, il tend aujourd'hui à se ranimer. Nous pensons, en effet, que les besoins d'échange entre le Tell et le Saharâ sont restés assez puissants pour qu'ils attirent de nouveau en Algérie les caravanes de l'intérieur de l'Afrique, et *vice versâ*.

Cette opinion n'est point celle de tout le monde, cela est vrai. En 1844, une commission de la chambre des députés, chargée de l'examen des crédits supplémentaires pour l'Algérie, s'exprimait ainsi : « M. le prési-
« dent du conseil nous ayant annoncé, dans son rapport,
« qu'il cherchait à lier des relations entre Biskra et Tug-
« gurt (Tougourt) pour mettre l'Algérie en communica-
« tion commerciale avec l'intérieur de l'Afrique, et nous

« ayant fait connaître que l'établissement de semblables
« communications était un des motifs de l'expédition de
« Laghouath (El-Aghouath), nous avons dû rechercher
« quels étaient les avantages que l'on pourrait retirer
« de ces relations…

« Il résulte de nos recherches que, les circonstances
« géographiques et la nature des populations du Désert
« étant les causes déterminantes de la marche des cara-
« vanes qui, de Tripoli à l'est, et de Mogador à l'ouest,
« pénètrent dans l'intérieur de l'Afrique, il n'y a pas
« lieu de compter sur le déplacement d'un commerce
« qui, du reste, ne présenterait que des avantages très
« bornés [1]… »

C'était là une erreur grave. Il ne s'agissait nullement du déplacement, mais du *replacement* de l'ancien commerce qui a existé de tout temps entre l'intérieur de l'Afrique et la régence d'Alger. Sans doute nous ne prétendons pas faire arriver en Algérie les caravanes de Tripoli et de Mogador : on ne change pas arbitrairement les routes du Désert ; mais nous croyons qu'on peut y rappeler celles que la guerre seule en a détournées depuis 1830, et voilà pourquoi il est utile que la France exerce une influence réelle sur les pays de Tougourt et

---

(1) *Rapport fait au nom de la Commission des crédits supplémentaires de l'Algérie*, par M. le général de BELLONET (séance du 17 mai 1844).

d'El-Aghouath, car c'est par là précisément que passaient les caravanes de l'Algérie.

Deux honorables membres de la chambre avaient parfaitement traité cette question [1]. M. Baude a établi que les caravanes venaient autrefois à Médéah, à Constantine, à Alger. « Oran, dit M. Saint-Marc-Girardin, était
« aussi un des principaux rendez-vous des caravanes ;
« elles n'y viennent plus : notre conquête, d'une part,
« et, de l'autre, l'habileté commerciale de l'empereur
« de Maroc, ont causé cette interruption. — Cepen-
« dant, ajoute M. Baude, malgré l'établissement de plu-
« sieurs maisons européennes à Mogador, le commerce
« y est encore resté soumis à trop d'avanies et de diffi-
« cultés pour qu'Oran ne l'emporte pas sur Mogador, si
« Oran devient un port franc. Abd-el-Kader lui-même
« avait tenté d'attirer à Mascara la caravane de Tafilet. »

Des caravanes partaient à leur tour des différents points de la régence pour se rendre dans l'intérieur de l'Afrique. A l'époque du pèlerinage de La Mecque, elles allaient rejoindre la grande caravane du Maroc, qui les attendait à Ouarglâ, oasis placée vers le sud, à plus de cent cinquante lieues de la Méditerranée. Il y avait des stations intermédiaires. Médéah et El-Aghouath étaient

---

(2) *De l'Algérie*, par M. BAUDE; 2 vol., 1840. — M. SAINT-MARC-GIRARDIN, *Revue des deux mondes*, pour 1841.

les stations d'Alger; Biskra et Tougourt étaient les stations de Constantine. Aujourd'hui, les caravanes de pèlerins n'existent presque plus, et ce n'est pas là l'un des moindres griefs que notre conquête a suscités parmi les populations arabes.

L'interruption des caravanes a donc amené celle de presque tout le commerce intérieur. Il est vrai que, suivant la commission, « ce commerce ne présenterait que des avantages très bornés; » mais c'est là, je le répète, une erreur contre laquelle proteste l'existence même des caravanes. Quoi qu'on puisse dire, le Saharâ ne peut point se passer des grains du Tell, et il ne s'en est point passé depuis 1830; seulement, quand il ne les achetait pas chez nous, il les achetait ailleurs[1].

Nous connaissons Biskra, El-Aghouath et Tougourt.

Biskra est un rendez-vous de caravanes; c'est par là qu'elles vont à Constantine. Les Turcs, et après eux Abd-el-Kader, occupaient Biskra pour avoir la clef de tout le commerce du Zâb[2].

El-Aghouath, où nous avons un khalifa, est la capitale du petit désert de l'ouest.

« Tuggurt est une cité d'abondance et de richesses :

---

(1) Dans le Maroc et dans la régence de Tunis.
(2) Les Romains, nos maîtres, en avaient fait autant. On trouve dans la *Notice des dignités de l'Empire* un préposé de la frontière du Zâb (*limitis Zabensis præpositus*).

« elle est ceinte de murailles avec des portes... et a juri-
« diction sur vingt-quatre villages. Le marché de Tug-
« gurt est fort grand...[1] »

Enfin Ebn-el-Dyn, qui s'est avancé jusqu'au 27° latitude nord, indique, sur les différentes routes qu'il a parcourues depuis El-Agouath, des oasis où l'on trouve des
marchés considérables, tels que ceux de Ghardeyah,
« qui contient deux mille quatre cents maisons[2]; »
d'Ouerqelah (Ouârgla), « très grande ville, » qui a des
puits *artésiens;* de Temymoun, « dont les moutons
« noirs ont des poils semblables à ceux des chèvres; »
de Qorarah (Gourara), où l'on compte « près de vingt
« villages; » et d'Aoulef, « grande ville du Touât. » Cette
oasis, ainsi que celle de Qorarah, échange, contre les esclaves et la poudre d'or que lui apportent les caravanes

---

(1) *Itinéraire* d'EBN-EL-DYN déjà cité, p. 10.

Le marché de Tougourt se tient en hiver; la chaleur y est si ardente en
été qu'aucun étranger, à cette époque, ne peut vivre dans le pays. A
Souf, la chaleur est encore plus forte, principalement dans le désert qui
sépare cette oasis de la ville de Ghadamès. « La distance est de huit
« jours de marche... et l'œil ne rencontre partout qu'une vaste étendue
« de sable. Le chacal, le tigre et le lion ne viennent point ici, à cause de
« la soif » (*id.*, p. 12).

Le lion n'y vient point, mais l'homme y vient, et le commerce avec
lui. L'ouad-Souf « peut fournir plusieurs mille hommes de guerre, des
« chevaux et des mehâra » (*id.*, p. 11).

(2) Il y a probablement une erreur, car Ebn-el-Dyn ne donne à Tougourt que quatre cents maisons.

du Belêd-el-Soudân (pays des Nègres), « des soieries, « du fer, des verroteries et autres marchandises ana- « logues[1]. »

Ainsi, plus de doute. En partant d'El-Aghouath, vous arrivez au Touât, où vous rencontrez les marchands de la Nigritie. En partant de Tougourt, vous arrivez également au Touât, et c'est encore au Touât que viennent converger les routes de Tripoli par Ghadamès, et de Fez par Tafilet[2].

Il y a mieux; Ebn-el-Dyn n'est pas allé jusqu'au Soudân; il n'a point franchi le Touât. Sa dernière station est Insâlah (*la Fontaine des Saints*). « Alors vient le pays « du Soudân, plus au sud, lequel est fréquenté pour la « traite des esclaves et de la poudre d'or. » Un voyage

---

(1) *Itinéraire* d'EBN-EL-DYN, p. 5-10.
Voici, au sujet des puits artésiens du Saharâ, le passage d'Ebn-el-Dyn : « Ouerqelah a d'abondantes sources d'eau ; elles sont obtenues de la ma- « nière suivante : un puits est creusé à une profondeur de cent soixante- « dix edzra (coudées), ce qui atteint l'eau douce. Le puits se remplit « immédiatement d'eau et *devient ruisseau.* »

(2) Les cartes ordinaires ne font aucune mention de cette route directe qui va d'Alger au pays de Touât. On y trouve bien les grands chemins de caravanes qui, partant *de Tripoli à l'est, et du Maroc à l'ouest*, viennent se rejoindre à Aghâbly, autre station méridionale placée sur les limites extrêmes du Touât; mais entre l'Algérie et le Touât, elles n'indiquent rien, rien que le désert aride et nu. Et cependant voici une route, voici des marchés, voici une population sédentaire et commerçante... Jusqu'à 1850, tout cela était ignoré ou à peu près.

plus récent que celui d'Ebn-el-Dyn nous retrace la marche de la caravane algérienne jusqu'au pays des Noirs. On connaît aujourd'hui les étapes de ces grandes associations commerçantes, leurs lieux de séjour et de repos, le nom des puits où elles s'arrêtent pour se désaltérer. On sait les objets qu'elles emportent, les produits qu'elles préfèrent, ceux qu'elles doivent rapporter à leur tour et qu'elles verseront plus tard dans toute l'Afrique septentrionale [1].

La caravane se réunit d'abord chez les Beni-Mzâb, aux frontières de l'Algérie. Chargée ensuite des différents produits de l'Europe et du Nord de l'Afrique [2], elle traverse le Touât, atteint le grand Désert et la contrée des redoutables Touâreg, dont elle s'est assuré la protection, arrive à Agadèz, et touche à Damergou, où l'on entre dans le Soudân. Quelques jours après, on est à Katchna (Kachena), d'où les plus hardis vont à Kano, à Sakkatou, reviennent à Katchna, et en repartent bientôt pour remonter vers le Touât avec le reste de leurs camarades [3].

(1) *Le grand Désert, ou Itinéraire d'une caravane du Sahara au pays des Nègres*, par E. DAUMAS et AUSSONE DE CHANCEL ; Paris, 1849.

(2) Des soieries, des draps, des cotonnades, des fusils, du fer, des ciseaux, des aiguilles, etc.

(3) Le Touât est une vaste oasis située comme une bande de verdure entre l'Afrique septentrionale et le grand Désert ; mieux encore, c'est une suite d'oasis entrecoupées de plaines sablonneuses et divisées en cinq circonscriptions où l'on trouve un grand nombre de villages et

Une solitude horrible, dont nous avons déjà donné la description (p. 127), sépare le Touât de la contrée des Noirs. Mais à partir d'Agadès l'aspect du pays change complétement. Déjà, au quinzième siècle, Léon l'Africain avait longuement parlé de la fertilité et des richesses du Soudân. Il y avait aussi remarqué la supériorité de la race musulmane sur les races idolâtres. Les derniers voyages de Clapperton et d'Oudney ont signalé

quelques villes très importantes pour le pays, telles que Aougrout qui compte 2,000 habitants; Tidikelt, 5,000; Insâlah, 5,000, et Timimoun qui en aurait, dit-on, 10,000. On peut apprécier quel est l'immense commerce du Touât, en se rappelant que les trois Régences et le Maroc viennent s'y approvisionner des produits du Soudân. Autrefois soumis au Maroc, le Touât s'en est aujourd'hui séparé, tout en restant placé sous le commandement héréditaire d'un chef de l'illustre famille des Chérifs (E. CARETTE, *Recherches sur le commerce de l'Algérie méridionale*, II° partie, p. 101 et suiv.).

Grâce à cette unité du gouvernement, le Touât offre peut-être une civilisation plus avancée que beaucoup de points de l'Afrique septentrionale. Ses médecins sont fort renommés. On les cite pour leur habileté à guérir les fractures, et leur talent n'est pas moindre pour combattre la petite-vérole par l'*inoculation*: ils ont des remèdes pour toutes les douleurs, et connaissent des herbes qui *endorment* presque instantanément les malades. Les mosquées, les écoles sont nombreuses chez les Touâti. On vante leurs tolbas, dont les écrits se lisent jusqu'en Orient; leurs marabouts, dont les amulettes préservent du mauvais sort; ils ont des saints, des dévots, des ermites. Les femmes même y sont célèbres. La fille du marabout el-Belbali, la belle Messaouda, voit accourir autour d'elle la foule des croyants. On l'interroge, on la consulte, et ses réponses sont regardées comme des oracles. « Ce qu'elle

les mêmes faits. L'ouvrage plus récent encore auquel j'emprunte mon récit est un nouveau témoignage de la véracité de Léon.

Ainsi, pour arriver à Katchna, la caravane traverse de vastes champs de maïs, de millet et de lin. « Des ar-
« bres, quelquefois inconnus, pressés sur certains points,
« disséminés sur certains autres, mais partout magni-
« fiques, supportent des vignes énormes, chargées de
« raisins noirs. » De nombreux troupeaux paissent autour de la ville; ce sont des chameaux à *poil ras*, des bœufs à *bosse*, des moutons à *poil*, etc [1].

« juge est jugé, ce qu'elle écrit est écrit; après Messaouda la savante,
« il n'y a pas à douter. »

Dernièrement un homme des Ouled-Sidi-Chikh (tribu de marabouts dans le Saharâ algérien), nommé Ben-Kadour, accusé par ses compatriotes d'avoir guidé les Français aux ksour de Stiten et de Brizina, allait être mis à mort, quand il eut l'heureuse idée d'en appeler au jugement de Messaouda.

On écrivit aussitôt à la taleba (savante), en lui soumettant les griefs de la tribu contre Ben-Kadour, et l'arrêt dont il avait été frappé.

« De temps immémorial, répondit Messaouda, les chrétiens sont les
« ennemis des musulmans. Or, si celui que vous avez condamné était
« allé au-devant d'eux, il mériterait sûrement la mort; mais puisqu'il a
« été forcé, comme prisonnier et sous peine de la vie, de marcher à
« leur tête, qu'il soit remis en liberté, car il a subi la nécessité de la
« guerre. »

Ce jugement sauva la vie de Ben-Kaddour.

(1) Ajoutez le blé, le riz, le coton, le tabac, la canne à sucre, et la plupart des légumes et des arbres fruitiers d'Europe.

APPENDICE. — II.

Katchna appartient au sultan Bello, souverain des Fellatah (Foullanes), qui réside à Sakkatou. Cette ville est défendue par une muraille de vingt-cinq pieds de haut, en terre cuite au soleil. La caravane y entre au milieu d'une escorte de cavaliers richement équipés et d'une population bruyante : Nègres païens, mahométans, juifs, belles Foullanates, à la taille haute, aux cheveux noirs, à la peau dorée. Le lendemain, on se rend chez le gouverneur. « Dans la cour principale étaient enchaînés deux lions à crinières noires. On y voyait des éléphants, et des autruches apprivoisées. Les murs de la salle d'audience étaient ornés de peaux de lions et d'antilopes, de dépouilles et d'œufs d'autruches, d'arcs et de flèches, de larges sabres et de lances, d'instruments de musique et de pièces d'étoffe écarlate[1]. »

Tout annonce ici un pouvoir énergique et solide. Bello a bâti des mosquées avec des minarets, créé des

---

[1] Bello est fils de ce fameux sultan Bello qui, à la tête des hommes de race *blanche* et musulmans comme lui, se révolta, il y a quarante-cinq ans, contre le puissant royaume nègre de Haoussa et s'en empara. Bello II, continuant les guerres de son père, a réuni le Bournou à son empire, et l'on assure qu'il est également maître du Mandara et de Tombouctou.

Il est remarquable qu'au moment où la France combat l'islamisme sur les bords de la Méditerranée, les mahométans s'enfoncent dans l'Afrique idolâtre, et occupent peu à peu l'immense région située entre le Sénégal et le lac Tchâd.

écoles où des tolbas enseignent l'arabe, où les enfants apprennent l'écriture, la lecture et le Coran ; le sultan rend lui-même la justice, et son gouvernement fonctionne régulièrement, appuyé par un makhzen considérable. Celui de Katchna seul s'élève à plus de 4,000 cavaliers, vêtus, payés et montés aux frais du trésor public.

Après le débit de ses marchandises, la caravane s'occupe de ses achats : dépouilles d'autruches, peaux de bœufs, étoffes de lin bleues, poudre d'or, beurre végétal, gâteaux de l'arbre *à viande*, musc de civette, noix de gourou pour assainir l'eau des puits, civette, koheul pour teindre les paupières, henna pour colorer les ongles, souak pour parfumer l'haleine ; tous ces objets divers s'achètent et se revendent ensuite à gros bénéfices [1].

Mais le commerce principal est celui des esclaves, très recherchés encore sur les marchés du Maroc, de

---

(1) On ne sait pas encore bien quel peut être l'arbre singulier qui, suivant les Arabes, a le goût de *viande*. Du reste, puisqu'il y a l'arbre à pain, l'arbre à farine, l'arbre à beurre, pourquoi n'y aurait-il pas l'arbre à viande ?

Le *koheul* a pour base le sulfure d'antimoine. On s'en sert pour former autour des yeux un liseré noir ou bleu, qui est surtout apprécié des femmes de race blanche ; de plus il préserve des ophthalmies, arrête l'écoulement des larmes et donne à la vue plus d'assurance et de limpidité.

Le *henna* est un petit arbuste qui a quelques rapports avec le cédrat. On en broie les feuilles desséchées, et on en fait une pâte qui, pendant quelques heures, appliquée sur les ongles, le bout des doigts et quel-

Tunis et du Fezzan. Au jour fixé, le gouverneur fait battre sur la place publique le tambour du sultan Bello, le grand *tembery*, qui s'entend, disent les Arabes, à deux journées de marche. A ce signal, les cavaliers se rassemblent et vont tenter une razzia sur les États nègres limitrophes. Un mois après, ils reviennent, traînant enchaînés derrière eux des troupes de Noirs, hommes, femmes et enfants, les plus récalcitrants garrottés à la queue de leurs chevaux. Triste et douloureux spectacle! Mais c'est la loi du Coran à l'égard des infidèles ; il est dit : « Faites la guerre à ceux qui ne croient pas en Dieu « ni au jour du jugement [1] ».

Telle est la caravane algérienne, dont l'itinéraire a été si habilement restitué et illustré en quelque sorte par la plus patiente érudition. Pour parler vrai, les caravanes de l'Algérie sont les moins nombreuses. Celle dont il est question n'avait pas plus de six cents chameaux, tandis que d'autres caravanes, qui se trouvaient également à Katchna, en comptaient plusieurs milliers [2]. L'abolition de

quefois les mains jusqu'au poignet et les pieds jusqu'à la cheville, les teint d'un rouge orange.

« Sara et Hadjira (Agar), les femmes de notre seigneur Ibrahim (Abra-« ham), se faisaient belles devant lui par le kohoul, le henna et le souak.»

[1] Le *Coran*, ch. VIII, v. 74. — Le Nègre qui se fait musulman échappe à l'esclavage.

[2] Les gens du Touât avaient 1,500 esclaves et 2,000 chameaux ;

Ceux de Ghadamès, 5,000 esclaves et 5,500 chameaux ;

la traite en Algérie depuis que nous l'occupons[1], l'incertitude qui pèse encore sur les transactions commerciales, la haine secrète que l'Arabe porte au chrétien, expliquent suffisamment cette différence.

Cependant ce qui ne ressort pas moins du récit que je viens de faire, c'est que des relations suivies entre l'Algérie et le Soudân existent depuis longtemps, c'est qu'elles n'ont jamais complétement cessé, c'est qu'interrompues un instant par la guerre, elles peuvent et doivent se renouer par la paix [2].

La soumission de la grande Kabylie ne fera que hâter

Ceux de Gât, 500 esclaves et 800 chameaux ;
Ceux du Fezzan, le même nombre que ceux de Gât (*Le grand Désert...* p. 264 et 266).

(1) L'esclavage y existe; mais la traite ne s'y fait plus *légalement*.

(2) Nous invoquons avec confiance une autorité qui est d'un grand poids dans la question algérienne, celle de M. le capitaine du génie Carette. Ainsi nous avons dit que le commerce de l'Algérie avec l'Afrique centrale était fort actif avant 1830 : M. Carette nous apprend que « la « route d'Alger à Timbek'tou n'a jamais cessé d'être suivie par les « négociants indigènes. » Nous avons dit qu'on pouvait faire pénétrer jusque dans le Soudân, et par une route toute algérienne, les produits de l'industrie européenne : M. Carette constate le même fait, et il ajoute que cette route algérienne sera encore plus courte que celle de Tunis, car « par une singulière coïncidence, les trois points obligés de « Metlili, d'El-Goleâ et du Touât sont presque sur la ligne droite qui va « d'Alger à Timbek'tou, tandis que la route de Tunis forme un coude « prononcé à Ghadamès pour aller passer comme la première par l'oasis « de Touât. » Cela est donc évident : route plus longue par Tunis, route

ce développement si désirable. Les principaux chefs des Zouaouas sont à Alger; Bou-Baghla est en fuite ou se cache. Quand on saura dans le Désert que l'imposteur a disparu ou est tombé dans nos mains, quand on y apprendra que le dernier boulevard de la résistance, le Djurjura, s'est abaissé devant nous, alors toute insurrection cessera, toute cause d'agitation sérieuse s'effacera; alors la caravane algérienne ne s'arrêtera plus sur la frontière du sud. Elle s'avancera jusqu'à Laghouath, elle pénétrera dans les ksour, elle gravira l'Atlas pour en redescendre, comme autrefois, vers le Tell et les villes du littoral. Les Arabes, désormais résignés, accepteront la supériorité de nos armes, et ce qui n'était qu'une espérance en 1845, se trouvera bientôt réalisé et accompli.

plus courte par Alger (*Commerce de l'Algérie avec l'Afrique centrale et les États barbaresques*, par E. CARETTE; Paris, 1844).

III

Du mehâri ou dromadaire[1].

De tous les animaux que l'on emploie utilement dans le grand Saharâ, le dromadaire est celui qui, à raison de la contrée qu'il habite et du genre de services qu'il est appelé à rendre, a été le moins observé et le moins étudié. Le seul pays qui lui convienne est le Désert, c'est-à-dire toute cette vaste solitude qui précède l'Afrique centrale. Il ne vit ni dans la zone septentrionale, ni dans la partie montagneuse du pays des Noirs. Dans le Désert lui-même, toutes les régions ne paraissent pas lui convenir au même degré; car les Cha'amba (Chambas) et les Touâreg blancs n'en élèvent qu'un petit nombre.

C'est aux Touâreg noirs que la nature semble avoir spécialement destiné le mehâri pour être le compagnon de leur vie errante et l'instrument docile, intelligent et désintéressé de leurs pirateries.

Le serviteur et le maître semblent, en effet, jetés dans

---

(1) *Mehâri*, singulier de *mehâra*.

le même moule. Le Targui [1] a la taille élevée, le corps maigre, les formes anguleuses; il est sobre, nerveux, agile et adroit. Le mehâri aussi est plus haut que le chameau ordinaire, et, comme il est en même temps plus maigre, la différence paraît encore supérieure à ce qu'elle est en réalité ; il a le cou très allongé, le ventre mince, la bosse peu saillante, les jambes fines et délicates. Son regard, comme celui du chameau, est nonchalant et impassible. Cependant, sous ces formes chétives, sous cette apparence indolente, le mehâri cache des qualités qui en feraient presque le roi des quadrupèdes : une sobriété excessive, une fidélité et une douceur à toute épreuve, une intelligence qui approche de celle du chien, et une vitesse de locomotion bien supérieure à celle du cheval.

Au reste, l'organisation du dromadaire est, comme celle du Targui, appropriée à la contrée qu'ils habitent l'un et l'autre. Jetés dans des steppes immenses, entre un sol aride et un ciel brûlant, obligés de vivre par groupes isolés et d'aller chercher leur nourriture à de grandes distances, exposés continuellement aux rafales ardentes du midi, ils sont tous deux ce qu'ils devaient être, armés d'une grande force de résistance aux causes de destruction qui les entourent et les menacent sans cesse.

---

[1] *Targui*, singulier de *Touâreg*.

Les mehâra restent donc confinés dans leur ingrate patrie et se montrent peu dans le Saharâ; les seuls points de l'Algérie où ils paraissent sont Metlili et Ouârgla[1]. Ils y sont amenés par les Cha'amba, qui les ont volés ou achetés aux Touâreg. Les Sahâriens eux-mêmes ont rarement occasion de voir à l'œuvre le mehâri, dont ils exaltent la vitesse comme ils exaltent la force des Touâreg; en cela le coursier partage encore la destinée de son maître, voué comme lui au mystère et à l'exagération.

Voici ce que les Sahâriens racontent sur l'éducation du mehâri :

A peine l'animal est-il né, qu'on l'enterre dans le sable jusqu'au ventre, afin que ses jambes, encore faibles et délicates, ne se déforment pas sous le poids du corps. Durant quatorze jours, il reste emprisonné de cette manière. Pendant ce temps, le beurre est le seul aliment qu'on lui présente ; le quatorzième jour, on lui donne un peu de lait de sa mère, et, durant cinq jours encore, le régime du beurre recommence. A l'expiration de cette nouvelle période, l'animal reçoit encore un peu de lait.

A la fin du premier mois, le mehâri obtient la liberté, ou, pour mieux dire, il change de prison. Il sort de ses langes de sable, et alors du moins il peut s'ébattre et

---

[1] On en rencontre aussi dans l'Ouad-Souf.

suivre sa mère ; mais on commence à le sangler, et il conserve cet état de gêne pendant trois mois. A la sangle succède l'anneau de fer auquel on attache la bride ; on la passe au nez de l'animal, qui la conserve toute sa vie.

Après cette éducation première, on s'occupe d'exercer et de développer l'intelligence du mehâri. Il apprend alors à deviner, à prévenir les volontés et jusqu'aux fantaisies de son maître. Si celui-ci jette son mezrag en avant, il faut que l'animal s'élance assez vite pour laisser au cavalier le temps de ressaisir l'arme dans sa chute. Si, au milieu d'une course impétueuse, le maître plante tout à coup son mezrag dans le sable, il faut que l'animal, sans autre avertissement que le mouvement du cavalier, tourne autour de ce point fixe jusqu'à ce que la lance ait été relevée, et c'est alors seulement qu'il reprend la ligne droite sans ralentir sa vitesse. Si le cavalier tombe blessé dans le combat, le mehâri s'arrête aussitôt à côté de son maître ; il l'interroge d'un œil inquiet, et s'il respire encore, s'il lui reste assez de force pour faire un signe, le serviteur docile et intelligent s'abaisse pour l'aider à remonter.

Le Targui apporte le plus grand soin à cette seconde éducation de son coursier. Il s'accoutume à lui parler, et l'animal distingue bientôt, dans les diverses inflexions de la voix, l'intention qui les a dictées. Sur une parole, sur un signe, il ploie les genoux, les redresse, salue, embrasse ou part; emporté dans son mouvement rapide, il lui suffit d'un mot pour le ralentir ou s'arrêter [1].

Mais l'agilité est la vertu qui excite surtout l'admiration des Sahâriens. Voici un fait que plusieurs habitants de Ouâgrla ont raconté à l'un de nos officiers comme l'ayant vu eux-mêmes.

Un certain Hâdji-Moh'ammed, des environs d'Ouârgla, était possesseur d'un dromadaire qu'il n'avait jamais eu occasion de mettre à l'épreuve. Un jour il fut chargé par le cheikh de sa tribu de porter une lettre à Ben-Djellab, cheikh de Tougourt. La distance entre cette ville et Ouârgla est de 170 kilomètres en ligne droite (plus de 40 lieues). Il partit donc un matin, et le lendemain, au coucher du soleil, il était de retour, ayant parcouru ainsi plus de 80 lieues. Lorsqu'on le vit reparaître sitôt, on pensa d'abord qu'un accident lui était survenu en route et l'avait forcé de rebrousser chemin. Mais Mo'hammed eut bientôt dissipé tous les doutes, en mon-

---

(1) Le jeune mehâri a sa place dans la tente; les enfants jouent avec lui, il est de la famille; l'habitude et la reconnaissance l'attachent à ses maîtres qu'il devine être ses amis.

Si le djemel (chameau) est pris de frayeur ou s'il est blessé, ses beuglements plaintifs fatiguent l'oreille de son maître. Le mehâri, plus patient et plus courageux, ne trahit jamais sa douleur et ne dénonce point à l'ennemi le lieu de l'embuscade (*Le grand Désert...* p. 186 et 188).

trant à tous ceux qui l'entouraient le cachet de Ben-Djellab.

Un jour les Cha'amba dirigèrent une razia contre les Touâreg, et revinrent chargés de butin; ils marchèrent huit jours de suite, et le neuvième, rassurés par la distance qui les séparait de leurs ennemis, ils s'arrêtèrent pour procéder au partage. Ils se livraient tranquillement à cette opération, lorsque les Touâreg, montés sur leurs dromadaires, apparurent tout à coup comme un ouragan, et, avant que les Cha'amba eussent eu le temps de se reconnaître, reprirent tout ce qu'ils avaient perdu.

Comme le transport des marchandises exige rarement de grandes vitesses, c'est le chameau ordinaire que l'on y emploie presque exclusivement. Le dromadaire est plus spécialement affecté au service des dépêches; il sert de malle-poste. Il prête aussi un très utile secours aux caravanes, qui, lorsqu'elles se disposent au départ, envoient généralement des éclaireurs, montés à dos de dromadaires, reconnaître la route en tout ou en partie, s'assurer si elle est pourvue d'eau, si elle offre aucun danger. Ces reconnaissances seraient souvent impossibles sans le secours de véhicules à grande vitesse. Enfin, puisque dans ces contrées le brigandage est une industrie légitime, il faut bien tenir compte aux animaux du concours désintéressé qu'ils prêtent à l'homme. Le dromadaire est pour les Touâreg ce que le navire est pour les pirates. La supériorité que ces audacieux forbans ont acquise dans la razia, est due en grande partie à la rapidtié de leurs coursiers [1].

(1) E. CARETTE, *Recherches sur la géographie et le commerce de l'Algérie méridionale*, IIe partie, t. II, et aux *Notes*, p. 272; Paris, 1844.

Hérodote connaissait-il le mehâri? On le croirait. « Les Arabes de « l'armée de Xerxès montaient, dit-il, des chameaux d'une vitesse *égale* « *à celle des chevaux* » (l. VII, § 76).

Léon l'Africain le connaissait évidemment : « Les chameaux de la « tierce espèce sont appelés el-raquahil... n'étant bons sinon à la selle ; « au reste fort agiles, de sorte qu'il s'en trouve plusieurs qui feront en « un jour 100 milles de chemin et plus (30 à 40 lieues), toujours sui- « vant la route du Désert, par l'espace de 8 et 10 journées, avec peu « de vivres... Et le roi de Tombut (Tombouctou), voulant faire signifier « quelque chose d'importance aux marchands de Numidie en diligence, « expédie un courrier sur un de ces chameaux, lequel va de Tombut à « Darrha ou Segelmesse (villes du Maroc) en terme de 7 ou 8 journées « qui sont environ 900 milles... » (*Description de l'Afrique*, l. IX).

M. le général Marey a vu le mehâri dans son expédition de Laghouath en juin 1844. « L'allure habituelle du mehâri, écrivait-il, est le trot ; il « peut le tenir un jour entier ; ce trot est comme le *grand trot* d'un bon « cheval. »

On lisait dernièrement dans les journaux d'Alger : « Le général « Yusuf vient d'arriver de Blidah à Alger dans une élégante calè- « che traînée par deux mehâra blancs. Ces mehâra qui étaient venus « de Aïn-Mâdhi à Boghar (280 kilomètres ou 70 lieues) en 24 heures, « ont pu être soumis à leur nouveau service en quelques jours ; ils sont « dociles, et on a pu leur faire parcourir environ 16 kilomètres ou 4 « lieues à l'heure, quoiqu'ils ne fussent pas suffisamment habitués au

« trait et que leur harnachement n'eût pas atteint la perfection dési-
« rable.

« Si cette expérience arrive à bonne fin, et on doit l'espérer, on aura
« résolu un grand problème, et le parcours des contrées méridionales de
« l'Algérie deviendra pour nous d'une extrême facilité... Avec des pro-
« longes traînées par des mehâra qui restent plusieurs jours sans boire,
« et parcourraient 4 lieues à l'heure, les distances s'annuleraient, et le
« manque d'eau ne peut plus inquiéter, car il devient facile d'en em-
« porter avec soi ou de l'atteindre en peu de temps quand on n'en a
« plus (*L'Akhbar* du... septembre 1852).

Quatre lieues à l'heure donnent 48 lieues pour la journée. Si l'on compte les moments de repos, on a toujours au moins 40 lieues. Voilà, suivant nous, la distance (terme moyen) que peut parcourir le mehâri, et il n'est pas besoin d'admettre avec les Sahâriens qu'il fait même 100 lieues par jour, pour reconnaître en lui un coursier incomparable qu'il faut placer désormais entre le meilleur cheval de race et la locomotive des chemins de fer.

IV.

L'Algérie en 1851—52.

La situation présente de l'Algérie m'a paru pouvoir être considérée sous trois rapports principaux qui vont être traités ici successivement : l'*Agriculture*, les *Travaux publics*, l'*Organisation des indigènes*. Les deux discours suivants, prononcés à Alger à l'occasion de l'exposition annuelle, donneront un aperçu rapide de la question agricole.

I. AGRICULTURE.

DISCOURS DU PRÉFET D'ALGER [1].

(15 mai 1851.)

« Messieurs,

« C'est encore aujourd'hui, comme il y a un an, le jour des récompenses, mais c'est aussi le jour des vérités. En effet, plus

---

(1) M. Lautour-Mézeray ne s'occupe, bien entendu, que du département d'Alger. Ceux de Constantine et d'Oran, où l'on a constaté des progrès analogues, sont restés en dehors de son examen.

vous me verrez heureux de couronner vos efforts, moins aussi vous me verrez disposé à me faire l'apologiste de tous vos actes.

« J'aime à le reconnaître : depuis un an, bien loin d'avoir reculé, la colonisation a marché en avant ; mais, je dois le dire, ses progrès se sont produits dans des voies qui ne sont pas précisément celles dans lesquelles je comptais la voir s'engager.

Ici, M. Lautour-Mézeray signale l'imperfection des méthodes employées jusqu'à ce jour par les colons, soit pour l'ensemencement des céréales, soit pour l'élève du bétail ou de la race chevaline. Il indique les diverses cultures que l'on pourrait utilement tenter, comme celle de la *garance*, « qui a fait centupler de valeur les terres du Comtat ; » de l'*urtica nivea*, « dont les produits en Chine marchent immédiatement après la soie ; » de l'*arachide*, du *sésame*, du *sumac* ; de l'*indigo*, « qui a fourni déjà de beaux échantillons ; » du *thé* et du *camphrier* « qui paraissent devoir très bien réussir dans certaines régions du pays ; » enfin du *quinquina*, dont les graines recueillies dans la Nouvelle-Grenade « ont déjà produit cent soixante individus dans un fort bel état de végétation, » etc. Puis M. le préfet ajoute :

« Malgré toutes les imperfections que j'ai signalées dans vos systèmes, imperfections que l'on travestit souvent en récriminations contre l'administration que je tiens à maintenir ici tutélaire et vigilante, je suis heureux, messieurs, de venir constater par des faits les heureux résultats de vos efforts.

« Les Européens qui habitent le département ont ensemencé en *céréales*, depuis le cours de l'année 1850, 11,978 hectares, qui ont produit 102,531 hectolitres de grains, dont la valeur, calculée d'après les mercuriales, est de 1,465,971 francs.

« Les terrains ensemencés en 1849 ne présentaient qu'une étendue de 9,000 hectares environ.

« Différence en plus pour 1850, 2,978 hectares, dont les produits présentent une valeur en numéraire de 360,000 francs.

« Pour traiter ces produits de l'agriculture locale, le département possède quatre moulins à vapeur, vingt moulins à eau, onze moulins à vent et vingt-cinq moulins à manége. Plusieurs autres sont projetés sur divers points, notamment à Rovigo, à L'Arba et aux environs de Blidah, où l'eau fournit une force motrice assez importante.

« Mais en dehors des céréales, je suis heureux de vous annoncer que déjà quelques autres produits fournissent des chiffres élevés à la statistique agricole du département, et c'est un fait d'autant plus intéressant à constater, que là résident véritablement, comme je l'ai déjà dit, l'avenir et la fortune du pays.

« Il est curieux de suivre le développement de la culture du *tabac* depuis 1844, époque à laquelle elle a été pour la première fois essayée par les Européens dans la province d'Alger.

« Il existait en 1844   3 planteurs pour une superficie plantée de. . . . . 1 hect. 42 ares.

En 1845	17	—	4	—	43	—
En 1846	59	—	11	—	5	—
En 1847	89	—	52	—	27	—
En 1848	116	—	49	—	95	—
En 1849	156	—	69	—	36	—
En 1850	246	—	270	—		

« On peut évaluer la production de ces 270 hectares (à rais on de 1,200 kilogr. par hectare), à 524,000 kilogr., sur lesquels 84,706 kilogr. ont été achetés par la régie.

« Si on veut compléter cette statistique en y ajoutant les résultats de la culture indigène, il faut évaluer à 500 hectares environ la superficie plantée par les Arabes du Sahel et de la plaine, dont le rendement, calculé à 800 kilogr. par hectare, porte à 400,000 kilogr. le chiffre de la production. Sur cette quantité, la régie a seulement acheté 73,913 kilogr.

« En résumé, on cultive en tabac, dans la province d'Alger, une surface de 770 hectares, dont la production peut être évaluée à 724,000 kilogr.; 158,619 kilogr. seulement, représentant en numéraire une valeur de 135,387 fr. 24 c., ont été achetés par la régie. Le surplus est passé dans le commerce et dans la consommation locale, et j'insiste avec intention sur ce dernier fait, qui prouve que l'industrie sait distinguer déjà la supériorité de nos produits et les disputer à la concurrence de l'administration.

« Encore un fait au sujet du tabac. La province d'Alger n'avait tenu jusqu'à présent que le deuxième rang entre les trois provinces de l'Algérie pour l'étendue des cultures et l'importance de la production. Elle a obtenu le premier rang en 1850, et la régie a acheté à nos colons 56,724 kilogr. de plus qu'aux colons de la province de Constantine[1].

« Dans l'industrie séricicole, vous avez fait aussi, depuis ces dernières années, de remarquables progrès dont il est bon de mesurer le résultat par des chiffres.

---

(1) En 1844, il n'y avait pas de planteurs dans la province de Constantine. En 1850, on en comptait 132.

En 1840-45-46, il n'y avait pas de planteurs dans la province d'Oran. En 1850, on en comptait 50.

« En 1847-1848, les pépinières de l'État ont livré 19,906 *mûriers*. En 1848-1849, il en a été livré 33,930. En 1849-1850, le chiffre des livraisons s'est élevé à 42,890. Si on ajoute à ces ressources, qui vont grossir encore au fur et à mesure du développement des arbres, celles qui résultent des plantations antérieures ou des pépinières privées, on comprendra qu'un vaste champ s'ouvre désormais à notre industrie séricicole.

« En 1849, soixante-quinze personnes se livraient dans le département d'Alger à l'éducation des vers à soie et obtenaient 1,692 kilogr. de cocons.

« En 1850, le nombre des éducateurs s'est élevé à quatre-vingt-onze, qui ont produit 3,778 kilogr. 176 grammes.

« Différence en plus pour 1850 : 2,086 kilogr. 176 grammes.

« Ainsi, la production a été, en 1850, beaucoup plus du double de celle de 1849, et, d'après les documents que j'ai déjà entre les mains pour cette année, cette progression sera dépassée encore en 1851.

« Un tel progrès est parfaitement justifié par le succès qu'ont obtenu vos soies sur les marchés de France. Soumises à l'appréciation du commerce sur les places de Lyon, Nîmes et Avignon, elles ont été classées au même rang que les plus belles gréges des Cevennes, et ont obtenu les prix les plus élevés de ces hautes qualités.

« Ces appréciations m'ont été confirmées tout récemment encore par un homme dont l'opinion fait autorité en pareille matière, M. Hedde, ancien délégué du commerce français en Chine, qui a reconnu la supériorité de nos soies algériennes, ainsi que la beauté des riches échantillons d'étoffes que j'ai fait fabriquer pour l'exposition de Londres [1].

---

(1) 738 kilogrammes de soie première qualité ont été produits par la province de Constantine.

APPENDICE. — IV.

« L'industrie de la *cochenille* est encore à son début, et cependant, depuis l'année dernière, plus de 400,000 nopals ont été plantés, et fourniront, avant deux ans, une première récolte d'insectes. Je ne doute pas que l'entraînement vers cette culture productive ne devienne plus décisif encore, lorsqu'on connaîtra bien les résultats qu'elle obtient aux îles Canaries, dont le sol et le climat ont tant d'analogie avec le sol et le climat d'Afrique. La plupart d'entre vous ont lu sans doute avec intérêt le tableau de l'exportation progressive de la cochenille aux îles Canaries, de 1831 à 1850. Permettez-moi d'en reproduire ici les chiffres qui ont été publiés par les soins vigilants de M. le gouverneur général ; je les recommande à vos réflexions, ils n'auront jamais assez de publicité.

« En 1831, il a été exporté des Canaries quatre kilos de cochenille.

1832	60 kil.	1841	50,285 kil.
1833	659 kil.	1842	57,294 kil.
1834	941 kil.	1843	59,497 kil.
1835	2,829 kil.	1844	69,975 kil.
1836	5,004 kil.	1845	110,675 kil.
1837	3,510 kil.	1846	116,169 kil.
1838	12,274 kil.	1847	146,247 kil.
1839	14,324 kil.	1848	186,692 kil.
1840	58,520 kil.	1849	195,289 kil.

« Exportation de 1850 (de janvier à septembre inclusivement), 255,374 kilogr. En ajoutant à ce dernier chiffre l'exportation du dernier trimestre, qui est la plus importante, parce qu'elle réunit les contingents de la récolte d'été, on a estimé que l'exportation de 1850 excèderait de plus de la moitié celle de 1849, et qu'elle représenterait une valeur en numéraire de plus de trois millions de francs.

« En attendant que la production ait acquis chez nous assez d'importance pour trouver un débouché avantageux sur les marchés d'Europe, l'administration s'est engagée à vous acheter, au prix du commerce, le produit de vos récoltes, et l'hésitation vous est désormais d'autant moins permise, que les cochenilles algériennes ont été jugées, par la chambre de commerce de Marseille, capables de lutter avec les belles espèces des Canaries.

« La culture du *coton*, malgré les circonstances climatériques qui lui ont été fatales non-seulement en Algérie, mais dans tous les pays où elle est pratiquée, a fait en 1850 des progrès qui seront, je l'espère, dépassés de beaucoup en 1851. Il est désormais acquis que le coton peut être cultivé avec avantage sur tout le littoral algérien.

« Les résultats de la dernière récolte ont été, par l'ordre de M. le ministre, l'objet d'une enquête minutieuse de la part de M. le directeur de la pépinière centrale. Il en ressort que les produits bruts obtenus dans les cotonneries des particuliers varient entre 500 et 800 kil. par hectare, représentant une valeur moyenne de 800 fr. environ. Les essais faits à la pépinière centrale, dans des conditions meilleures et avec moins d'hésitation, ont rendu, suivant les qualités, entre 800 et 2,000 kilos par hectare, dont la valeur moyenne est de 800 à 1,200 fr. En défalquant de ce chiffre les frais de revient, évalués de 450 à 550 fr. par hectare au maximum, il reste encore un bénéfice assez beau pour faire juger de la richesse d'une pareille culture et des conséquences que pourrait avoir son développement sur une vaste échelle.

« Je compte vendre prochainement en France plusieurs balles de coton que l'administration vient d'acheter à nos producteurs. En attendant, comme il importe d'éclairer le commerce et l'industrie de la métropole sur la valeur des cotons algériens, et de les vulgariser dans les différentes villes manufacturières, j'en ai fait expédier des échantillons aux chambres de commerce de Lille, Roubaix, Rouen, Amiens, Mulhouse, Troyes, Saint-Quentin, Lyon, Tarare et Montpellier, et je fais fabriquer un certain nombre de types de toutes les étoffes qui sortent des manufactures de ces villes. J'espère que vous verrez ces étoffes à l'exposition prochaine, et je me ferai un devoir de vous faire connaître l'opinion des chambres de commerce sur leur valeur comparée à celle des étoffes fabriquées avec les cotons étrangers.

« Il ne faut pas oublier que l'Égypte, où le coton est une production d'origine toute récente, a étayé, sur l'extension progressive de cette culture, toute la puissance qui, après l'avoir affranchie de l'asservissement des Turcs, en a fait un État florissant.

« L'Égypte exporte aujourd'hui, pour la seule consommation de la France, une valeur annuelle de près de 4 millions de coton. La Turquie, les États-Unis, le Brésil et les autres pays en font entrer, de leur côté, dans nos ports et sur nos marchés, pour une valeur de 70 millions, qui sont absorbés par la seule consommation française. Il serait beau que l'Algérie vînt apporter son contingent à la métropole dans cet immense commerce, dont les bénéfices passent entièrement à l'étranger [1].

---

(1) Des échantillons de coton, envoyés à Liverpool, ont été parfaitement notés.

Du reste, suivant le vœu exprimé par M. le préfet d'Alger, l'agriculture et l'industrie algériennes ont dignement figuré à l'exposition de Londres. C'étaient des *soies grèges* rivalisant avec les plus beaux produits similaires des pays étrangers; des *cotons* de différentes espèces, toutes de qualités excellentes; des *laines* provenant des Arabes et des colons européens, et parmi ces dernières des laines mérinos du premier et du second croisement; des huiles d'*olive* d'une grande saveur; des *tabacs* de l'espèce dite philippine, remarquables par la beauté des feuilles et le montant de leur arôme; de la *coche-*

« Faut-il parler de la production des *olives*, qui, dans ce pays, devrait être une des plus riches, sinon la plus riche des industries locales?

« Un grand nombre d'entre vous ont déjà donné l'exemple en greffant beaucoup de vieux oliviers indigènes, mais il en existe encore plusieurs centaines de mille, plusieurs millions peut-être, dans les diverses régions du Sahel, de la plaine et de l'Atlas, qui, dégagés des broussailles qui les étouffent, recépés et greffés, fourniraient d'abondantes et lucratives récoltes.

« J'ai fait examiner récemment par une commission quelle était, dans l'état actuel, la moyenne de la dépense, du produit et du bénéfice, dans la fabrication de l'huile d'olive. La commission a constaté que les olives dites cayons, les olives greffées du pays, et les olives sauvages, donnaient (défalcation faite des frais de cueillette et de fabrication) un produit de 15 fr. 80 c. pour les premières, de 6 fr. 80 c. pour les secondes, et de 80 c. pour les troisièmes, par 100 kilogr. d'olives.

« Je désire vivement que ces chiffres aient une influence déterminante sur ceux d'entre vous qui hésiteraient encore à tenter les bénéfices d'une industrie qui fait la richesse de nos voisins de la Kabylie [1].

---

nille, riche en couleur et préparée avec beaucoup de soin; des *essences odoriférantes* de plus de quatorze espèces, dont les plus dignes d'attention sont le jasmin et le géranium; du *crin végétal* fabriqué avec les feuilles du palmier nain; des *minéraux* de la plus grande richesse; des *tissus* de toute sorte de abrication indigène, gandouras, burnous, haïks, et notamment les tapis haute laine de la tribu des Haractas, supérieurs aux plus beaux tapis de Tunis, etc., etc.

Une grande médaille d'honneur a été décernée au ministère de la guerre par le jury international comme témoignage de bonne colonisation; huit médailles de second ordre ont été, en outre, accordées à diverses personnes.

(1) La Provence et nos départements méridionaux ne produisent pas assez

« En dehors de ces cultures industrielles et spéciales, je suis heureux de pouvoir signaler encore les progrès accomplis par une branche de l'industrie rurale, qui est l'intermédiaire entre la grande culture et le jardinage, et qui est devenue l'objet d'un assez important commerce d'exportation. Déjà beaucoup de ces fruits et de ces primeurs, que nous devons au climat privilégié de l'Algérie, vont peupler les marchés de nos départements méridionaux : l'achèvement des voies de fer les fera pénétrer bientôt jusqu'au cœur de la France, et leur ouvrira de nouveaux débouchés.

« Enfin, et ce qui dénote que les plantations sont aussi en progrès, c'est que les pépinières du Hamma et de Bouffarik ont livré, l'année dernière, un total de 174,343 sujets ligneux et 21,035 sujets herbacés; c'est le chiffre le plus élevé qui ait été atteint jusqu'alors dans les livraisons annuelles faites par ces établissements [1].

« Je sais que plusieurs d'entre vous sont entrés avec persévérance dans les voies d'amélioration que l'administration s'ef-

---

d'huile, et nous sommes obligés d'en faire venir de la rivière de Gênes, de la Calabre, de l'Espagne et de la Grèce. Il y a donc avantage pour la France à encourager la culture de l'olivier en Algérie.

Dans les six premiers mois de l'année 1851, l'exportation des huiles de la Kabylie pour la France s'est élevée à 4,278,000 kilogrammes.

Aux environs de Tlemcen seulement, on compte 1,500,000 oliviers.

(1) Les pépinières du gouvernement ont fourni en 1850 pour toute l'Algérie 625,776 pieds d'arbres, 305,813 végétaux herbacés, et 14,403 kilogr. de graines diverses.

258 espèces de végétaux ligneux sont aujourd'hui acclimatées, et sur ce nombre 85 appartiennent à la Nouvelle-Hollande, à la Nouvelle-Zélande, au Mexique, à la Californie, à la Chine, au Japon; 173 viennent de l'Afrique équatoriale, des Indes, de l'Amérique du sud, de la Guyanne, du Brésil et des Antilles.

force d'ouvrir par ses encouragements à toutes les industries qui se rattachent à l'agriculture, et je les en félicite.

« Les courses de chevaux, si brillamment inaugurées l'année dernière, auront cette année plus d'importance et d'éclat, M. le ministre ayant, dans sa sollicitude, augmenté les crédits consacrés à cette solennité [1].

« En ce qui concerne la race ovine, M. le ministre ne s'est pas contenté d'attacher à son amélioration des primes élevées dans le programme des concours annuels; il se propose encore de faciliter l'introduction dans ce pays d'un certain nombre de sujets reproducteurs du célèbre troupeau de Naz.

« Enfin, M. le ministre a bien voulu, en approuvant les dispositions que j'ai prises en 1850, pour primer les défrichements dans nos villages, me permettre de consacrer encore une somme importante à l'application d'une mesure qui a conquis l'année dernière à la production 479 hectares de broussailles et de palmiers nains.....

« Je ne terminerai pas sans remercier ici M. le gouverneur général du concours empressé qu'il m'a toujours prêté, chaque fois que j'ai eu à réclamer pour vous l'appui de son autorité, à l'entretenir de vos besoins et à lui demander des encouragements pour vos progrès.

« Je saisis également cette occasion pour adresser, à MM. les membres du jury de l'exposition de 1850, un témoignage public de reconnaissance pour le dévouement et le zèle avec lesquels ils

---

(1) L'Algérie, avant la conquête, présentait une belle race de chevaux; la race *barbe* était justement renommée; mais par suite de la guerre l'espèce s'est singulièrement abâtardie. Frappé de cet état de choses, le gouvernement a créé des dépôts d'étalons, à Mostaganem, à Boufarik et à Bône. Des ordres ont été donnés pour qu'on fasse en Orient un choix de reproducteurs pur sang.

ont accompli leur tâche laborieuse. J'ai rendu compte de leurs travaux à M. le ministre, qui m'a chargé de leur en exprimer sa gratitude et sa satisfaction. »

DISCOURS DU SECRÉTAIRE GÉNÉRAL DE LA PRÉFECTURE D'ALGER.

(20 juin 1852.)

« Messieurs,

« Ce n'est pas sans dessein que nous avons choisi, pour procéder à cette cérémonie, le jour où l'Algérie tout entière célèbre l'anniversaire du débarquement de l'armée française : il nous a semblé que ce devait être la plus complète et la plus significative glorification du souvenir de ce grand fait, et que rien ne pouvait mieux en faire ressortir le caractère providentiel que la fête qui constate l'ensemble des résultats obtenus.

« Pour apprécier l'étendue de l'œuvre déjà accomplie, il suffit de mesurer la distance qui nous sépare des premiers jours : pour point de départ, une côte traditionnellement ennemie, sans ports (comme l'appelait déjà, il y a dix-neuf siècles, l'historien des guerres anciennes d'Afrique), et défendue par une mer devant les caprices de laquelle avait échoué le génie de Charles-Quint; aujourd'hui, un empire qui s'étend des sables du rivage aux sables du Désert.

« Du jour où son parti a été pris, la France a marché résolûment et à grands pas dans la voie qu'elle s'était tracée. On dirait que, jalouse de faire oublier ses insuccès en matière de colonisation, elle a voulu donner un éclatant démenti à l'opinion trop souvent émise par des esprits prévenus, peu patriotiques ou ennemis, que la puissance colonisatrice lui fait défaut.

« Si les sacrifices consentis par elle sont bien grands, les résultats obtenus sont immenses aussi : et cependant, dans l'histoire si courte déjà de notre occupation, combien est plus courte encore celle de la colonisation proprement dite ! Après être restée insignifiante, si ce n'est complétement nulle, dans les premières années, la colonisation fit enfin de courageux efforts pour se constituer et se développer sérieusement ; mais ses premiers établissements furent emportés dans la conflagration soulevée par la rupture du traité de la Tafna et la reprise des hostilités. Il en est sans doute parmi vous, messieurs, qui se souviennent des ruines et des misères de cette époque ; chaque jour, de nouvelles victimes tombaient sur les chemins ou dans les champs défrichés de la veille ; dans les plaines de la Mitidja, où nous cueillons paisiblement de si belles moissons, dans les ravins des plus proches collines du Sahel, on voyait briller les longs fusils de l'ennemi, à travers la fumée de l'incendie qui dévorait nos premiers établissements. Témoin de ces jours d'épreuves, j'ai vu des bandes nombreuses apporter la désolation et la mort à deux pas des murs de la capitale, à Hussein-Dey, à Kobba, à Dely-Ibrahim, à Birkadem, et jusqu'au vallon d'Hydra.

« Mais aussitôt que, grâce à notre vaillante armée, la lutte fut reportée dans des régions éloignées, la colonisation reprit courage : en même temps que les entreprises particulières renaissaient, l'administration entreprenait ce vaste système de colonisation par le budget, qui couvrit en peu de temps la plaine et le Sahel de villages et de hameaux dont le plus grand nombre est aujourd'hui en pleine voie de prospérité. Cette prospérité ne fut pas immédiate ; malgré l'énergie apportée par les colons à résister à la maladie et aux difficultés de tout genre, malgré la fertilité du sol et le bon vouloir de l'autorité, il manquait à la colonisation une force vitale sans laquelle elle demeurait inerte et languissante ; il manquait, en quelque sorte, de l'air à ses poumons.

« Cette condition essentielle, le vœu unanime de la colonie la définit bientôt. C'était une loi économique qui, en protégeant nos produits contre la concurrence des produits étrangers, lui ouvrit les marchés de la métropole. La loi de 1851, obtenue par le vigoureux appui du gouvernement, fut le point de départ d'une ère nouvelle, celle de la colonisation libre, spontanée, et pouvant vivre de ses propres forces.

» Si en toute occasion, messieurs, j'exalte ainsi les avantages de la loi de douanes, c'est que, suivant ma conviction profonde, ce devait être la pierre de touche fidèle de la force intrinsèque de nos possessions. En effet, une situation normale lui étant faite, si la colonie ne prospérait pas sans le secours incessant de l'État, c'est qu'elle n'était pas née viable, et qu'elle ne valait pas les sacrifices de tout genre qu'elle coûtait. Grâce à Dieu, l'épreuve lui a été bonne, et la voici qui prend son essor.

« Viennent maintenant les capitaux et l'application des institutions du crédit foncier pour seconder le travail de nos bras, et si, se rendant aux vœux de tous, le chef de l'État vient apprécier par lui-même l'état de l'Algérie, il verra combien cette annexe de la France a su se rendre digne de sa haute sollicitude, et combien elle peut rendre de services à la mère-patrie en échange de la vie qu'elle en a reçue.

« Les statistiques antérieures vous ont fait connaître la progression de nos cultures; la simple promesse de la loi de douanes avait doublé les défrichements ; ils ont doublé encore depuis. Comme consécration solennelle de l'absolue nécessité de cette loi pour l'Algérie et de son utilité pour la métropole, dont quelques parties s'alarmaient à tort, nos grains vont subvenir cette année à l'insuffisance des récoltes dans le midi de la France, et si cette importation y froisse quelques intérêts, ce ne seront que ceux de la spéculation.

« L'année dernière, à pareille époque, M. le préfet, dont vous connaissez la vive sollicitude pour les questions d'économie agricole, qu'il comprend si bien, insistait avec raison sur les avantages qui devaient résulter pour la colonie de l'extension des cultures industrielles. — Les colons ne sont pas restés sourds à cet appel ; on en pourra juger par les détails suivants, savoir :

« Soies. En 1848, la pépinière avait acheté 987 kil. de cocons.
En 1849, elle en a acheté 1,692 —
En 1850, — 5,779 —
En 1851, — 7,883 —

« Cette année, cette récolte donnait les plus brillantes espérances. Les essais s'étaient tellement multipliés, que la feuille de mûrier manquait sur plusieurs points. Malheureusement les éducateurs ont été contrariés par les temps humides que nous avons eu à supporter pendant les derniers jours de mai et les premiers jours du mois de juin.

« On vous a fait connaître, l'an dernier, le rang que nos soies ont su prendre dans l'opinion des grands centres de fabrication.

« Tabacs. Ils ont suivi une progression non moins grande. Il ne faut pas oublier que le service détaché à Alger, pour les achats de tabacs, n'agit point à cet égard comme le fait l'administration algérienne pour les cocons par exemple, c'est-à-dire pour favoriser cette industrie naissante ; il achète nos tabacs parce qu'il en a besoin et qu'il les trouve bons. Le commerce prend les excédants, et cette culture est toujours sûre d'un débouché facile et lucratif.

« Cotons. Les succès obtenus par les essais de culture du coton en Algérie ont fait concevoir de grandes espérances sur l'avenir de ce produit, qui a été jusqu'ici le monopole de l'Amérique et de l'Égypte. Il importait que le commerce de la métropole pût juger sur pièces de la valeur comparative de nos cotons avec ceux de l'étranger. C'est dans ce but que M. Lautour-Mézeray a eu la bonne pensée d'envoyer des échantillons de matière première à Lille, Rouen, Roubaix, Mulhouse, Amiens, Troyes, Saint-Quentin, Lyon, Tarare et Montpellier. Les chambres de commerce de ces grandes villes manufacturières ont bien voulu nous servir d'intermédiaires près des principales fabriques de tissus; les chefs de ces fabriques se sont également empressés de nous donner toutes les facilités désirables pour convertir nos cotons en fil et en tissus. Nous sommes heureux d'être aujourd'hui l'organe des remercîments de l'administration algérienne et de la reconnaissance de nos courageux colons pour le concours sympathique qui a été donné dans cette circonstance à notre colonie pour établir la valeur réelle de ses premiers produits de culture industrielle.

« La constatation des qualités de nos cotons a été faite avec le plus grand soin. Il résulte des jugements portés par les divers industriels de la métropole que le coton Jumel longue soie peut remplacer avec avantage celui d'Égypte; il est net, soyeux et d'un travail facile. Quant au coton Louisiane, il peut, à tous égards, soutenir la comparaison de la marque similaire d'Amérique. Une observation a été faite à plusieurs reprises; elle porte principalement sur l'inégalité des filaments; ces filaments n'ayant pas toute la consistance et la maturité convenables, ils s'altèrent au blanchissage. Ce défaut disparaîtra si les cultivateurs parviennent à améliorer leur culture et à perfectionner les méthodes dont ils se servent pour la récolte de leurs cotons. Nous croyons pouvoir compter, à cet égard, sur leurs efforts constants, leur intelligence, et aussi sur les judicieux et utiles conseils de M. le directeur de la pépinière centrale.

« Nous terminerons ce sujet en relatant une observation faite par des fabricants de Lille, MM. Barrois frères : « Le développe-
« ment de la culture du coton en Algérie intéresse autant l'indus-
« trie de la filature que la colonie elle-même. En effet, il résulte
« de relevés faits à Liverpool que depuis dix ans la consommation
« du coton a éprouvé une augmentation de 80,000 balles, et, quelle
« que soit la puissance productive des États-Unis, beaucoup d'in-
« dustriels craignent que l'essor de la filature ne soit entravé
« plutôt par le manque de matière première que par le défaut de
« consommation des tissus. »

« Cette observation mérite certainement attention, et nous la recommandons à vos méditations. MM. Barrois, ainsi que leurs collègues des autres départements, ont refusé des honoraires pour les soins de fabrication : je leur exprime ici tous nos remercîments pour leur désintéressement.

« L'administration s'efforce de mettre à la disposition des colons le plus de terre qu'elle le peut ; indépendamment d'un assez grand nombre de concessions isolées, les établissements du Sahel ont été complétés par le placement de nouveaux colons. Dans la plaine, deux nouveaux centres ont été créés et installés ; Rovigo et l'Oued-el-Halleg ; des créations nouvelles se préparent dans l'est et dans l'ouest, et les projets sont étudiés avec le plus grand soin.

« Les richesses territoriales étant près de s'épuiser, l'administration a dû chercher à se créer de nouvelles ressources pour ne pas être obligée d'acheter fort cher ce qu'elle donne pour rien. La complète exécution de l'ordonnance du 21 juillet 1846 lui avait donné des droits sur de vastes espaces occupés par des indigènes. Sans vouloir réclamer l'exercice absolu de ces droits, dont la rigueur deviendrait dans l'application une véritable injustice, elle a dû s'en faire une arme légale pour arriver à l'accomplissement de son but essentiel, savoir : trouver de la terre pour la donner aux colons, en laisser aux indigènes une quantité suffisante pour qu'ils puissent vivre et prospérer comme nous et à côté de nous. Une commission, instituée à cet effet, fonctionne avec une louable activité, et ses résultats, déjà appréciables, seront bientôt complets. »

Un des membres du jury a fait ensuite l'appel des lauréats, parmi lesquels on a distingué plusieurs *indigènes*; et les médailles ont été distribuées au milieu des acclamations générales.

II. TRAVAUX PUBLICS.

Ainsi qu'on a pu le remarquer, les deux discours de MM. Lautour-Mézeray et Lupaine portent principalement sur l'état de la culture en Algérie. L'impulsion vraiment extraordinaire qui lui a été donnée par les soins de l'administration, méritait bien, en effet, d'être signalée. Mais ce qui n'est pas moins digne d'attention, c'est le vaste ensemble de *travaux publics* organisés de tous côtés, et qui changeront bientôt la face du pays.

On a vu quelle était la situation à cet égard en 1843 et en 1844[1]. Voici la situation en 1851.

En 1844, la population européenne ne dépassait pas 90,000 habitants; en 1850 elle était de 150,000.

---

(1) Note E.

En 1844, on comptait un certain nombre de centres agricoles; quarante-deux colonies nouvelles ont été instituées par la loi du 19 septembre 1848.

Ces colonies, composées de 13,500 émigrants, et disposées de manière à fortifier le réseau de la colonisation, ont été réparties, savoir :

Douze dans la province d'Alger;

Vingt et une dans celle d'Oran;

Neuf dans celle de Constantine [1].

---

(1) Les subventions accordées par l'État aux colonies agricoles se décomposaient de la manière suivante :

1º Il était attribué à chaque famille une maison d'habitation;

2º Un lot de terre de 8 à 10 hectares, indépendamment d'une parcelle de terrain affectée au jardinage;

3º Des instruments aratoires et des semences, ainsi que quelque bétail;

4º Enfin une ration journalière de vivres à chaque personne de l'un et de l'autre sexe; les enfants au-dessous de sept ans touchaient la demi-ration.

Toutes ces subventions, à quelques rares exceptions près, ont dû, d'après la loi du 19 septembre 1848, cesser d'être allouées au 31 décembre 1851.

La situation des colonies, assez défavorable dans les premiers temps, s'est grandement améliorée depuis, par suite soit des renonciations volontaires qui ont eu lieu de la part d'un certain nombre de colons, soit de l'éviction de quelques autres, qu'on a remplacés par des familles de cultivateurs et par d'anciens militaires dont beaucoup ont servi en Afrique.

A la fin de 1851, les colons de 1848 possédaient 5,116 têtes de bétail. Ils avaient défriché 15,135 hectares et planté 580,644 arbres.

Routes. — Depuis la disparition des voies romaines, il n'y avait plus en Algérie de routes qui méritassent ce nom.

L'administration française en a établi de plus ou moins larges, au fur et à mesure que le besoin s'en est fait sentir.

Ce ne furent d'abord que des chemins ouverts en simples terrassements; mais plus tard ils furent modifiés et se rattachèrent à un système général conçu en vue de la domination complète, du maintien de la pacification et de la colonisation future.

Ce système général, adopté dès 1847, présente :

1° De grandes voies mettant en communication les trois provinces d'Alger, de Constantine et d'Oran; elles partent de La Calle et de Tebessa, pour aboutir aux frontières du Maroc, non loin du champ de bataille d'Isly;

2° Des routes partant du littoral et s'enfonçant du nord au sud jusqu'aux limites du Tell;

La loi du 19 mai 1849 ayant autorisé le gouvernement à envoyer 6,000 nouveaux colons en Algérie, 12 nouveaux villages leur ont été assignés : 5 dans la province d'Alger, 5 dans celle d'Oran et 2 dans celle de Constantine.

Quant à leur installation, l'administration a renoncé au système suivi jusque-là, et elle a décidé que les familles appelées à peupler ces colonies, toutes prises dans la catégorie des cultivateurs, devraient posséder des ressources suffisantes pour s'installer; elle s'est bornée à concéder à chacune d'elles une maison bâtie, et 8 ou 10 hectares de terre sans subvention.

Les premières familles de colons ne sont arrivées qu'à la fin de l'année 1851.

3° Des routes intermédiaires reliant entre elles les anciens centres de population et les centres de création nouvelle.

Ce réseau de voies de communication se résume en *cinq mille kilomètres,* dont 450 kilomètres sont actuellement à l'état d'entretien ou empierrés; 250 terrassés, mais sans empierrement; 450 à pentes réglées; 1,650 ouverts par de simples travaux de campagne, et 2,250 à l'état d'étude plus ou moins avancée.

Le moment n'est pas éloigné où ces routes, sur le parcours desquelles ont été construits 86 ponts, dont 46 en maçonnerie, 24 en charpente, et près de 300 ponceaux, seront définitivement classées comme dans la métropole, en routes nationales, départementales et chemins vicinaux[1].

(1) On écrit d'Alger le 15 mai 1852 :

« Indépendamment des routes nouvelles qui vont être ouvertes cette année dans la grande Kabylie, plusieurs autres, en ce moment, sont en cours d'exécution ou de réparation dans les territoires militaires des provinces d'Alger et de Constantine.

« Entre la colonie de Bou-Ismaël et le pont inférieur de Mazafran, on achève une route qui longe le littoral en passant par Fouka maritime; cette voie est appelé à rendre de grands services aux colons des villages situés à l'ouest de Koleah.

« D'importantes réparations sont faites, entre l'Oued Corso et l'Isser, à la route d'Alger à Dellys.

« La route de Dellys à Bordj-Tiztouzou vient d'être terminée par le 22° léger.

« Des officiers du génie étudient en ce moment le tracé d'une route

Lignes télégraphiques. — Comme complément des voies de communication, des lignes télégraphiques ont été établies, d'abord du centre du gouvernement vers l'ouest. Ainsi, d'Alger à Tlemcen, près de la frontière du Maroc, s'avance une ligne composée de 47 postes, non compris divers embranchements. Du côté de l'est, une autre ligne de 17 postes s'étend jusqu'à Aumale et se prolongera au moyen de 30 autres postes vers la limite tunisienne.

Ouvrages d'assainissement. — L'opinion publique s'était généralement trop inquiétée, dans l'origine, de la prétendue insalubrité de l'Algérie, que l'on attribuait au climat.

Des expériences heureuses et réitérées ont démontré que cette insalubrité, réelle sur certains points marécageux, ne tenait qu'à une cause accidentelle, à la dégradation des anciens canaux et à la stagnation des eaux sous la domination turque.

Le desséchement des marais a ramené la santé.

<small>carrossable, entre Bougie et Sétif, pour remplacer la route muletière qui y existe, et ouvrir aux riches plaines de l'intérieur des débouchés plus faciles sur le littoral.

« Un détachement de transportés est employé dans l'Edough (auprès de Bône) à compléter le réseau des voies de communication déjà très étendu qui ouvre accès dans les forêts de cette contrée, dont l'exploitation est aujourd'hui conduite sérieusement et très fructueusement par la compagnie concessionnaire.

« Bientôt la belle forêt des Beni-Salah sera rendue accessible comme l'est déjà celle de l'Edough.</small>

Pour ne citer que deux faits entre plusieurs :

Boufarik, dans la Métidja, signalé pour ses fièvres pernicieuses, est redevenu parfaitement salubre, grâce aux travaux d'assainissement qui ont été exécutés, aux cultures faites par de courageux colons, et aux précautions hygiéniques indiquées par l'administration.

Bône a été assaini de la même manière.

Dans la province de Constantine, mêmes travaux.

Dans celle d'Oran, il y avait moins à faire.

Somme totale, 7,580 hectares de marais ont été assainis et rendus à la culture[1].

Irrigations. — D'utiles irrigations ont été la suite naturelle de ces desséchements; il faut mentionner surtout celles qui sont le résultat de barrages, tels que le barrage du Sig, province d'Oran, remarquable ouvrage fait de concert par les Européens et les indigènes.

Il a été exécuté :

254,000 mètres de canaux d'irrigation;

75,000 mètres de rigoles.

« Un second détachement de transportés va être établi, dans une position très salubre, sur les hauteurs de Fedjoudj, entre Guelma et Nechmela, pour achever enfin la grande artère de Bône à Guelma, pour laquelle on réclamait en vain, depuis si longtemps, d'importantes améliorations » (*Moniteur* du 25 mai 1852).

(1) Les citernes romaines de Constantine et de Philippeville ont été déblayées et restaurées. Elles peuvent contenir chacune plusieurs mille mètres cubes d'eau.

Aqueducs. — Les aqueducs et conduites d'eau ont donné lieu à d'immenses travaux, sous un climat tel que celui de l'Algérie.

A Alger, deux aqueducs de construction mauresque, amenant l'eau dans la partie supérieure de la ville, au moyen d'un parcours, le premier de 6,000 mètres, le second de 14,000 mètres, mais qui la laissaient échapper en grande partie, par suite de leur état de dégradation, ont été presque entièrement reconstruits, tandis que trois autres aqueducs alimentent la partie basse.

A Constantine les eaux du Sidi-Mabrouk montent maintenant dans la ville, qui n'avait antérieurement que des citernes.

A Oran deux aqueducs, et celui d'Oran à Mers-el-Kébir, assurent à la population une eau potable abondante.

Dans beaucoup d'autres localités anciennes, de même que dans les nouveaux centres, d'importants travaux ont eu également pour objet les eaux et leur utile répartition.

Les aqueducs et conduites d'eau qui fonctionnent aujourd'hui ont un développement de 116,000 mètres[1].

Édifices, bâtiments, grande et petite voirie. — Quant aux

---

(1) Les fossés de clôture, les plantations viennent ensuite. Ainsi il a été planté plus de 17,000 arbres sur les marais égouttés de l'Oued-Boutan, dans le cercle de Milianah.

bâtiments et édifices de toute nature, élevés dans l'intérêt de la colonisation, il serait trop long de les détailler. Il suffira de rappeler que le gouvernement, dans le but de satisfaire, autant que ses ressources le permettaient, aux besoins matériels, intellectuels et moraux de la colonie, a fait construire jusqu'à présent en Algérie :

430 fontaines, châteaux d'eau et réservoirs;

148 lavoirs et abreuvoirs publics;

12 halles, marchés et fondouks;

13 abattoirs;

12 pépinières;

3 dépôts d'étalons;

21 hôpitaux, hospices et caravansérails;

44 églises, chapelles et presbytères;

19 écoles, lycées et salles d'asile;

20 mosquées ou marabouts;

177 édifices, affectés aux services civils, lesquels, ajoutés aux 692 mentionnés ci-dessus, forment un total de 869 [1].

(1) Au commencement de 1850, la totalité des dépenses pour les édifices des quatre cultes existant en Algérie était ainsi répartie :

1° *Culte catholique*.	1,956,541 fr.
2° *Culte protestant*	107,044
3° *Culte israélite* (presque partout la population israélite pourvoit elle-même au soin de son culte)	5,400
4° *Culte musulman*	278,424
Total.	2,540,009 fr.

Enfin, dans l'intérieur des villes, les travaux de grande et de petite voirie, l'ouverture, le terrassement et l'empierrement des rues représentent un développement de 84,700 mètres, et les égouts, de 29,000 mètres.

Exploitation des forêts et des mines. — Toutes les exploitations entreprises depuis 1844 n'ont fait que confirmer le résultat des premières découvertes. Les forêts de l'Algérie sont immenses et magnifiques. Ce pays, que l'on disait dénudé, présente des montagnes ombragées par les plus beaux arbres. L'exposition de Londres comptait des échantillons de bois algériens de plus de *quatre-vingts* espèces; on y remarquait le thuya articulé, éminemment propre à l'ébénisterie pour ses nuances mouchetées et marquetées, le chêne zéen, et le chêne-liége, le cèdre, le myrthe, etc. Plusieurs de ces forêts sont en état d'exploitation.

En 1846, le nombre des élèves fréquentant les écoles à tous les degrés était de. 4,572
En 1850, il était de. 9,679
Non compris les élèves des colonies agricoles, qu'on peut évaluer à 2,000 ou 3,000.

Dans les villes d'Alger, d'Oran, de Constantine, de Bône, de Blidah et de Mostaganem, on a fondé une école pour le double enseignement de l'arabe et du français aux musulmans.

Ces écoles réussissent très bien.

Deux musées, l'un à Alger, l'autre à Cherchell, réunissent une belle collection de manuscrits arabes et d'antiquités romaines.

D'un autre côté, on est arrivé à la connaissance d'une quantité considérable de produits minéralogiques. Des gisements, en général fort abondants, de fer, de cuivre, de plomb, de plomb argentifère, soit isolés, soit conjoints dans le même gîte, d'antimoine, de mercure, de lignite, de sel gemme, paraissent à la surface du sol, et bien d'autres sont encore à découvrir. Près de 70 sont actuellement connus : 23 dans la province d'Alger ; 10 dans la province d'Oran ; 35 dans celle de Constantine, et un certain nombre sont déjà exploités [1].

---

[1] D'après un recensement général, et encore incomplet, les forêts de l'Algérie, qui, en 1844, passaient pour contenir 80,000 hectares, en couvrent près d'*un million !*

Dans la province de Constantine, la forêt de Bétnah est remplie de cèdres et chênes verts sur une étendue de 15,500 hectares. L'Aurès a également des richesses forestières considérables. On compte dans cette grande chaîne de montagnes 56,000 hectares de bois de cèdres, chênes-verts et pins d'Alep, qui atteignent des dimensions colossales. La forêt de Zaatcha contient 600,000 palmiers ; et, dans le cercle de Tebessa, on a reconnu trois forêts, présentant ensemble une superficie de 55,000 hectares peuplées, l'une de beaux oliviers, les deux autres, de pins, thuyas et chênes-verts ; les pins sont d'une venue remarquable.

Ainsi que les mines, les carrières de l'Algérie sont nombreuses. On trouve dans chaque province, et en abondance, de la pierre de taille, du moellon, du grès, du gypse, de la chaux, de la terre à brique et à poterie. Dans la province de Constantine, les environs de Bône et de Philippeville donnent des marbres très estimés. Les grès secondaires, qui s'étendent au sud de Bône, renferment également des gisements de meulières comparables, pour la qualité, aux pierres employées sur les bords du Rhin et en Franconie.

Ports et phares. — 16 ports, ouverts au commerce extérieur et intérieur, font appel à la marine marchande de l'Océan et de la Méditerranée, et 21 phares ou fanaux éclairent les navires jusqu'à 15 milles en mer[1].

Le port d'Alger est une magnifique création commerciale et militaire. Son étendue sera de 90 hectares, plus une immense rade, à l'état de projet, qui aura 700 hectares. Il doit se composer : 1° d'un port de commerce entre l'ancienne darse des Turcs et la digue Algefna, suffisamment vaste pour les besoins de la marine marchande; 2° d'un port militaire entre cette digue et le fort Bâb-Azoun, qui pourra contenir 32 vaisseaux de ligne, 2 frégates et 5 corvettes. La digue du nord, qui protége le port marchand, est entièrement achevée, avec un développement de plus de 700 mètres, non compris le musoir qui doit porter une forte batterie. La digue Algefna, une partie des quais sont en voie d'exécution; les travaux de la jetée Bâb-Azoun, qui doit fermer le double port, sauf la passe nécessaire, seront exécutés plus tard[2].

---

(1) L'air est en général plus transparent sur les côtes de l'Algérie que sur celles de la France, et surtout celles qui sont baignées par l'Océan. Les phares et feux de port y conservent, par conséquent, d'une manière plus complète, leur portée en mer, leur lumière n'étant que rarement atténuée par les brumes.

(2) Dépense totale à effectuer, non compris la rade.   41,592,000 fr.
   Dépense faite jusqu'au 31 décembre 1849. . . .   14,600,000
   Reste à dépenser. . . .   26,992,000 fr.

24

Travaux militaires et camps. — La défense du territoire est le premier besoin de la colonisation.

Fortifications, murs d'enceinte, batteries, arsenaux, casernes, tout était à créer ou à reconstruire.

Les points de défense du littoral, surtout à Alger et à Mers-el-Kebir, ont été pourvus de fortifications.

Là où les ressources budgétaires n'ont pas permis des travaux permanents, on a tiré parti d'anciens ouvrages turcs, ou bien des batteries et des murs d'enceinte provisoire ont mis à l'abri de toute agression.

Des casernes, comparables à celles de France, peuvent donner un logement salubre à 40,000 soldats.

Des hôpitaux peuvent contenir 5,000 malades.

Enfin des camps ont été construits, et ces camps ne se sont pas bornés à une utilité exclusivement militaire.

Autour d'eux, on a vu se grouper en commençant les industriels et les marchands habitués à suivre les armées. C'était un premier noyau de population civile, s'établissant d'abord dans des baraques, qui ne tardaient pas à se changer en maisons. Et lorsque plus tard le progrès de nos armes avait rendu inutiles quelques-uns de ces camps, on a pu les livrer à la colonisation en y annexant un territoire agricole, et les métamorphoser de la sorte en villages qui, avec le temps, formeront des villes.

On peut citer dans la province d'Alger les villages de Douéra, Mahelma, Joinville, Montpensier, Boghar et Teniet-el-Had, placés sur les camps abandonnés du même nom. Dans les autres provinces, plusieurs centres de population ont eu la même origine [1].

III. ORGANISATION DES INDIGÈNES.

Il ne suffisait pas d'enrichir et de féconder le pays ; il ne suffisait pas d'y signaler notre puissance par ces grands travaux d'utilité publique ; il fallait l'organiser, il fallait y asseoir notre domination sur des bases profondes.

C'est encore l'une des pensées du maréchal duc d'Isly qui a été mise à exécution. On a presque partout con-

---

(1) *Le Guide du colon...* d'après les documents du ministère de la la guerre; Paris, 1852. — *Tableau... des établissements français en Algérie*, 1846-1850, publié par le ministère de la guerre; Paris, novembre 1851.

Les stations militaires sont quelquefois installées sur l'emplacement même des villes et des camps romains. On a vu (note C) ce qu'avaient été autrefois Sétif, Guelmah, Tebessah, etc.

La science n'y est pas plus oubliée que la guerre. De beaux travaux archéologiques y sont entrepris par nos officiers ; on y découvre des inscriptions, des statues, des fragments de colonnes, des pierres funéraires. C'est ainsi qu'on a retrouvé à Lambœsa le tombeau de l'un des chefs de la légion III *Augusta*, Titus Flavius Maximus. Le tombeau ayant été restauré par les soins du colonel Carbuccia, l'urne qui contenait les cendres du tribun romain y a été déposée de nouveau, et saluée, après seize siècles, par tous les feux de la division de Bathnah.

servé l'administration locale. Là seulement où les chefs n'étaient pas sûrs, on les a changés, mais l'ensemble de l'ancien gouvernement est resté le même.

Aujourd'hui l'Algérie est divisée en trois grandes provinces, comme sous les deys : celle d'Alger, celle de Constantine, celle d'Oran. Chacune de ces provinces est partagée en subdivisions et en cercles, qui ont pour commandants des officiers français. Des bureaux arabes, placés sous les ordres des commandants, dirigent et surveillent les indigènes.

Dans un rang subordonné se trouvent les chefs arabes. D'abord le cheick du douar, qu'on pourrait assez bien comparer à un maire d'une commune française[1]. Il est assisté d'un conseil (djema) composé des principaux notables. Puis le kaïd, chef de la tribu, ayant à côté de lui le kadi, chef de la justice civile et religieuse; puis le kaïd des kaïds, ou l'agha; puis le bach-agha (chef des aghas) ou le khalifa (lieutenant). Ce dernier grade n'appartient qu'aux hommes les plus importants par leur naissance ou leur influence.

Le cheick est nommé par le commandant de la subdivision, sur la présentation du kaïd; le kaïd, par le

---

(1) *Douar*, le village, le hameau de tentes; quelquefois, par extension, toute réunion d'individus sous des tentes ou sous des maisons, Arabes ou Kabyles.

commandant de la division, sur la présentation du commandant de la subdivision ; les aghas, les bach-aghas et les khalifas, par le ministre de la guerre, sur la proposition du gouverneur général [1].

Le cheick n'est pas rétribué. Le kaïd ne l'est pas davantage ; il perçoit seulement une légère taxe sur les impôts et les amendes.

Les aghas, les bach-aghas et les khalifas sont rétribués. L'agha reçoit de 1,200 à 3,000 francs; le bach-agha 5,000; le khalifa 12,000.

Ce système a parfaitement réussi.

L'Algérie compte à peu près 3 millions d'âmes.

La province d'Alger a 900,000 habitants, avec 290 tribus ;

La province d'Oran, 600,000 habitants, avec 275 tribus;

La province de Constantine, 1,300,000, avec 580 tribus.

En tout, 1,145 tribus [2].

Eh bien, au commencement de 1851, l'autorité française s'exerçait directement ou indirectement, soit par elle-même, soit par délégation, sur l'immense majorité

---

[1] Un certain nombre de tribus, surtout dans le Sahara, ont conservé leurs grands chefs, quelques-uns héréditaires, quelques-uns électifs ; mais tous ces hauts dignitaires de l'aristocratie arabe n'en sont pas moins nos vassaux. Ils ont fait acte de soumission et de vasselage.

[2] Ces chiffres ne peuvent être qu'approximatifs.

de ces tribus : moins de cent étaient restées insoumises. Depuis l'expédition de la Kabylie dans le courant de 1851, depuis la répression vigoureuse qui a terminé cette année même les troubles de la province de Constantine, ce dernier chiffre a nécessairement diminué. De là résulte que la richesse privée a suivi la marche de la richesse publique, et que le revenu et la valeur des terres ont augmenté presque partout d'une manière sensible. Ainsi, tandis que l'impôt arabe qui ne produisait, il y quelques années, que 3 millions de francs, s'élevait en 1850 à près de 5 millions, les indigènes dépensaient près de 3 millions pour substituer à leurs tentes ou à leurs cabanes des constructions à l'européenne; 441 dans la province de Constantine; 811 dans la province d'Oran; 1,030 dans celle d'Alger. Plus de 500,000 fr. avaient été utilisés par eux en caravansérails, en fontaines, en bains, en lavoirs, en ponts. Des sommes importantes avaient été, en outre, employées à la construction ou à la réparation des établissements charitables et pieux dans les trois provinces.

Parmi les constructions privées, on cite : celles du khalifa de Hamza; celles exécutées à Laghouath par des ouvriers européens à plus de 360 kilomètres d'Alger; celles d'un de nos khalifas à Mostaganem, qui n'ont pas coûté moins de 150,000 francs; celles du cheick El-Arab à Biskra. Parmi les constructions d'utilité publique, on remarque un fondouk (bazar fermé) et un moulin dans la division d'Aumale; des bains maures à Orléansville; un fondouk et des bains maures à Batna (Bêtnah); on compte encore les caravansérails, tous exécutés par les tribus, sans aucune subvention de l'État, qui relient dans la province d'Oran les villes de Tiaret, Sidi-bel-Abbès et Tlemcen; ceux qui, dans la province de l'est, relient Constantine à Biskra sur une longueur de plus de 200 kilomètres, etc.[1].

En dehors de leur utilité privée ou publique, toutes ces constructions sont une garantie pour la sécurité générale. Les caravansérails, par exemple, servent d'asile aux voyageurs; ils aident à la surveillance et à la police des routes; des postes y sont quelquefois installés. Les maisons de commandement sont autant de petites forteresses derrière lesquelles les chefs fidèles restent à l'abri de l'insurrection, et le mur d'enceinte qui les entoure offre un refuge aux tribus, qui peuvent y placer en sûreté leurs familles et leurs troupeaux. Enfin, en toutes choses, on peut remarquer un développement, une amélioration.

Les indigènes commencent à cultiver comme les Eu-

---

(1) Les deux mosquées de Philippeville et de Sétif ont été en partie construites avec le concours des indigènes. Seize mosquées ont été ailleurs bâties à leurs frais.

ropéens. Les labours se sont considérablement accrus. Dans la subdivision d'Orléansville, l'augmentation a été, en 1850, de 28 pour 100 sur 1849. Des terres incultes ont été fertilisées; d'autres ont reçu des cultures inconnues jusqu'à ce jour. On a récolté la pomme de terre, la patate, le tabac; on a greffé l'olivier; les arbres fruitiers ont été multipliés. Dans la subdivision de Milianah on en a planté 150,000, et plus de 300,000 pieds de vigne. Des ouvriers arabes ou kabyles s'engagent, comme jardiniers, dans les villes du littoral, et, retournant plus tard au milieu de leurs tribus, y font connaître les procédés et les avantages de la culture européenne.

Le commerce, ruiné par la guerre, se ranime et se relève. On a vendu des laines en 1850 pour plus d'un million de francs sur nos marchés du Tell, et, chose bien remarquable, on y a vu les Arabes du Sud accepter des *billets de banque* en payement de leurs livraisons. En 1849, la Kabylie a fourni à l'exportation française près de 4 millions de livres d'huile. La récolte du blé ayant manqué sur plusieurs points, on a dû recourir aux céréales de l'Europe, et plus de 2,000 chameaux des tribus sahariennes sont venus chercher à Alger celles dont elles avaient besoin.

L'huile, les laines et les grains n'ont pas été les seuls objets du commerce algérien. Il s'est vendu beaucoup de bœufs sur les marchés de Bône et de Guelma. Les Kabyles ont fourni de la cire, du savon noir; les Arabes ont apporté des peaux. A Bône, à La Calle, et dans la Métidjah, ils ont livré des tabacs. Enfin les marchands européens ont vendu aux Beni-Mzâb, qui sont les échangistes les plus actifs de notre Saharâ, et qui, par leur situation topographique, touchent à l'entrée du grand Désert, des ustensiles de jardinage et de labour et des articles divers fabriqués sur leur demande, pour les besoins des consommateurs.

Il n'est pas jusqu'à nos usages et à nos coutumes qui ne s'infiltrent, par la pression du temps, chez les populations indigènes. Leurs malades se présentent dans nos hôpitaux; leurs femmes mêmes y viennent quelquefois, et, dans la seule subdivision d'Oran, 1,600 enfants ont été vaccinés. Pour terminer par un trait caractéristique, j'ajouterai que le besoin de la publicité vient de pénétrer chez les Arabes. Dans le but d'éclairer des esprits faciles à égarer, et de faire parvenir jusqu'à eux la connaissance des faits utiles ou des mesures administratives qui peuvent les intéresser, le gouvernement a eu la pensée de créer un journal arabe. Cette feuille, qui s'appelle *le Moubacher* (le Nouvelliste), est publiée à Alger tous les quinze jours. Son succès a été rapide. Distribué gratuitement à tous les chefs investis, *le Moubacher* est lu avec la plus grande avidité; on le commente, on se le communique, et lorsqu'un accident en retarde la distribution, on voit des tribus envoyer des messagers au chef-lieu de leur cercle pour réclamer le numéro qu'elles attendent.

Il y a donc en Algérie, malgré quelques agitations locales, malgré quelques désordres inévitables sur un aussi vaste territoire et au milieu de nations si récemment conquises, il y a donc de la part des indigènes une tendance de plus en plus marquée à se rapprocher de nous. Peu à peu notre influence rayonne et s'étend. Vous la trouvez aux limites extrêmes du pays; vous la reconnaîtrez à Ouârgla, à Touggourt, chez les habitants brûlés de l'ouad-Souf, dans toutes ces oasis lointaines et autrefois inconnues que, suivant une expression heureuse, « la France conduit à longues guides. » Ce fait, que je signalais dès 1844, est aujourd'hui incontestable. A coup sûr, le rapprochement est lent; on rencontre de vives oppositions, de rudes résistances; mais enfin les oppositions s'affaiblissent, les résistances s'affaissent. Il est donc bien évident, quoi qu'on en puisse dire, que c'est là une colonie en progrès, où le bien, où le mieux se font tous les jours, et qui est en droit d'espérer le plus brillant avenir [1].

---

[1] *Tableau... des établissements français dans l'Algérie* 1846-1850, publié par le ministère de la guerre; Paris, novembre 1851.

V.

Expédition de la Kabylie en 1851.

Nous aurions voulu pouvoir donner en entier le rapport adressé, le 16 août 1851, au Prince Président par M. le ministre de la guerre sur les opérations qui ont eu lieu en Algérie au printemps de la même année; c'est à la fois le récit animé de l'expédition de la Kabylie orientale, ainsi que l'exposé le plus complet des difficultés qu'elle a eues à vaincre et des résultats qu'elle a obtenus. Mais l'étendue de ce document est trop considérable, et nous devrons nous borner à une analyse aussi exacte que possible.

Le ministre commence par rappeler l'expédition entreprise sur les Kabyles en 1847 par le duc d'Isly, et dans laquelle le maréchal parvint à séparer en deux l'épais massif qui s'étend de Dellys à Philippeville.

« On en recueillit des avantages importants sous plus d'un rapport. La soumission de la vallée de l'oued-Sahel rendit libre la communication entre Alger et Bougie par Aumale. Une route directe relia Sétif à Bougie, et permit de ravitailler cette dernière place sans être obligé d'y amener de Constantine les denrées débarquées à Philippeville. Le trajet était réduit de 213 à 99 kilomètres. La ville de Bougie, qui était bloquée du côté de l'intérieur depuis 1834, et frappée par les Kabyles d'interdit commercial, devint rapidement le principal marché d'huile de l'Algérie. Enfin le Djurdjura, considéré comme le foyer de l'antique indépendance kabyle, se trouva enveloppé et surveillé, au nord et à l'ouest, par la vallée du Sabaou; au sud, par Aumale et les positions fortifiées de Boughni et de Bouïra [1]: la vallée de l'oued-Sahel achevait cette ligne de ceinture à l'est. »

Cependant la Kabylie se remue de nouveau. Elle sert de refuge aux prétendus chérifs, aux Moulâ-Saa [2]; un d'eux surtout, nommé Bou-Baghla, *l'homme à la mule* [3], exerçait une grande influence sur les tribus montagnardes. Il les excitait continuellement par ses lettres, ses intrigues et ses mensonges; il les appelait à la guerre sainte. L'expédition de 1851 fut résolue [4].

---

(1) Bordj-Bouira (*Auzia* des Romains, Hamza).

(2) Les *maîtres de l'heure*, attendus chaque jour, et qui doivent chasser les Français de l'Algérie.

(3) Bou-Maza était *l'homme à la chèvre*.

(4) On ne saurait imaginer par quels mensonges ridicules les agitateurs arabes ou kabyles cherchent à égarer des populations crédules et ignorantes.

Sid-el-Djoudi, ce fameux chef de la confédération des Zouaouas qui vient de faire sa soumission, écrivait en 1844 à l'un de nos khalifas :

« Je vous informe qu'il nous est arrivé des troupes de Constantinople, qui

I. But de l'expédition.

« L'expédition devait avoir pour but :

« 1° D'assurer une sécurité complète à la route qui relie Philippeville à Constantine, aux cercles populeux situés sur cette grande communication et aux établissements agricoles de la vallée du Safsaf. Cette partie des opérations indiquait la soumission de la vallée de l'Oued-Guébli et des tribus établies entre Collo et Philippeville.

2° De débloquer Djidjelli, et, par la soumission des Kabyles de cette circonscription, de mettre en relation avec Milah cette place que nous occupions depuis 1849...

« 3° De faire cesser les dangers qui menaçaient les propriétés domaniales situées dans la vallée du Rummel, à quelques kilomètres à peine de Constantine..., etc.

II. Marche du général de Saint-Arnaud sur Djidjelli.

« Le général Saint-Arnaud réunissait alors à Milah une division de 12 bataillons, 4 escadrons, 8 pièces de montagne

« ont fait jonction avec celles de Tunis ; elles traînent 800 canons et sont au
« nombre de 300,000 combattants » (*La grande Kabylie...* par le colonel Daumas, p. 183 ; Paris, 1847).

Tout le monde connaît en Algérie la *légende* de Bou-Maza, sur la poitrine duquel les balles de nos soldats s'applatissaient ;

Celle du sabre d'un pieux cheik, qui tranchait d'un seul coup 1,200 têtes de Français ;

Celle des palmiers de Tougourt, dont les branches firent feu comme des fusils, il y a quelques années, sur une troupe d'agresseurs, etc.

(8,000 hommes). Ces forces étaient organisées en deux brigades, l'une sous les ordres du général de Luzy, la seconde commandée par le général Bosquet.

« Pour se porter à Djidjelli, la division avait à traverser un pays de montagnes, abrupte, sans routes, et dans la majeure partie duquel jamais soldat français n'avait pénétré. Il lui fallait lutter contre l'énergie de tribus qui croyaient encore à l'inviolabilité de leurs montagnes. Elle se mit en mouvement le 10 mai. »

Combats opiniâtres les 11, 12 et 13 mai.

« Le 14 mai, la division continua de descendre par des sentiers impraticables, en combattant, comme la veille, vers l'embouchure de l'Oued-Kébir (qui n'est autre que le Rummel). Les Kabyles redoublaient d'efforts; c'était non loin de ces terrains si profondément tourmentés que l'armée du bey Osman avait été complétement détruite en 1804; ils avaient annoncé un désastre pareil pour nos troupes. Mais aucune difficulté de terrain, aucune position escarpée, aucune fatigue ne surprit ni ne lassa nos soldats; l'ennemi fut partout repoussé [1].

Le 16 mai, la colonne bivouaque sous les murs de Djid-

---

(1) Ce désastre des Turcs en 1804 a laissé de profonds souvenirs chez les Kabyles, et a fort contribué à entretenir leur exaltation guerrière.

A cette époque, un fanatique, un de ces sectaires si nombreux en Algérie, appartenant à l'ordre religieux des derkaoua, avait soulevé une portion considérable des Kabyles, et leur avait promis qu'ils s'empareraient de Constantine pendant l'absence du bey Osman. Les Kabyles furent repoussés. Osman revint en toute hâte, et poursuivit à son tour les agresseurs jusque dans leurs montagnes. Mais, ayant commis l'imprudence de diviser ses troupes, il fut complétement battu et périt lui-même au milieu d'un marais (*Les Khouân...* par le capitaine DE NEVEU, p. 160 et suiv.; Paris 1846).

jelli. Le 19, le général de Saint-Arnaud part de Djidjelli. Le 20, il reçoit la soumission de plusieurs tribus considérables. Le 22, il continue sa marche et détache de sa colonne le général Bosquet, qui va prêter main-forte au général Camou.

III. Opérations du général Camou dans la vallée de l'oued-Sahel.

Pendant ce temps, le général Camou avait principalement manœuvré dans la vallée de l'oued-Sahel (la Summan), et s'était attaché à la poursuite de Bou-Baghla.

Le 30 mai, réuni au général Bosquet, il attaque vigoureusement les Kabyles : le 1er juin, il atteint Bou-Baghla lui-même. La musique du chérif, sa tente, ses bagages tombent en notre pouvoir, et, après plusieurs jours employés à recevoir les soumissions d'un grand nombre de tribus, le général arrive le 15 juin sous les murs de Bougie.

« A Bougie, le général Camou fut rallié par deux bataillons, l'un du 8e de ligne, et l'autre du 22e léger, qui se trouvaient dans la place, et le 17, il remonte la vallée de l'oued-Sahel, sur les traces de Bou-Baghla. Ce dernier, profitant de l'instant de répit que lui avait laissé la colonne, s'efforçait, mais en vain, de pousser les Beni-Immel à combattre contre nous. Les menaces du chérif n'avaient plus la même action sur les tribus. Elles ne faisaient cependant aucune démarche pour renouer leurs relations avec nous, et n'osaient pas se prononcer contre Bou-Baghla; elles opposaient même encore un sorte de force d'inertie à nos efforts pour les faire rentrer dans le devoir.

« Ce ne fut qu'après quatre jours de station au milieu des villages et des moissons des Beni-Immel que le général Camou obtint leur soumission. La destruction des moissons des Beni-Immel effraya les Beni-Mensour, les Tissas et les Beni-Ourghlis, qui vinrent également se soumettre. La terreur était générale : les Messina, Mellana et Beni-Aïdel entrèrent en pourparler, et le chérif, abandonné de tous, ne trouva de refuge que chez les Ouzellaguen, sur la rive gauche de l'oued-Sahel.

« Le 24 juin, le général Camou, poursuivant le chérif sans relâche, bivouaquait chez les Ouzellaguen, et le 25 il se trouvait en présence des contingents kabyles, réunis en grand nombre autour du village d'Irel-Netara; Bou-Baghla, entouré de ses cavaliers, les excitait au combat. Le général Camou, habilement secondé par le général Bosquet, forme aussitôt trois colonnes d'attaque et les lance sur l'ennemi. Nos braves soldats ont à gravir des escarpements à pic, sous le feu plongeant des Kabyles qui défendent le terrain pied à pied; mais rien ne peut arrêter leur impétueuse ardeur : en quelques instants le village d'Irel-Netara est enlevé, les Kabyles chassés de toutes leurs positions, et le chérif poursuivi l'épée dans les reins jusqu'au col d'Alfadou par notre cavalerie, qui, dans cette journée, prit une part active à la lutte. Les Ouzellaguen méritaient une punition sévère : plusieurs de leurs villages furent livrés aux flammes. Ce châtiment fit une telle impression sur eux que nos troupes regagnèrent leur bivouac sans être inquiétées à l'arrière-garde....

« Le 30, le général Camou se porta à Akbou, où il passa les journées des 1er et 2 juillet. Il réunit sur ce point les gens d'Illoula, Ouzalleguen, Beni-Ourghlis, Beni-Aïdel et Beni-Abbas, et leur fit jurer, entre les mains de Si-Ben-Ali-Chérif, un alliance pour le maintien de la paix du pays contre les tentatives de Bou-Baghla ou de tout autre agitateur. Des otages furent donnés comme garants de la sincérité de cette confédération [1].

« Le général, voulant ensuite faire un exemple qui frappât les esprits, se dirigea chez les Ouled-Sidi-Yaya-el-Aïdli, marabouts des Beni-Aïdel, qui avaient donné asile à Bou-Baghla, pendant qu'il insurgeait la rive droite de l'oued-Sahel. Après avoir brûlé leurs villages et détruit leurs moissons, il se porta, le 7 juillet, chez les Beni-Abbas. Ils vinrent tous à sa rencontre, à l'exception d'une seule fraction, les Bel-Aïal, qui occupaient, au pied de Kalaa, un village réputé inexpugnable. Le 8e de ligne, lancé sur ce village, eut bien vite raison d'une résistance aussi vaine, et les Bel-Aïal, comprenant leur position, se hâtèrent de faire leur soumission en amenant des otages.

« Les gens de Kalaa vinrent apporter la diffa [2]. Cette ville, bâtie sur une montagne élevée et à laquelle on ne parvenait qu'en suivant des sentiers étroits taillés en corniche dans les flancs du rocher, était considérée comme la citadelle inviolable de la Kabylie. Elle servait de lieu de dépôt pour les richesses des principales familles des Beni-Abbas et de la Medjana. Le 8 juillet, le dernier prestige de Kalaa tombait ; elle était visitée par un détachement d'officiers de toutes armes. Nous constations de la sorte, d'une manière irréfragable, notre prépondérance.

---

(1) Si-ben-Ali-chérif : marabout de la célèbre zaouïa (mosquée-école) de Chollata, et qui en avait été chassé par Bou-Baghla.

(2) Les vivres.

« La mission du général Camou se trouvait ainsi glorieusement terminée. Toutes les tribus de la rive droite de l'oued-Sahel et celles de la rive gauche, depuis les Beni-Mellikench jusqu'à Bougie, étaient rentrées dans le devoir ; Si-Ben-Ali-Chérif était réinstallé dans sa zaouïa de Chellata avec les honneurs de la guerre et un accroissement d'influence, Bou-Baghla refoulé jusque chez les Zouauas, et son impuissance démontrée au grand jour[1]. »

(1) Presque toutes les villes que nous avons trouvées en Algérie semblent avoir été bâties sous l'empire de la crainte. Vainement eût-on cherché, dans un vaste rayon autour d'elles, une position plus retirée, plus inaccessible, plus inexpugnable que la leur. Kuelâa (Kalâa), sous ce rapport, passe à bon droit pour une merveille. Le seul point par lequel un corps de troupes puisse en tenter l'approche est Bouni, du côté de la Medjana. Entre cette région arabe et la région kabyle, un phénomène naturel indique nettement la limite. Près du village de Djedida s'ouvre une porte colossale au milieu des rochers, et cette porte sépare deux pays dont le contraste est saisissant. Qu'on la franchisse vers le sud, on admire aussitôt les riches cultures et les moissons dorées de la Medjana. Qu'on la traverse dans la direction du nord, l'œil ne rencontre plus qu'un sol abrupte et tourmenté, une végétation languissante, des crêtes couronnées de quelques arbres résineux ; mais à mesure qu'on s'élève, le paysage revêt insensiblement ce genre de beauté propre à la nature des montagnes. Une source magnifique jaillit d'un roc immense, coupé verticalement, couvert de mousse, ombragé de mille plantes flexibles. De ce point, un sentier part, serpente entre deux rochers qui l'encaissent comme des murailles gigantesques, et il débouche sur le plateau culminant de Bouni.

Trois lieues séparent Bouni de Kuelâa : ce sont les difficultés de cette route qui dépassent tout ce qu'on peut imaginer ; elle circule presque toujours sur une crête amincie, effilée, offrant parfois un mètre de largeur, avec d'effrayants précipices à droite et à gauche. Enfin le terme du voyage est annoncé par deux pitons que l'on contourne, et l'on arrive sur un plateau de six kilomètres qui ne tient à la surface terrestre par aucun autre point. Porté sur des murailles de roc, verticales ou en surplomb, dans lesquelles on a pu tailler à

IV. Marche du général de Saint-Arnaud a l'ouest et a l'est de Djidjelli.

Après être retourné à Djidjelli et y avoir donné quelques jours de repos à ses troupes, le général de Saint Arnaud entrait de nouveau en opération le 5 juin pour se porter à l'ouest. Les combats du 9, du 10 et du 12 lui donnèrent raison des tribus encore récalcitrantes.

grand' peine quelques sentiers de chèvres, ce plateau semble un môle immense auquel le soulèvement isolé dont on vient de parcourir la crête servirait de jetée gigantesque, et tout cela domine un bassin en forme d'entonnoir qui achève de rendre le tableau tout à fait fantastique.

Le dernier trait qui nous reste à tracer pour compléter la physionomie de Kuelâa caractériserait à lui seul l'état de désordre et d'anarchie dont cette contrée fut si longtemps victime. La position de Kuelâa en avait fait un lieu de refuge où toutes les grandes familles venaient mettre à l'abri leur fortune, et non pas seulement leurs bijoux, leurs espèces, mais leurs grains même. Les divers membres de la famille Mokhrani possèdent ensemble une douzaine de maisons à Kuelâa. Souvent, quoiqu'on y soit propriétaire et qu'on y ait des serviteurs fidèles, on préfère se confier à de simples habitants. Jamais il n'y eut d'exemple, dit-on, d'un dépositaire infidèle. Bien des fois, d'irréconciliables ennemis qui bouleversaient toute la contrée environnante ouvrent leurs fortunes entières déposées porte à porte dans cette ville de neutralité. Aussi en est-il résulté pour elle une bienveillance générale. Au milieu des guerres les plus acharnées, ses enfants trouvaient de part et d'autre un favorable accueil (*La grande Kabylie...* par le colonel DAUMAS, p. 405 et suiv.; Paris, 1847).

Rentré à Djidjelli le 16 juin, le général se dirigeait vers l'est le 18.

Le 19, il bivouaquait chez les Beni-Ider. « A dater de ce « jour, dit le rapport, la colonne eut constamment de- « vant elle les contingents qu'elle avait combattus dans « sa marche de Milah à Djidjelli. Ils venaient chaque jour « disputer le passage à notre armée. On se bat le 21, le 22, le 24 juin. C'est une lutte de tous les instants.

« Le général de Saint-Arnaud descendit le 26 de Tabouna à Kounar, sur le bord de la mer, pour prendre un ravitaillement que lui apportait la corvette à vapeur *le Titan*. La distance à parcourir n'était que de 16 kilomètres; mais le pays était très difficile, et le sentier suivi par les troupes sur l'arête d'un contrefort, tellement étroit, qu'on était obligé de défiler par un. L'ennemi ne se montra pas d'abord; le général avait reçu des otages des tribus dont on parcourait le territoire et tout annonçait une marche pacifique, quand tout à coup l'arrière-garde, aux ordres du colonel Marulaz, fut assaillie par 3,000 Kabyles avec une sorte de fureur. Repoussés, ils reviennent à la charge; on se mêlait, on se battait corps à corps avec ces intrépides montagnards; le terrain était disputé pied à pied, et ce n'est qu'après plusieurs retours offensifs, vigoureusement conduits par le lieutenant-colonel Espinasse et le chef de bataillon Picard, que l'arrière-garde parvint à décider la retraite des Kabyles. L'ennemi laissa plus de 120 cadavres sur le terrain; le chiffre de ses blessés dépassait 200. »

Cette sanglante affaire compléta les résultats obtenus

par les combats précédents. Les Ledjenna et les Beni-Salah vinrent demander l'aman.

« Toutes les tribus du cercle de Djidjelli ayant fait acte de soumission, le général de Saint-Arnaud se porta sur la rive droite de l'oued-Kébir pour continuer sa rude mission dans le cercle de Collo. »

Il était le 1er juillet chez les Bel-Aïd; le 2, chez les Beni-Meslem; le 4, chez les Djellaba, et le 6 chez les Méchat, où il trouva encore de nombreux rassemblements qu'il fallut dissiper à coups de fusil : chaque tribu voulait avoir sa journées de poudre et ne se rendait que bien convaincue de l'inutilité de la résistance.

V. Occupation de Collo par le général de Saint-Arnaud.

Le 12 juillet, la colonne du général de Saint-Arnaud quitta son bivouac d'El-Milia.

Combats le 12 et le 13; le 15, on arrive sous Collo.

« Le 16, deux colonnes légères, aux ordres des lieutenants-colonels Espinasse et Périgot, furent lancées contre les villages des Achach, voisins de Collo ; en exécutant cette opération, elles tuèrent une trentaine des plus intrépides défenseurs. Le 17, deux colonnes furent encore mises en mouvement, pendant que le lieutenant-colonel Espinasse, avec trois bataillons, 50 chevaux, 2 obusiers, maintenait les Achach; quatre autres bataillons, 100 chevaux et 2 obusiers, conduits par le colonel Marulaz, recevaient mission de pénétrer chez les Beni-Ishak. Ils enlevèrent d'abord les quatorze villages des Beni-Ishak, puis ils se trouvèrent en face d'un rassemblement de 700 fusils environ. Ce rassemblement, composé en grande partie des Ouled-Attia, tint contre l'artillerie et la mousqueterie dans une bonne position. Le signal de l'attaque est donné : aussitôt les zouaves, le 20°, les tirailleurs indigènes, la légion étrangère s'élancent au pas de course et abordent vigoureusement l'ennemi. Les Kabyles cherchent leur salut dans un ravin profond; mais la cavalerie, à la tête de laquelle charge le commandant Fornier, leur coupe la retraite et les arrête. Les Kabyles, maintenus dans le ravin, tombent sous nos coups; 100 d'entre eux y perdent la vie. Malheureusement le commandant Fornier fut tué raide dans la charge. C'était un officier brillant et plein d'avenir..... »

« Collo était rentré dans le devoir, les Achach avaient fait leur soumission, les Aïchaoua étaient neutralisés par l'influence du nouveau kaïd de Collo, les Beni-Isak étaient terrifiés par l'exécution faite contre leurs villages et la perte d'un grand nombre des leurs; les Ouled-Attia, rudement châtiés eux-mêmes, avaient regagné en hâte le sommet de la montagne d'El-Gouffi. Le soleil brûlant d'Afrique pesait de toute son ardeur sur une colonne fatiguée par trois mois de marche et de combats. Le sirocco soufflait depuis plusieurs jours; les forces des soldats trahissaient leur courage, après une aussi longue campagne. Le général dut cesser ses opérations et renvoyer les troupes prendre dans leurs garnisons un repos chèrement acheté. Sept bataillons suivirent la vallée de l'Oued-Guebli, soumise, il est vrai, mais au milieu de laquelle ce déploiement de forces ne pouvait être que d'un effet moral important pour la sécurité de nos colonies agricoles voisines. Trois autres bataillons furent dirigés sur Philippeville.

VI. Résultats.

« Ainsi, monsieur le Président, les ordres du gouvernement ont été fidèlement exécutés, et les résultats ont répondu à ce que le pays était en droit d'attendre de l'habileté et de l'énergie des chefs de l'Algérie, aussi bien que du dévouement éprouvé et de la brillante valeur de nos troupes. Il me suffira, pour le démontrer, d'énumérer rapidement les points principaux des instructions qui avaient été tracées.

« La vallée de l'Oued-Guebli est pacifiée. Nos colonies et nos établissements agricoles, situés sur la route de Philippeville à Constantine, n'ont plus à craindre les tentatives armées des Kabyles, dont les montagnes dominent cette grande communication. Une police intelligente et active, faite par nos chefs indigènes, avec les cavaliers dont ils disposent, suffira pour prévenir et réprimer les vols ou les actes isolés de brigandage qui pourraient se commettre. La ville de Collo a été mise à l'abri des attaques des montagnards. On y a confié le commandement à un kaïd vigoureux. Ce petit port de mer peut devenir le marché des huiles de tout ce massif de montagnes. C'est là un intérêt commercial qui a son importance, et dont Philippeville recueillera les premiers fruits.

« Djidjelli est débloqué. Les tribus de ce cercle sont entièrement soumises. Les plus rapprochées de la ville obéissent à l'action directe du commandement français; les autres, situées principalement vers l'est, sont sous les ordres du marabout Moula-Chokfa, qui paraît avoir mis, sans arrière-pensée, son influence religieuse au service de notre cause. Des communications sont ouvertes pour Djidjelli avec Constantine et avec Sétif. La première route passe par le col de Menazel; elle est placée sous la surveillance des frères Ben-Azzedin, qui ont donné, pendant tout le cours de l'expédition, des preuves d'un dévouement incontestable. La seconde voie, qui traverse le pays des Beni-Amram et des Beni-Foughal, est confiée au commandement énergique du cheik Bou-Akkaz-ben-Achour du Firdjioua.

« Les avantages commerciaux qui résultent de la nouvelle situation de Djidjelli n'ont pas tardé à se révéler. Cette ville, qui voyait à peine quelques Kabyles sur son marché il y a trois mois, a pu, avant même la fin des opérations, compter chaque jour plus de 500 montagnards venant dans ses murs vendre leurs huiles et acheter des produits européens. Ce mouvement tend à s'accroître rapidement. Dans les marches à l'ouest de Djijelli, l'armée a reconnu l'existence de belles forêts de chênes. Une route de quelques kilomètres pourra les ouvrir à l'exploitation européenne et créer une source de prospérité pour la ville. Les montagnes ont, sur plusieurs points, offert des signes non équivoques de richesses minérales. C'est une ressource qui nous est réservée pour l'avenir, lorsque les relations avec les Kabyles permettront de parcourir le pays sans éveiller leurs susceptibilités.

« A Ziama, entre Djidjelli et Bougie, on a découvert des bancs de corail d'une grande fécondité. La pêche a été aussitôt organisée sur ce point, et a déjà produit des résultats appréciables.

« Les propriétés domaniales, situées sous Milah et dans la vallée du Roumel, si souvent inquiétées par les maraudeurs kabyles, vont jouir d'une sécurité jusqu'alors inconnue. Les frères Ben-Azzeddin ont aujourd'hui une action plus puissante sur ces tribus, ils sont sous notre dépendance la plus complète; compromis aux yeux des Kabyles pour les services qu'ils nous ont rendus, leur intérêt leur commande de ne plus s'aliéner notre bienveillance, car nous pouvons, en les empêchant de cultiver dans les plaines, ruiner leur famille. La position du cheik Bou-Akkaz ne s'est pas moins nettement dessinée. Il s'est posé résolûment comme un serviteur de la France, et son passé nous répond de l'efficacité et de la fidélité du concours qu'il nous prêtera.

« Il est intéressant également, monsieur le Président, de noter que ces opérations si importantes, qui ont soumis à la France quarante nouvelles tribus, qui ont été compliquées encore par les mouvements qu'il a fallu faire dans le cercle de Bougie, qui se sont prolongées jusqu'à l'époque des plus fortes chaleurs, n'ont cependant nécessité ni accroissement d'effectif, ni augmentation de dépenses. Les ordres du gouvernement ont trouvé, dans M. le gouverneur général de l'Algérie, un interprète intelligent et ferme. Les troupes ont su, par leur activité et leur ardeur, suppléer au nombre pour accomplir leur tâche laborieuse; les tribus kabyles ont acquitté des contributions de guerre dont le chiffre s'élève à plus de 100,000 francs, et qui non-seulement payeront la dépense des réquisitions de mulets faites pour les ravitaillements de la colonie, mais laisseront encore un boni au profit du trésor public.

« Les brillants succès qui viennent d'être obtenus dans la Kabylie orientale ne peuvent, sans doute, faire espérer que cette contrée arrivera, après ce premier effort, à l'état de soumission des tribus arabes où notre autorité est acceptée sans contestation. Les personnes qui connaissent la Kabylie, le caractère de ses habitants et l'esprit général de la population musulmane, n'ont pas pu se faire un instant une pareille illusion. Il n'est pas nécessaire d'exagérer la partie des succès de notre vaillante armée, pour en établir l'utilité. Mais, en restant dans la vérité des choses et dans une appréciation raisonnée de la situation du pays, on peut dès à présent constater des faits considérables.

« La conquête de la Kabylie orientale est accomplie ; les troubles qui surviendraient à l'avenir n'exigeront plus des efforts aussi longs et aussi sérieux pour être comprimés ; Collo et Djidjelli recueillent immédiatement des avantages commerciaux, qu'ils n'avaient pas, qui pourront bien subir quelques variations, mais qui demeureront toujours d'une certaine importance. D'ailleurs, en mesurant avec sagesse l'action administrative sur ces tribus nouvellement soumises, on préviendra facilement des perturbations graves ; puis, à mesure que les relations commerciales multiplieront les contacts entre les Européens et les Kabyles, ceux-ci apprendront à connaître et à aimer la bienveillance de notre autorité.

« Je ne terminerai pas ce rapport, monsieur le Président, sans signaler à la reconnaissance du pays les nouveaux titres que nos braves soldats de l'armée d'Algérie viennent de conquérir. Dans cette série d'opérations et de combats livrés, sur un terrain toujours difficile, à un ennemi ardent et acharné, la colonne commandée par le général Saint-Arnaud, qui a tenu la campagne pendant quatre-vingts jours, a parcouru 640 kilomètres ; elle s'est mesurée vingt-six fois contre l'ennemi et l'a vaincu dans toutes les rencontres. 13 officiers ont été tués, 42 blessés, 176 sous-officiers, caporaux ou soldats ont trouvé la mort sur le champ de bataille, et 741 ont été blessés. De ces derniers, beaucoup sont déjà rentrés ou rentreront bientôt dans les rangs. C'est environ un homme touché sur huit, proportion peu ordinaire, et qui, en témoignant de l'ardeur de la défense, place bien haut la valeur de nos soldats. Voilà le côté douloureux et glorieux à la fois de l'expédition[1].

(1) « Ravins profonds, cols élevés, pentes abruptes, rochers escarpés, sen-

« Les pertes essuyées, aussi bien que les résultats utiles qui ont été conquis, justifient les propositions de récompense que j'ai l'honneur de vous soumettre, et que vous avez bien voulu accueillir, en exprimant le regret qu'il ne vous fût pas possible de témoigner d'une manière plus éclatante encore votre sympathie pour notre armée d'Algérie et le haut prix que vous attachez à ses services.

« Agréez, etc.

« *Le ministre de la guerre*,
« Randon [1]. »

« tiers qui n'étaient rendus praticables que la pioche à la main, marche des
« plus pénibles sur des crêtes boisées, pluies torrentielles, chaleurs acca-
« blantes » (*Autre partie du Rapport*).

(1) « On écrit d'Alger le 15 mai 1852 :

« M. le gouverneur est rentré hier soir, de retour de son voyage en Kabylie.

« Parti d'Alger le 28 avril, à bord du *Phare*, pour aller visiter la province de Constantine, M. le gouverneur général débarquait le lendemain à huit heures du matin à Bougie, où se trouvait le général Bosquet, commandant supérieur de la subdivision, venu exprès de Sétif pour le recevoir.

« Après quelques heures consacrées à entendre les autorités locales et à donner quelques instructions, M. le gouverneur est monté à cheval pour traverser cette partie de la Kabylie qui sépare Bougie de Sétif, et qui, il y a peu de temps encore, nous était hostile.

« Quel changement !

« A peine entré dans le pays kabyle, à la limite du territoire de chaque tribu, les cheiks se présentent pour rendre hommage au chef de la colonie et l'escorter jusqu'à ce qu'il soit arrivé sur le territoire d'une autre tribu.

« A chaque passage réputé dangereux, de petits détachements, installés dans des sortes de corps de garde, veillent à la sécurité.

« A chaque endroit difficile de la route, les populations travaillent à la réparer et à la rendre praticable.

« A chaque village, les habitants, l'arme au pied, attendent pour témoigner de leur respect envers celui que le maître des hommes appelle à les gouverner.

« Après trois jours d'une marche que nous oserons appeler triomphale au milieu des populations kabyles, M. le gouverneur entre à Sétif, entouré de la presque totalité de l'armée et de la population civile, escorté d'un goum nombreux d'Arabes, revêtus de leurs costumes les plus brillants et exécutant de ces fantasias comme on n'en voit que dans la province de Constantine.

« Inutile de dire que la journée consacrée par M. le gouverneur à Sétif a été employée à visiter tous les établissements, à conférer avec tous les chefs sur les besoins de leurs services, à entendre toutes les réclamations des colons, à prescrire toutes les mesures reconnues utiles.

« Le 3 mai, le gouverneur était reconduit jusqu'à la limite de la subdivision de Sétif par M. le général Bosquet, et le 4, il entrait à Constantine accompagné de M. le général Mac-Mahon, d'une suite nombreuse d'officiers, d'employés, de chefs et notables indigènes venus à sa rencontre.

« En avant de Constantine, dans la riche vallée du Bou-Merzoug, existent de nombreux établissements agricoles fondés depuis quelques années à peine. La journée du 7 leur a été donnée.

« Les heures étaient comptées. Le 7, M. le gouverneur dut quitter Constantine pour gagner Philippeville et visiter, chemin faisant, les établissements échelonnés sur la route qui relie le chef-lieu au port de la province, établissements modestes encore, mais auxquels un brillant avenir est réservé.

« La coquetterie de la petite ville El-Arrouch, magnifiquement assise dans la vallée de la Saf-Saf, ne pouvait étonner M. le général Randon ; c'était pour lui une vieille connaissance. Ce qui devait le surprendre, c'est l'état remarquable de la prospérité de la colonie de Gastonville, si maltraitée par les maladies à son début.

« M. le gouverneur n'a pu consacrer à Philippeville qu'une demi-journée et une nuit ; ce temps, quoique court, a cependant suffi à tout.

« De Philippeville, M. le gouverneur s'est rendu à Bône par terre, en traversant les montagnes du Filfila et de l'Édoug, si riches en forêts et en gisements métallurgiques. A une demi-journée de marche de Philippeville, M. le colonel de Tourville, commandant supérieur de la subdivision de Bône, l'avait rejoint.

« Le matin, le temps était à la pluie ; il était redevenu beau dans la journée pour éclairer la plus brillante réception.

« La population entière a voulu fêter la bienvenue de l'ancien commandant de la subdivision. Pendant toute la durée de son séjour, la ville a été pavoisée le jour, illuminée la nuit.

« Une annexe importante, Guelma, réclamait une visite de son fondateur. Les journées du 11 et du 12 lui ont été consacrées, ainsi qu'aux colonies agricoles de Mondovi, Héliopolis, Millésimo, qui toutes ont été trouvées dans une excellente situation.

« Le 12, M. le gouverneur quittait Bône pour rentrer à Alger. Trois heures de relâche à Djidjelli lui ont permis de visiter les travaux d'assainissement qui s'y exécutent, et de prendre de nouveaux renseignements sur l'état du pays » (*Moniteur* du 25 mai 1852).

VI

Origine et mœurs des Kabyles.

I.

Les Romains appelaient le Jurjura (Djurjura) *mons Ferratus,* et *quinque gentes* les habitants de la région environnante. Ce dernier nom révèle déjà dans cette haute antiquité une sorte de fédéralisme analogue à celui des Kabyles actuels.

Ces *quinque gentes* n'écoutèrent quelques prédications chrétiennes que pour embrasser violemment le schisme donatiste ou l'hérésie furieuse des circoncellions. On voit, vers l'an 300, l'empereur Maximilien diriger en personne contre eux une guerre d'extermination. Un demi-siècle après, on les retrouve en armes pour soutenir l'anti-César Firmus, et, depuis cette époque jusqu'à l'invasion arabe, aucun conquérant ne paraît se hasarder dans leurs montagnes [1].

Plusieurs villes romaines ont existé sur les côtes de la

(1) 1re partie, pages 9 et suiv.

grande Kabylie : Baga, Choba, Salvæ, Rusucurrum. Tour à tour on les a placées toutes à Bougie, que les Européens connaissent depuis longtemps ; mais enfin l'opinion du docteur Shaw, confirmée depuis par la découverte d'une inscription romaine, fixe décidément à Bougie la colonie militaire de Salvæ. Aujourd'hui encore des ruines de maisons, et surtout un vieux mur d'enceinte dont le développement total n'excède pas 2,500 mètres, constatent sur ce point l'existence d'une cité antique, mais assez peu considérable.

L'intérieur du pays renferme également quelques ruines de l'ère romaine ou chrétienne.

II.

La langue est la vraie pierre de touche des nationalités. Les communautés d'origine, les influences étrangères, la grandeur ou la décadence des peuples, l'attraction ou l'antipathie des races, tout cela s'y reflète comme dans un miroir, et l'on serait tenté de dire : *une nation est l'ensemble des hommes qui parlent la même langue.*

Cette unité de langage existe ; elle établit la parenté la plus certaine entre toutes les tribus kabyles, non-seulement de l'Algérie, mais de la côte barbaresque, et cela seul suffirait pour vider sans retour la question des origines. Des tribus parlent exclusivement arabe : par conséquent elles viennent de l'Arabie. D'autres conservent un idiôme différent, celui, sans aucun doute, qui régnait dans le pays avant l'invasion. De qui le tiendraient-elles, sinon de leurs ancêtres?

Les Kabyles dérivent donc d'un seul et même peuple, autrefois compacte, autrefois dominateur du pays entier, mais plus tard refoulé dans les montagnes, circonscrit par des conquérants qui s'approprièrent les plaines, et morcelé de la sorte en grandes fractions devenues à la longue presque étrangères l'une à l'autre.

Depuis ce moment, la langue aborigène, qu'on nomme *berberia* (berbère) ou *kebailia* (kabyle), dut subir en chaque point des altérations diverses, par suite du contact plus ou moins immédiat, plus ou moins fréquent des Arabes, et par l'absorption variable des premiers conquérants européens. Il en est résulté plusieurs dialectes...

L'alphabet berbère est perdu. Dans tout le pays kabyle il n'existe pas aujourd'hui un seul livre écrit en berbère. Les tolbas kabyles, et ils sont nombreux, prétendent que tous leurs manuscrits, toutes les traces de leur écriture ont disparu lors de la prise de Bougie par les Espagnols, en 1510. Cette assertion, d'ailleurs, ne supporte point la critique; mais il est plus facile de la réfuter que de la remplacer par une autre.

De nos jours, le berbère ne s'écrit plus qu'avec des caractères arabes.

Un Arabe n'apprend point l'idiôme berbère; il en retient quelques mots pour son usage, s'il a des relations fréquentes avec les Kabyles.

Le Kabyle, au contraire, étudie forcément l'arabe, ne fût-ce que pour réciter des versets du Coran. Celui qui commerce en voyage éprouve la nécessité de savoir l'arabe vulgaire : bientôt il l'étudie et le parle avec facilité. Aucun chef important ne l'ignore.

III.

Tout diffère encore entre l'Arabe et le Kabyle, excepté le culte imposé au second par le premier : mœurs, habitudes, constitution physique, tout décèle une autre origine.

L'Arabe a les cheveux et les yeux noirs. Beaucoup de Kabyles ont les yeux bleus et les cheveux rouges; ils sont généralement plus blancs que les Arabes.

L'Arabe a le visage ovale et le cou long; le Kabyle, au contraire, a le visage carré, sa tête est plus rapprochée des épaules.

L'Arabe ne doit jamais faire passer le rasoir sur sa figure; le Kabyle se rase jusqu'à ce qu'il ait atteint vingt à vingt-cinq ans : à cet âge, il devient homme et laisse pousser sa barbe. C'est l'indice du jugement acquis, de la raison qui devient mûre.

L'Arabe se couvre la tête en toute saison, et, quand il le peut, marche les pieds chaussés ; le Kabyle, été comme hiver, par la neige ou le soleil, a toujours les pieds, la tête nus. Si, par hasard, on en trouve un chaussé, c'est accidentellement et d'une simple peau de bête fraîchement abattue. Ceux qui avoisinent les plaines portent quelquefois le chachia. Le Kabyle a pour tout vêtement une espèce de chemise de laine, qui dépasse les genoux et coûte de sept à huit francs ; il garantit ses jambes avec des guêtres sans pieds, tricotées en laine. Pour le travail, il met un vaste tablier de cuir, coupé comme celui de nos sapeurs. Il porte le burnous quand ses moyens le lui permettent : il le garde indéfiniment, sans aucun souci de ses taches ni de ses déchirures ; il l'a tenu de son père, il le lègue à son fils.

L'Arabe vit sous la tente ; il est nomade sur un territoire limité. Le Kabyle habite la maison, il est fixé au sol. Sa maison est construite en pierres sèches ou en briques non cuites qu'il superpose d'une façon assez grossière. Le toit est couvert en chaume, en tuiles chez les riches. Cette espèce de cabane se compose d'une ou deux chambres. Le père, la mère et les enfants occupent une moitié du bâtiment, à droite de la porte d'entrée. L'autre partie de la maison, située à gauche, sert d'étable, d'écurie pour le bétail ou les chevaux. Si l'un des fils de la maison se marie et doit vivre en ménage, on lui bâtit son logement au-dessus.

L'Arabe se couvre de talismans; il en attache au cou de ses chevaux, de ses lévriers, pour les préserver du mauvais œil, des maladies, de la mort; il voit en toutes choses l'effet du sortilége. Le Kabyle ne croit point au mauvais œil et peu aux amulettes. « Ce qui « est écrit par Dieu, dit-il, doit arriver; il n'est rien qui « puisse l'empêcher. » Cependant il concède à certaines vieilles femmes un pouvoir d'influence sur les ménages, sur les amours; il admet les sorts propres à se faire aimer, à faire haïr un rival, à faire divorcer la femme que l'on désire, etc.

IV.

L'Arabe déteste le travail, il est essentiellement paresseux : pendant neuf mois de l'année, il ne s'occupe que de ses plaisirs. Le Kabyle travaille énormément et en toute saison; la paresse est une honte à ses yeux. L'Arabe ne plante point d'arbres. Le Kabyle cultive moins de céréales, mais il s'occupe beaucoup de jardinage. Il passe sa vie à planter, à greffer; il a chez lui des lentilles, des pois chiches, des fèves, des artichauts, des navets, des concombres, des oignons, des betteraves, du poivre rouge, des pastèques, des melons,

Il cultive le tabac à fumer; il plante des pommes de terre depuis quelque temps; il possède des fruits de toute espèce : olives, figues, noix, oranges, poires, pommes, abricots, amandes, raisin.

La principale richesse du Kabyle consiste dans ses oliviers, dont beaucoup sont greffés et qui atteignent quelquefois les dimensions du noyer. Les olives, d'excellente qualité, entrent pour une grande part dans la nourriture des Kabyles; mais il en reste énormément à vendre, soit comme fruits, soit comme huile. Celle-ci s'exporte dans des peaux de boucs à Alger, à Bougie, à Dellys, à Sétif, sur tous les marchés de l'intérieur.

La terre de labour n'étant pas très abondante, eu égard à la population, les Kabyles n'en négligent aucune parcelle. Ils donnent deux façons à la terre et la couvrent d'engrais, mais ils ne lui laissent presque aucun repos; on la trouve rarement en jachère; ils ne pratiquent point l'assolement.

Leurs champs sont en général assez bien nettoyés, et quelques-uns rendent jusqu'à 25 pour 1. Le blé, battu de la façon la plus barbare, au moyen de taureaux qui travaillent en cercle sur l'aire, et vanné grossièrement avec un bout de planche, ne passe point au crible; il est conservé, comme celui des Arabes, dans un silo, ou bien encore dans des paniers en osier qui sont très évasés en bas et étranglés du haut.

L'Arabe voyage quelquefois pour trouver du pâturage; mais il ne sort jamais d'un certain cercle. Chez les Kabyles, un des membres de la famille s'expatrie toujours momentanément pour aller chercher fortune; aussi en trouve-t-on à Alger, à Sétif, à Bône, Philippeville, Constantine, Tunis, partout. Ils travaillent comme maçons, jardiniers, moissonneurs; ils font paître les troupeaux... Lorsqu'ils ont amassé un peu d'argent, ils rentrent au village, achètent un fusil, un bœuf, et puis se marient.

L'Arabe n'a point d'industrie proprement dite, quoi qu'il confectionne des selles, des harnachements, des mors, etc. Le Kabyle, au contraire, est industrieux; il bâtit sa maison, il fait de la menuiserie, il forge des armes, des canons et des batteries de fusil, des sabres, des couteaux, des pioches, des cardes pour la laine, des socs pour la charrue. Il fabrique des bois de fusil, des pelles, des sabots, des métiers pour tisser. Chez lui se travaillent les burnous et les habayas, vêtements de laine; les haikhs de femme; sa poterie est renommée. Il fait de l'huile avec les olives qu'il récolte dans sa propriété, et confectionne lui-même les meules de ses pressoirs.

Les Kabyles dressent encore des ruches pour les abeilles; ils font la cire, et ne se servent pour les pains que de moules travaillés chez eux. Ils savent cuire les tuiles, dont le cent coûte 2 fr. à 2 fr. 50 cent. Dans certaines localités, on confectionne des dalles de liége. Ils connaissent la chaux; ils en sont du reste fort avares, et ne l'emploient que pour blanchir les mosquées et les koubbas des marabouts. Pour leurs maisons ils utilisent le plâtre, qui paraît abonder chez eux. La carrière de Thisi, chez les Beni-Messaoud, à une lieue et demie de Bougie, en fournit une grande quantité.

Ils font du savon noir avec l'huile d'olive et la soude des varechs ou la cendre du laurier-rose, dressent des paniers pour porter les fardeaux, confectionnent des nattes en palmier nain, ou bien encore filent des cordes en laine et en poils de chèvre; enfin, ils poussent l'habileté industrielle jusqu'à produire de la fausse monnaie.....

Ils ne sont pas moins habiles dans la fabrication de la poudre et des armes de guerre.

La poudre se fabrique dans la tribu des Reboulas; elle s'y fait en grand et par des procédés analogues aux nôtres. Le salpêtre abonde dans les cavernes naturelles; il effleurit sur leurs parois. Recueilli comme le salpêtre de houssage, il est lavé, puis obtenu par l'évaporation. Le charbon provient du laurier-rose, et il jouit des meilleures propriétés. Le soufre arrive du dehors.

Le dossage est réglé comme chez nous; le séchage s'opère au soleil. Cette poudre kabyle, un peu moins forte que la nôtre, n'est ni lisse ni égale, mais elle ne tache point la main, et elle satisfait aux conditions d'une bonne poudre de guerre. Les cartouches kabyles sont bien roulées; elles se vendent en plein marché. Le prix moyen de la cartouche est 40 centimes, ce qui doit paraître excessif.

Les balles sont en plomb et fort irrégulières. L'exploitation du plomb a lieu, sur une échelle très considérable, dans la tribu des Beni-Boulateb, près de Sétif. On en trouve aussi dans une montagne près de Msila, et dans une autre nommée Agouf, encore chez les Reboulas; cette dernière passe pour argentifère. Dans tous les cas, on l'obtient par la simple fusion, et on l'exporte en saumon ou en balles.

Le cuivre se rencontre également en Kabylie. On l'extrait, on l'emploie dans des bijoux de femme. Fondu avec le zinc, il compose un laiton fort utile pour les poires à poudres, montures de sabres, manches de poignards, etc.

Deux mines de fer très abondantes sont signalées dans dans la grande Kabylie : l'une chez les Berbachas, l'autre chez les Beni-Slyman.

Le minerai en roche est traité par le charbon de bois dans un bas fourneau, à l'instar de la méthode catalane. Les soufflets sont en peau de bouc et fonctionnent à bras d'hommes.

La tribu des Flissas confectionne l'arme blanche, qui

porte son nom, avec le fer des Berbachas et de l'acier d'Orient. Les principaux fabricants d'armes à feu sont les Beni-Abbas. Leurs platines, plus renommées que leurs canons, réunissent l'élégance à la solidité; elles s'exportent jusqu'à Tunis. Leurs bois de fusil sont en noyer. Ils montent l'arme tout entière.

A côté de cette vaste industrie des hommes, les femmes ne restent point oisives; elles filent la laine et tissent avec cette matière l'étoffe blanche qui sert à vêtir les deux sexes. Leurs métiers sont établis sur le modèle de ceux d'Alger.

Le lin, recueilli en petites bottes, puis séché sur l'aire, est broyé, filé par les femmes, et procure une grosse toile employée à divers usages.

Les femmes concourent à la confection des burnous, qui, dans quelques tribus, dépassent de beaucoup les besoins locaux et deviennent un objet d'exportation.

L'Arabe ne s'occupe point d'entretenir ses armes, cela lui demanderait quelques soins. « Un chien noir, dit-il, mord aussi bien qu'un chien blanc. » Le Kabyle, au contraire, met tout son luxe dans son fusil. Il le préserve de la rouille, et, quand il le sort, il le tient avec un mouchoir pour ne pas le salir.

V.

L'Arabe, paresseux de corps, se ressent un peu dans

les mouvements de l'âme de cette inertie physique. Chez les Kabyles, la colère et les rixes atteignent d'incroyables proportions. En voici un récent exemple :

Un homme de la tribu des Beni-Yala rencontre au marché de Guenzata un autre Kabyle qui lui devait 1 barra (7 centimes). Il lui réclame sa dette. « Je ne te donnerai point ton barra, répond le débiteur. — Pourquoi ? — Je ne sais. — Si tu n'as pas d'argent, j'attendrai encore. — J'en ai. — Eh bien ! alors ? — Eh bien ! c'est une fantaisie qui me prend de ne point te payer. »

A ces mots, le créancier, furieux, saisit l'autre par son burnous et le renverse à terre. Des voisins prennent part à la lutte. Bientôt deux partis se forment, on court aux armes ; depuis une heure jusqu'à sept heures du soir, on ne peut séparer les combattants ; quarante-cinq hommes sont tués, et cela pour un sou et demi. Cette querelle date de 1843 ; mais la guerre soulevée par elle n'est pas encore éteinte. La ville, depuis, s'est divisée en deux quartiers hostiles, et les maisons qui se trouvaient sur la limite sont devenues désertes.

L'Arabe est vaniteux. On le voit humble, arrogant tour à tour. Le Kabyle demeurera toujours drapé dans son orgueil. Cet orgueil prête de l'importance aux moindres choses de la vie, impose à tous une grande simplicité de manières, et pour tout acte de déférence, exige une scrupuleuse réciprocité. Ainsi, l'Arabe baise la main, la tête de son supérieur avec force compliments et salutations, s'inquiétant peu, du reste, qu'on lui rende ou non ses politesses. Le Kabyle ne fait pas de compliments, il va baiser la main, la tête du chef ou du vieillard; mais quelle que soit la dignité, quel que soit l'âge de celui qui a reçu cette politesse, il doit la rendre immédiatement. Un marabout, Si-Saïd-Abbas, se trouvait un jour au marché du vendredi des Beni-Ourtilan ; un Kabyle lui baise la main. Le marabout, distrait sans doute, ne lui rendit pas ce salut : « Par le péché de ma femme, dit le Kabyle en regardant fixement Si-Saïd son fusil à la main, tu vas rendre ce que je t'ai prêté tout à l'heure, ou tu es mort. » Le marabout s'exécuta.

L'Arabe est menteur. Le Kabyle considère le mensonge comme une honte.

Les Arabes, dans la guerre, procèdent le plus souvent par surprise ou par trahison. Le Kabyle prévient toujours son ennemi, et voici comme il le fait. Le gage de la paix, entre deux tribus, consiste dans l'échange d'un objet quelconque, d'un fusil, d'un bâton, d'un moule à balle, etc. C'est ce qu'on appelle le *mezrag*, la lance. Tout porte à croire qu'avant l'invention des armes à feu, le dépôt d'une lance était effectivement le symbole de trêve, de bonne amitié. Quand une de deux tribus veut rompre le traité, son chef renvoie simplement le mezrag, et la guerre se trouve déclarée.

Les Arabes se contentent de la *dia*, le prix du sang, en expiation d'un meurtre commis sur l'un des membres de leur famille. Chez les Kabyles, il faut que l'assassin meure. Sa fuite ne le sauve pas ; car la vengeance est une obligation sacrée. Dans quelque région lointaine que le meurtrier se retire, la vendetta le suit.

Un homme est assassiné ; il laisse un fils en bas âge. La mère apprend de bonne heure à ce dernier le nom de l'assassin. Quand le fils est devenu grand, elle lui remet un fusil et lui dit : « Va venger ton père. » Si la veuve n'a qu'une fille, elle publie qu'elle ne veut point de dot pour elle, mais qu'elle la donnera à celui qui tuera l'assassin de son mari.

L'analogie est saisissante entre ces mœurs et celles de la Corse ; elle se dessine encore davantage dans les traits suivants. Si le vrai coupable échappe à la vendette et lasse sa persévérance, alors celle-ci devient *transversale ;* elle tombe sur un frère ou l'un des parents les plus proches, dont la mort nécessite à son tour de nouvelles représailles. Par suite, la haine entre les deux familles devient héréditaire. De part et d'autre, des amis, des voisins l'épousent. Il en sort des factions ; il peut en résulter de véritables guerres.

Les Arabes donnent l'hospitalité ; mais ils y mettent plus de politique et d'ostentation que de cœur. Chez les Kabyles, si l'hospitalité est moins somptueuse, on dévine au moins dans ses formes l'existence d'un bon sentiment; l'étranger, quelle que soit son origine, est toujours bien reçu, bien traité. Ces égards sont encore plus grands pour le réfugié, que rien au monde ne pourrait forcer à livrer. Les Turcs, Abd-el-Kader ont toujours échoué dans leurs demandes ou leurs efforts contraires à ce noble principe. Un malheureux qui a pu se cacher dans une zaouïa n'a jamais été trahi [1].

Citons encore une coutume généreuse. Au moment où les fruits, les figues, les raisins, etc., commencent à mûrir, les chefs font publier que pendant quinze ou vingt jours personne ne pourra, sous peine d'amende, enlever aucun fruit de l'arbre. A l'expiration du temps

---

(1) Chez les Kabyles comme chez les Arabes, toute zaouïa se compose d'une mosquée, d'un dôme (koubba) qui couvre le tombeau du marabout dont elle porte le nom, d'un local où on ne lit que le Coran, d'un second réservé à l'étude des sciences, d'un troisième servant d'école primaire pour les enfants, d'une habitation destinée aux élèves et aux tolbas (lettrés) qui viennent faire ou perfectionner leurs études; enfin, d'une autre habitation où l'on reçoit les mendiants, les réfugiés et les voyageurs; quelquefois encore d'un cimetière destiné aux personnes pieuses qui auraient sollicité la faveur de reposer près du marabout. La zaouïa est tout ensemble une université religieuse et une auberge gratuite; sous ces deux points de vue, elle offre, avec le monastère du moyen âge, une multitude d'analogies dont il est impossible qu'on ne soit pas frappé.

Tout homme riche ou pauvre, connu ou inconnu dans le pays, qui se présente à la porte d'une zaouïa quelconque, y est reçu et hébergé pen-

fixé, les propriétaires se réunissent dans la mosquée et jurent sur les saints livres que l'ordre n'a pas été violé. Celui qui ne jure pas paye l'amende. On compte alors les pauvres de la tribu, on établit une liste, et chaque propriétaire les nourrit à tour de rôle jusqu'à ce que la saison des fruits soit passée.

La même chose a lieu dans la saison des fèves, dont la culture est extrêmement commune en Kabylie.

A ces époques, tout étranger peut aussi pénétrer dans les jardins et a droit de manger, de se rassasier sans que personne l'inquiète; mais il ne doit rien emporter, et un larcin, doublement coupable en cette occasion, pourrait bien lui coûter la vie.

Les Arabes, dans les combats, se coupent la tête; les Kabyles, entre eux, ne le font jamais.

Les Arabes volent partout où ils peuvent, et surtout

---

dant trois jours. Nul ne peut être éconduit : l'exemple d'un refus de ce genre n'existe même pas. Ni le matin, ni le soir, les gens de la zaouïa ne prendront leur repas sans s'être assurés que les hôtes ne manquent de rien. Le principe d'hospitalité s'étend même si loin dans ce lieu, qu'un cheval, un mulet égarés, y arrivant sans conducteur et par hazard, seront reçus, installés et nourris jusqu'à ce qu'on vienne les réclamer.

Cet accueil absolu dans la maison de Dieu fait que les tourments de la faim et le vagabondage proprement dit restent ignorés des populations mulsumanes. La vie du pauvre devient un long pèlerinage de zaouïa en zaouïa.

dans le jour ; les Kabyles volent davantage la nuit, et ne volent que leur ennemi. Dans ce cas, c'est un acte digne d'éloges ; autrement, l'opinion le flétrit.

L'Arabe a conservé quelques traditions en médecine et en chirurgie ; le Kabyle les a négligées : aussi rencontre-t-on chez lui beaucoup de maladies chroniques.

L'Arabe ne sait pas faire valoir son argent ; il l'enfouit ou s'en sert pour augmenter ses troupeaux. Le Kabyle, contrairement à la loi musulmane, prête à intérêts, à très gros intérêts, par exemple à 50 pour 100 par mois ; ou bien il achète, à bon marché et à l'avance, les récoltes d'huile, d'orge, etc.

Les Arabes classent les musiciens au rang des bouffons ; celui d'entre eux qui danserait, serait déshonoré aux yeux de tous. Le Kabyle aime à jouer de sa petite flûte, et chez lui tout le monde danse, hommes et femmes, parents et voisins ; les danses s'exécutent avec ou sans armes.

VI.

Les femmes kabyles ont une plus grande liberté que les femmes arabes ; elles comptent davantage dans la société.

Ainsi la femme kabyle se rend au marché pour faire les provisions de la maison, pour vendre, pour acheter.

Son mari aurait honte d'entrer, comme l'Arabe, dans de semblables détails.

La femme arabe ne peut paraître aux réunions avec les hommes ; elle garde toujours le mouchoir, ou se voile avec le haïck. La femme kabyle s'assied où elle veut ; elle cause, elle chante, son visage reste découvert. L'une et l'autre portent, dès l'enfance, de petits tatouages sur la figure ; mais le tatouage de la femme kabyle présente une particularité bien remarquable : il affecte ordinairement la forme d'une *croix*. Sa place habituelle est entre les deux yeux ou sur une narine. Les Kabyles perpétuent ces usages, sans pouvoir en faire connaître l'origine, qui semble dériver de l'ère chrétienne. Un fait digne de remarque appuierait cette conjecture en apparence, c'est qu'aucun taleb ou marabout n'épouse une femme, ainsi tatouée, sans lui faire disparaître ce signe par une application de chaux et de savon noir.

La femme arabe ne mange pas avec son mari, encore moins avec ses hôtes. La femme kabyle prend ses repas en famille ; elle y participe même, quand il y a des étrangers.

Enfin, non seulement les femmes kabyles sont plus libres, plus considérées, plus influentes que les femmes arabes, mais elles peuvent même aspirer aux honneurs et au pouvoir dévolus à la sainteté. La koubba (le tombeau) de Lella-Gouraya, qui domine Bougie, éternise la mémoire d'une fille célèbre par sa science et par sa piété. La légende raconte qu'elle revenait, après sa mort, instruire les disciples fidèles qui s'assemblaient encore auprès de sa tombe. Il y a dans la Kabylie d'autres koubas consacrées à des femmes; et sans sortir des exemples vivants, on peut citer comme jouissant d'une haute réputation de ce genre, la fille du fameux marabout Sidi-Mohamed-ben-Abder-Rahman el Kafnaoui, qui reçoit elle-même les offrandes religieuses au tombeau de son père, et que tous les Kabyles connaissent sous le nom de Bent-el-Cheikh : *la fille du cheikh*[1].

Ajoutez que la femme kabyle possède, à l'égal de l'homme, le merveilleux privilége de l'anâya. Ce privilége, dont le Kabyle est si fier, suffirait, plus que tout le reste, pour établir, entre lui et l'Arabe, une différence profonde.

Qu'est-ce donc que l'anâya?

VII.

L'anâya est le sultan des Kabyles; aucun sultan au monde ne lui peut être comparé : il fait le bien et ne prélève point d'impôt. Un Kabyle abandonne sa femme,

---

[1] C'est la même chose au Touât, où la race berbère est nombreuse voir l'*Appendice* II).

ses enfants, sa maison, mais il n'abandonne jamais son anâya.

Tels sont les termes passionnés dans lesquels le Kabyle exprime son attachement pour une coutume véritablement sublime qu'on ne trouve chez nul autre peuple.

L'anâya tient du passeport et du sauf-conduit tout ensemble, avec la différence que ceux-ci dérivent essentiellement d'une autorité légale, d'un pouvoir constitué, tandis que tout Kabyle peut donner l'anâya; avec la différence encore qu'autant l'appui moral d'un préjugé l'emporte sur la surveillance de toute espèce de police, autant la sécurité de celui qui possède l'anâya dépasse celle dont un citoyen peut jouir sous la tutelle ordinaire des lois.

Non-seulement l'étranger qui voyage en Kabylie sous la protection de l'anâya, défie toute violence instantanée, mais encore il brave temporairement la vengeance de ses ennemis, ou la pénalité due à ses actes antérieurs. Les abus que pourrait entraîner une extension si généreuse du principe sont limités dans la pratique par l'extrême réserve des Kabyles à en faire l'application.

Loin de prodiguer l'anâya, ils le restreignent à leurs seuls amis; ils ne l'accordent qu'une fois au fugitif; ils le regardent comme illusoire s'il a été vendu; enfin ils en puniraient de mort la déclaration usurpée.

Pour éviter cette dernière fraude et en même temps prévenir toute infraction involontaire, l'anâya se manifeste en général par un signe ostensible. Celui qui le confère délivre, comme preuve à l'appui, quelque objet bien connu pour lui appartenir, tel que son fusil, son bâton; souvent il enverra l'un de ses serviteurs; lui-même escortera son protégé, s'il a des motifs particuliers de craindre qu'on ne l'inquiète.

L'anâya jouit naturellement d'une considération plus ou moins grande; et surtout il étend ses effets plus ou moins loin, selon la qualité du personnage qui le donne. Venant d'un Kabyle subalterne, il sera respecté dans son village et dans les environs; venant d'un homme en crédit, il sera renouvelé par un ami qui lui substituera le sien, et ainsi de proche en proche. Accordé par un marabout, il ne connaît point de limites. Tandis que le chef arabe ne peut guère étendre le bienfait de sa protection au delà du cercle de son gouvernement, le sauf-conduit du marabout kabyle se prolonge même en des lieux où son nom serait inconnu. Quiconque en est porteur peut traverser la Kabylie dans toute sa longueur, quels que soient le nombre de ses ennemis ou la nature des griefs existants contre sa personne. Il n'aura, sur sa route, qu'à se présenter tour à tour aux marabouts des diverses tribus; chacun s'empressera de faire honneur à l'anâya du précédent et de donner le sien en échange. Ainsi, de marabout en marabout, l'étranger ne pourra manquer d'atteindre heureusement le but de son voyage.

Un Kabyle n'a rien de plus à cœur que l'inviolabilité de son anâya; non-seulement il y attache son point d'honneur individuel, mais ses parents, ses amis, son village, sa tribu tout entière, en répondent aussi moralement. Tel homme ne trouverait pas un second pour l'aider à tirer vengeance d'une injure personnelle, qui soulèvera tous ses compatriotes s'il est question de son anâya méconnu. De pareils cas doivent se présenter rarement, à cause de la force même du préjugé; néanmoins la tradition conserve cet exemple mémorable. L'ami d'un Zouaoua[1] se présente à sa demeure pour lui demander l'anâya. En l'absence du maître, la femme, assez embarassée, donne au fugitif une chienne très connue dans le pays. Celui-ci part avec le gage de salut. Mais bientôt la chienne revient seule; elle était couverte de sang. Le Zouaoua s'émeut, les gens du village se rassemblent, on remonte sur les traces de l'animal, et l'on découvre le cadavre du voyageur. On déclare la guerre à la tribu sur le territoire de laquelle le crime avait été commis. Beaucoup de sang est versé, et le village compromis

(1) Habitant de la célèbre tribu kabyle de ce nom.

dans cette querelle caractéristique porte encore le nom de *village de la Chienne.*

L'anâya se rattache même à un ordre d'idées plus général. Un individu faible ou persécuté, ou sous le coup d'un danger pressant, invoque la protection du premier Kabyle venu. Il ne le connaît pas, il n'en est point connu, il l'a rencontré par hasard; n'importe, sa prière sera rarement repoussée. Le montagnard, glorieux d'exercer son patronage, accorde volontiers cette sorte d'anâya accidentel. Investie du même privilége, la femme, naturellement compatissante, ne refuse presque jamais d'en faire usage. On cite l'exemple de celle qui voyait égorger par ses frères le meurtrier de son propre mari. Le malheureux, frappé de plusieurs coups et se débattant à terre, parvient à lui saisir le pied en s'écriant : « Je réclame ton anâya. » La veuve jette sur lui son voile; les vengeurs lâchent prise.

Il est connu dans tout Bougie qu'au mois de novembre 1833 un brick tunisien fit côte en sortant de la rade, et que ses naufragés furent tous mis à mort comme amis des Français, à l'exception de deux Bougiotes, plus compromis encore que les autres, mais qui eurent la présence d'esprit de se placer sous la sauvegarde des femmes.

Ces traits divers et qu'il serait facile de multiplier indiquent une assez large part aux sentiments de fraternité, de miséricorde. Leur présence au milieu d'une société musulmane, si âpre d'ailleurs, ne saurait être constatée sans éveiller quelque surprise. Chez un peuple très morcelé, très peu gouverné, fier, et toujours en armes, où doivent abonder par conséquent les dissensions intestines, il était nécessaire que les mœurs suppléassent à l'insuffisance des moyens de police pour rendre à l'industrie et au commerce la sécurité du transit. L'anâya produit cet effet. Il assoupit, en outre, bien des vengeances en favorisant l'évasion de ceux qui les ont suscitées. Enfin il étend sur tous les Kabyles un immense réseau de bienfaits réciproques.

Nous voilà certes loin de cet inexorable fatalisme, de cet abus rigoureux de la force, de ce sacrifice complet des individualités qui partout ont suivi la marche du Coran sur le globe. D'où viennent donc ici des tendances plus humaines, des velléités charitables, des compassions subites? Ne sommes-nous pas en droit de les considérer avec attendrissement comme une lueur affaiblie de la grande clarté chrétienne qui a jadis illuminé l'Afrique septentrionale?

Les indigènes que nous avons trouvés en possession du sol algérien constituent donc réellement deux peuples. Partout ces deux peuples vivent en contact, et partout un abîme infranchissable les sépare ; ils ne s'accordent que sur un point : le Kabyle déteste l'Arabe, l'Arabe déteste le Kabyle.

Une antipathie si vivace ne peut être attribuée qu'à un ressentiment traditionnel, perpétué d'âge en âge, entre la race conquérante et les races vaincues. Corroborée par l'existence indélébile de deux langues distinctes, cette conjecture passe à l'état de certitude.

Physiquement l'Arabe et le Kabyle offrent une dissemblance qui constate leur diversité de souche. En outre, le Kabyle n'est point homogène ; il affecte, selon les lieux, des types différents, dont quelques-uns décèlent la lignée des barbares du Nord.

Dans les mœurs, mêmes divergences. Contrairement aux résultats universels de la foi islamite, en Kabylie nous découvrons la sainte loi du travail obéie, la femme à peu près réhabilitée, nombre d'usages où respirent l'égalité, la fraternité, la commisération chrétienne.

Passons à l'examen des formes sociales et des lois ; le phénomène s'y révèle encore mieux. Tandis que tous les musulmans du globe s'en tiennent au Coran, comme au code complet, universel, qui embrasse la vie entière de l'homme et règle jusqu'aux moindres détails de sa conduite publique ou privée, les Kabyles, par exception, observent des statuts particuliers qu'ils tiennent de leurs ancêtres, qu'ils font remonter à des temps antérieurs. Sur plusieurs points fort importants, tels que la répression du vol, du meurtre, etc., ces statuts ne s'accordent point avec les arrêts du Coran ; ils semblent incliner davantage vers nos idées en matière pénale, et portent un nom qui conserve admirablement le cachet de leur origine chrétienne : ils s'appellent *kanoûns*[1].

Ainsi l'on constate d'abord une dualité nationale qui résiste au bout des siècles à la communauté religieuse et au contact le plus multiplié ; indice irrécusable de l'incompatibilité des races. Celles-ci, comme certains métaux, ne pouvaient former un alliage : la force et le hasard ne réussirent qu'à les amalgamer.

Puis, si l'on abandonne ce parallèle pour approfondir spécialement les mystères de la société kabyle, plus on creuse dans ce vieux tronc, plus, sous l'écorce musulmane, on trouve de sève chrétienne. On reconnaît alors que le peuple kabyle, en partie autochthone, en partie germain d'origine, autrefois chrétien tout entier, ne s'est pas complétement transfiguré dans sa religion nouvelle. Sous le coup du cimeterre, il a accepté le Coran, mais il ne l'a point embrassé ; il s'est revêtu du dogme ainsi que d'un burnous, mais il a gardé, par-dessous, sa forme sociale antérieure, et ce n'est pas uniquement dans les tatouages de sa figure qu'il étale devant nous, à son insu, le symbole de la croix[1].

---

(1) Du mot grec *kanôn* : règle ; les canons de l'Église.
(2) *La grande Kabylie...* par le colonel DAUMAS, chap. II, p. 70 et suiv.

VII.

Vie, mœurs et poésie des Arabes.

Dans les études qui nous ont occupé jusqu'à présent, une chose surtout a dû frapper le lecteur : c'est l'analogie de la vie du Désert avec la vie du moyen âge; c'est la ressemblance qui existe entre le cavalier du Sahâra et le chevalier de nos légendes, de nos romans et de nos chroniques.

Par Arabe du Sahâra, il ne faut pas désigner l'habitant des ksour. Celui-là les nomades le raillent autant que l'habitant du Tell, et lui prodiguent les épithètes moqueuses. Engraissé qu'il est par les habitudes casanières et la vie mercantile, ils l'appellent « le père du « ventre, l'épicier, le marchand de poivre, *sekakri*. »

C'est du maître de la tente qu'il s'agit, de celui qui ne reste pas quinze ou vingt jours sans changer de place; le vrai nomade, celui qui ne va dans le Tell ennuyeux qu'une fois par an pour acheter des grains.

Voilà cet homme à la constitution sèche et nerveuse, au visage bruni par le soleil, aux membres bien proportionnés, grand plutôt que petit, faisant bon marché toutefois de cet avantage de haute taille, « de cette peau de lion sur le dos d'une vache, » lorsqu'on n'y joint pas l'adresse, l'agilité, la santé, la vigueur et le courage surtout.

Il est d'une extrême sobriété ; mais, se pliant à toutes les circonstances, il ne négligera pas l'occasion de bien et beaucoup manger. Sa nourriture de tous les jours est simple et peu variée ; mais il sait, quand il le faut, dignement festoyer ses hôtes. Vienne *el ouada,* la fête patronale d'une tribu, d'un douar où se trouvent ses amis, il ne leur fera pas l'injure d'y manquer, et, fût-ce à trente ou quarante lieues, il s'y rendra.

Tout, chez l'Arabe, concourt à la puissance de la manifestation de la vie extérieure. Nerveux, endurci, sobre, quoique à l'occasion de vigoureux appétit, il a l'œil perçant et sûr ; à deux ou trois lieues, il se vante de distinguer un homme d'une femme ; à cinq ou six lieues, un troupeau de chameaux d'un troupeau de moutons. Est-ce fanfaronnade ? Non certes ; l'étendue et la netteté de la vue ne lui peuvent-elles venir, comme à nos marins, de l'incessante habitude de regarder au loin dans les espaces immenses et dénudés ? Puis, fait aux objets et aux scènes qui, toujours les mêmes, l'entourent dans un certain rayon, il sera difficile qu'il ne puisse pas les reconnaître par tous les temps[1].

Néanmoins les maladies d'yeux sont fréquentes ; la réfraction du soleil, la poussière, la sueur, causent une foule d'accidents, des taies et des ophthalmies, et les aveugles et les borgnes sont nombreux dans beaucoup de localités.

L'homme du Désert a, dans son enfance et dans sa jeunesse encore, les dents belles, blanches et bien rangées ; mais les dattes, comme nourriture habituelle et presque exclusive, les lui gâtent à mesure qu'il avance en âge.

Quand une dent est gâtée tout à fait, c'est aux armuriers et aux maréchaux qu'il faut avoir recours ; ce sont eux qui sont en possession de martyriser le patient, de lui briser la mâchoire avec une pince, et d'enlever les gencives en même temps que la dent douloureuse.

Le véritable grand seigneur, le chef important, quitte rarement la selle et ne va presque jamais à pied ; il met des bottes et des savates. Mais l'homme du peuple est infatigable marcheur : il parcourt en une journée des distances incroyables ; son pas ordinaire est ce que nous appelons le pas gymnastique ; il l'appelle, lui, le «trot du chien». Généralement, en pays plat, il ôte ses

---

(1) Voir la note U : *Voleurs du Désert.*

chaussures, quand il en a, pour aller plus vite et plus commodément, et aussi pour ne pas les user : par suite, tous ont le pied des statues antiques, large, bien posé, l'orteil nettement écarté. Ils ne connaissent pas les cors, et plus d'une fois un chrétien qui s'était introduit dans une caravane s'en est vu expulsé, dénoncé par ce signe infaillible. La plante des pieds acquiert une telle dureté que le sable ou les pierres ne les blessent pas; une épine pénètre quelquefois de plusieurs lignes sans qu'ils s'en aperçoivent.

Néanmoins, dans le Désert proprement dit, pendant les grandes chaleurs de l'été, le sable est si brûlant qu'il est impossible de marcher pieds nus, à tel point qu'on est contraint de ferrer les chevaux si on ne veut voir leurs pieds fortement endoloris et en mauvais état. La crainte de la piqûre du *lefâ*, vipère qui donne la mort, contraint également à porter des brodequins montant jusqu'au-dessus de la cheville du pied [1].

Les maladies de pied les plus connues sont les gerçures, qu'on guérit en oignant de graisse la partie ma-

---

(1) Il y a deux espèces de vipères en Algérie :

1° La vipère *céraste* ou vipère cornue; cette vipère, qui a été connue dès la plus haute antiquité, puisqu'elle est figurée sur les monuments de l'ancienne Égypte, est très dangereuse;

2° La vipère *minute*, ou vipère à queue courte, est encore plus redoutable; sa morsure occasionne toujours une mort prompte.

lade et en la cautérisant avec un fer rouge. Quelquefois ces gerçures sont tellement larges et profondes qu'on est obligé de les coudre. Les fils sont des nerfs de chameau desséchés au soleil et divisés en parties aussi fines que la soie, ou bien encore des poils de chameau filés.

Tous les habitants du Désert se servent de ces fils pour réparer leurs selles, brides, plats de bois; chacun d'eux porte toujours sa trousse, un couteau et une aiguille.

Cette qualité d'admirables marcheurs est mise à profit par quelques-uns, pour qui elle devient une profession; elle produit les coureurs, porteurs de messages, qui se sanglent étroitement d'une ceinture de course. Ceux qu'on appelle *rekass* se chargent des affaires pressées; ils font en quatre jours la course que les coureurs ordinaires font en six; ils ne s'arrêtent presque jamais; quand ils éprouvent le besoin de se reposer, ils comptent soixante aspirations et repartent aussitôt; un *rekass* qui a fait soixante lieues et a reçu 4 francs se croit largement récompensé.

Dans le Désert, un courrier extraordinaire voyage nuit et jour, et ne dort que deux heures sur vingt-quatre. Lorsqu'il se couche, il attache à son pied un morceau de corde d'une certaine longueur, auquel il met le feu; lorsque la corde est sur le point d'être consumée le feu le réveille[1].....

L'Arabe riche ne travaille pas; il se rend aux réunions de la djemâ; il surveille ses troupeaux; il chasse avec le faucon et le slougui; il poursuit la gazelle ou l'autruche; il fait la razzia ou la guerre; il prie... il n'a que les occupations politiques, militaires ou religieuses[2].

---

(1) *Les chevaux du Sahâra*, par le général DAUMAS, p. 536 et suiv.; Paris, 1851.

(2) Le *faucon* ne peut appartenir qu'à un djouad, c'est-à-dire à un noble. Il coûte le prix d'un chameau, quelquefois d'un cheval.

Les *slouguis* du Sahâra (lévriers) sont fort renommés. On en voit qui prennent des gazelles à la course. Un slougui de race est vêtu, garanti du froid par des couvertures, comme le cheval. On le pare d'ornements, ou lui attache des colliers de coquillage; on le préserve du mauvais œil en lui mettant des talismans; le kouskoussou lui est prodigué, et, quand il est jeune, les femmes mêmes lui donnent leur lait.

La *slouguia* est choyée encore davantage, mais on la surveille avec rigueur. Un Arabe fera tuer sa slouguia si elle s'est déshonorée au contact d'un chien de berger.

Les *gazelles* sont nombreuses dans le Sahâra. Pour les atteindre, un bon lévrier fera une course de deux ou trois lieues; le lévrier ordinaire en fera cinq ou six.

La beauté proverbiale des yeux de la gazelle et la blancheur de ses dents ont donné lieu à des pratiques singulières. Les femmes enceintes font souvent venir une gazelle pour lui lécher les yeux, persuadées que les yeux de l'enfant lui ressembleront. Elles touchent ses dents avec le doigt, et se le passent dans la bouche.

L'*autruche* peut être chassée à l'affût et à cheval. Cette dernière chasse

L'Arabe encore aime à rêver. Voilà qu'il ne chasse plus, qu'il ne combat plus; ses armes et ses slouguis reposent. Assis, le jour, sous un palmier, ou, le soir, à l'entrée de sa tente, il se fera redire ces chants du désert, modulés au bruit des flûtes et des tambourins, ces chants dont on ne connaît pas l'auteur, qui viennent on ne sait d'où, mais qui reproduisent si admirablement ses sentiments et ses passions. L'amour du cheval, la grande passion de l'Arabe, la volupté, la colère, tout s'y révèle au plus haut degré.

> Mon cheval est le seigneur des chevaux!
> Il est bleu comme le pigeon sous l'ombre,
> Et ses crins noirs sont ondoyants!
> Il *peut* la soif, il *peut* la faim, il devance le coup d'œil,
> Et, véritable buveur d'air,
> Il noircit le cœur de nos ennemis
> Aux jours où les fusils se touchent.
> Mebrouk est l'orgueil du pays!

---

est la plus belle; on poursuit l'autruche et on la force. Les petits s'apprivoisent aisément. Ils jouent avec les enfants et dorment sous la tente; dans les déménagements, ils suivent les chameaux, folâtrent avec les chiens. Il n'est pas rare de voir, à quelque distance du douar, un enfant fatigué que l'on place sur le dos d'une autruche. L'animal se dirige avec son fardeau droit sur la tente, le petit cavalier se tenant aux ailerons.

Où sont ces fusils si droits, plus prompts que le clignement de l'œil,
Cette poudre de Tunis et ces balles fabriquées dans des moules,
Qui traversaient les os, déchiraient le foie
Et faisaient mourir la bouche ouverte ?

Vous verrez Chérifa. C'est une fille fière ;
Elle est fière, elle est noble.....
Ses longs cheveux tombent avec grâce
Sur ses épaules larges et blanches :
Vous diriez les plumes noires de l'autruche
Qui habite les pays déserts et chante auprès de sa couvée.

Ses yeux sont des yeux de gazelle
Quand elle s'inquiète pour ses petits,
Ou bien c'est un éclair devançant le tonnerre
Au milieu de la nuit.....

Blanche comme la lune.....
Elle brille comme l'étoile qu'aucun nuage ne flétrit.
Dites-lui qu'elle a blessé son ami
De deux coups de poignard : l'un aux yeux, l'autre au cœur,
L'amour n'est pas un fardeau léger.

Oui, j'ai monté des chevaux
Sobres, forts et légers à la course.
. . . .

Pour chasser le zèbre à la peau blanche,
Dont les jambes sont rayées comme une étoffe des Indes,
Ou pour atteindre l'antilope qui vit dans les pays sauvages.

. . . .

Combien de fois n'ai-je point appuyé mon cœur
Sur celui d'une jeune femme à la gorge naissante,
Aux jambes ornées de bracelets d'or.
Dans nos invasions de cavalerie,
Quand l'œil devait rencontrer l'œil,
Combien de fois n'ai-je pas dit aussi :
Cours, cours, ô mon cheval chéri,
Et poursuis l'ennemi en déroute !

———

A la nage, les jeunes gens, à la nage !
Les balles ne tuent pas ;
Il n'y a que la destinée qui tue !
A la nage, les jeunes gens, à la nage !

———

Le cheval de Kaddour est mort, le cheval de Kaddour est mort !
Publiez-le dans vos tribus ; elles s'en réjouiront.
Mais si vous n'êtes pas des Juifs,
Ajoutez que, sanglant et blessé,
Il a pu sauver son maître, et le tirer de la mêlée.
C'est qu'il n'a pas voulu mentir à ses aïeux,

Celui qui n'avait pas été dressé pour la fuite,
Celui qui ne savait courir que pour heurter,
Merouan est mort pour Yamina[1]; ses jours étaient comptés[2].

Mais ce n'est pas seulement le maître de la tente qui dit ainsi ses joies ou ses déplaisirs. Le pauvre marchand de caravane, errant dans les immenses solitudes ou sur les frontières du Soudân, a également ses espérances et ses tristesses poétiques.

Par Dieu! je le jure, point de voyageur partant
Qui sache ce que voudra de lui le sort.
Quand nos chameaux se sont ébranlés pour le départ,
Mes paupières ont battu et mes yeux se sont mouillés.
Je l'aperçus sous sa tente; elle était assise,
Et de ses yeux glissaient des perles liquides;
Elle agita sa main pour son adieu,
Et son regard disait: A quand le retour?

Jusqu'à son front elle souleva le voile de sa beauté.
« Dieu qui écoutes les vœux, dit-elle,
« Par toi, je le jure, le koheul ne noircira pas mes paupières,
« Mes lèvres, en riant, ne laisseront pas voir mes dents,
« Le henna ne rougira pas mes doigts,
« Aussi longtemps que sera longue l'absence du voyageur. »

(1) Yamina, maîtresse de Kaddour.
(2) *Les chevaux du Sahara*, par le général DAUMAS, *passim*; Paris, 1851.

Ma main lui renvoya son adieu... O chamelier,
Par le voyage que tu tentes, je t'en prie !
O chamelier, arrête un moment la caravane ;
Sur ma bouche sont encore des mots à lui dire.
Vous avez cru que ma force égalait votre force ;
Et le poids dont vous me chargez écraserait des montagnes.

O mes amis, mon cœur vous aime, et mes yeux vous cherchent !
Quand le vent vient du côté de vos terres,
Mon sommeil s'embellit, et je me lève plus heureux ;
Vous êtes de moi, de mon âme, de mon cœur !
Peut-être, à la porte de vos tentes, matin et soir
M'attendez-vous, comme on attend la lune de la fête.

Ni printemps ni verdure ne peuvent me réjouir.
Laisser derrière soi son pays, ses amis et ses frères,
Ces malheurs éprouvent la raison du plus sage !
L'absence est-elle donc sans rien qui la console ?
L'étoile sort du nuage plus brillante,
Le soleil qui s'est couché ce soir remontera demain au ciel.

La caravane enfin a quitté le Soudân, et revient vers l'Algérie. Voici le chant du retour :

O le maître des ailes bleues,
Je t'en prie, beau pigeon,
Vole dans l'air ; va voir les Chambas ;
Informe-toi de Metlili,
Porte-lui nos salutations ;

Visite tous nos amis,
Donne-leur de nos nouvelles
Aux vieux comme aux jeunes.

Dis-leur : N'oubliez pas vos frères,
Ces compagnons de bonne compagnie,
Dont les chants, en vers bien tournés,
Vous tenaient les yeux éveillés.
Oiseau de race aux ailes bleues,
Reviens avec une réponse.
O mon pigeon, sent-on encore dans le Sahara
Souffler le vent de l'amour?

Y sont-elles encore ces jeunes filles
Qui laissent flotter leurs ceintures ;
Qui se gardent le secret entre elles,
Le secret dont un jeune homme a la part,
Et qui sauraient mourir
Pour leur *frère du démon* (leur amant)?
Elles étaient auprès de moi
Et Dieu m'en a séparé !

Leurs tailles sont des minarets sur une ville,
Des minarets de marbre blanc.
Le plus distrait, en venant de loin,
Les regarde avec des yeux humides ;
Quand elles marchent, ce sont des roseaux
Balancés par le vent sur une prairie,
Et ce sont des palmiers
Quand elles sont debout, immobiles !

. . . .
. . . .
. . . .

Y a-t-il encore de ces ghrazias (razzias)
Qui passent comme des troupeaux d'autruches?
Y a-t-il encore de ces éclaireurs
Qui montent sur les mamelons pour voir?
Y a-t-il encore de la poudre
Et des tribus qui marchent pêle-mêle;
Des pèlerins qui partent pour La Mecque
Des caravanes pour le Soudân?

Y a t-il encore dans le Sahara
Des tolbas qui lisent dans les mosquées;
Des marabouts qui protégent les orphelins
Et rassasient les pauvres?
Y a-t-il encore dans le Sahara
Des tentes surmontées de plumes d'autruche,
Où les nobles de la tribu
Accueillent les hôtes fatigués?

Y a-t-il encore dans le Sahara
Des troupeaux à laine blanche?
Y voit-on encore les femmes
Tisser les haïcs et les beurnous?
Y a-t-il encore des chanteurs
Avec des tambourins qui parlent
Et suivent les airs des flûtes?
O mon beau ramier aux ailes bleues,

Tout cela le voit-on encore?
— Oui, tout cela y est encore,
Il n'y manque que vous : Venez !

C'est également la poésie qui célèbre le guerrier mort, le héros tué dans les combats pour la défense des siens. Une tribu des environs de Metlili a conservé cette admirable lamentation des funérailles.

PREMIER CHOEUR.

Où est-il ?
Son cheval est venu ; lui n'est pas venu ;
Son fusil est venu ; lui, n'est pas venu ;
Son sabre est venu ; lui, n'est pas venu ;
Ses éperons sont venus ; lui n'est pas venu !
Où est-il ?

DEUXIÈME CHOEUR.

On dit qu'il est mort dans son jour,
Frappé droit au cœur.
Il se battait pour les siens,
On dit qu'il est mort dans son jour.

PREMIER CHOEUR.

Non, il n'est pas mort,
Son âme est chez Dieu ;
Nous le reverrons un jour ;
Non, il n'est pas mort !

LA FEMME DU DÉFUNT.

Ma tente est vide ;
Je suis refroidie ;
Où est mon lion ?
Où trouver son pareil ?
Il ne frappait qu'avec le sabre ;
C'était un homme des jours noirs :
La peur est dans le goûm.

LES DEUX CHOEURS ENSEMBLE.

Il n'est pas mort! il n'est pas mort !
Il t'a laissé ses forces ;
Il t'a laissé ses enfants :
Ils seront les remparts de tes épaules.
Il n'est pas mort! il n'est pas mort [1] !

L'Arabe du Sahara est très fier de cette vie mêlée de mouvement et de loisir, d'agitation et de langueur, pleine de variété et d'imprévu. Si la barbe blanchit vite au Désert, la cause n'en est pas à la chaleur, à la fatigue, aux voyages et aux combats, mais aux peines, aux soucis, aux chagrins. Celui-là seul ne blanchit point qui « a le cœur large, » sait se résigner, et dit : « Dieu l'a voulu. »

Cette fierté pour son pays et pour son genre de vie va

---

[1] *Le Grand Désert...* par le colonel E. DAUMAS, p. 211, 338 et 348 ; Paris, 1849.

jusqu'au dédain pour le Tell et celui qui l'habite. Il n'est pas besoin de rappeler ici les sarcasmes qu'échangent les habitants du Désert et ceux du Tell; mais ce dont s'enorgueillit surtout l'homme du Désert, c'est de son indépendance, car dans son pays la terre est vaste, et il n'y a pas de sultan. Le chef de la tribu administre et rend la justice; tâche peu compliquée, les délits étant peu nombreux et les pénalités fixées d'avance.

Riche, l'Arabe est généreux ; riche ou pauvre, il est hospitalier. Rarement il prête son cheval, mais ce serait une injure de le lui renvoyer. A tout cadeau, il répond par un cadeau de bien plus grande valeur. Il est des hommes qu'on cite comme n'ayant jamais refusé. Un proverbe dit : *Celui qui s'adresse aux nobles ne revient jamais la main vide.*

Après la guerre sainte, et sur la même ligne que le pèlerinage, l'aumône est l'acte le plus agréable à Dieu. Quand un Arabe est en train de manger, s'il passe un mendiant qui s'écrie : *De ce qui appartient à Dieu, ô croyants;* le croyant partage son repas s'il est suffisant pour deux, ou l'abandonne tout entier.

Un étranger se présente devant un douar; il s'arrête à quelque distance et prononce ces paroles : « *Dif-rebi* (hôte envoyé par Dieu). L'effet est magique; quelle que soit sa condition, on se précipite, on s'arrache l'étranger, on lui tient l'étrier pour qu'il descende ; les domestiques s'emparent de sa monture, dont il ne doit plus se préoccuper, s'il est bien élevé; l'homme est entraîné dans la tente; on lui sert immédiatement à manger ce qui peut être prêt, en attendant le festin[1].

Les attentions ne sont pas moindres pour l'homme à pied.

Le maître de la tente tient compagnie à son hôte toute la journée, et ne le quitte que lorsque vient le sommeil.

Jamais un question indiscrète, celles-ci surtout: «D'où es-tu? où vas-tu?»

Il est sans exemple qu'il soit arrivé un accident à un homme ainsi reçu en hospitalité, fût-ce un ennemi mortel; mais en partant le maître de la tente lui dit: « Suis ton bonheur. » Lorsque l'hôte est éloigné, celui qui l'a reçu n'est plus responsable de rien[2].

Quelques hommes vivent toute leur vie de ces au-

---

(1) Ce sont les femmes de l'Arabe qui préparent elles-mêmes le repas. Elles tissent aussi des tapis, des sacs pour les grains, des étoffes pour les tentes, des couvertures pour les chevaux. Les esclaves et les négresses vont chercher le bois, puiser l'eau, etc. En général, ces travaux sont peu pénibles.

(2) Souvent l'hospitalité des Arabes est un peu fastueuse, et c'est en cela qu'elle diffère de celle des Kabyles, qui paraît plus simple et plus vraie.

Cependant des traits comme celui-ci seraient admirables partout:

« Le jour de notre départ étant enfin arrêté, Bou-Beker voulut nous

mônes et de cette hospitalité; ce sont les derviches. Toujours en prière, ces pieux personnages sont l'objet de la vénération générale. «Prenez garde de leur faire injure, Dieu vous punirait. » Jamais une demande faite par eux n'est repoussée.

A côté de ces moines mendiants, qui retracent si au vif certains côtés de notre moyen âge, il convient de placer ces tolbas, ces femmes expérimentées qui remplissent dans le Sahara le rôle qu'avaient autrefois les magiciens, les alchimistes, tous ces personnages qu'ont

régaler une dernière fois, et il nous réunit au nombre de sept ou huit dans sa maison pour y souper et pour y passer la nuit.

« La réunion était joyeuse. Le fils de notre hôte, petit garçon de sept ou huit ans, nous avait surtout égayés par sa grâce et sa vivacité. Son père en était fou, et je l'avais habillé tout à neuf avec un joli burnous brodé de soie, une chachia rouge et des pantoufles jaunes.

« Le soir, cependant, il ne parut pas au souper, et comme nous demandions à son père de nous le faire amener :

« Il dort d'un profond sommeil, » nous répondit-il, et nous n'insistâmes pas davantage.

« Le repas fut abondant, les causeries très animées; on y parla beaucoup des chrétiens et de la guerre...

« Quand nous songeâmes à quitter Bou-Beker : « Mes amis, nous dit-il,
« j'ai fait, selon la loi, tous mes efforts pour que vous fussiez chez moi
« avec le bien; tous les égards qu'un hôte doit à ses hôtes, avec l'aide de
« Dieu, je crois les avoir eus pour vous. Et maintenant je viens vous de-
« mander à tous un témoignage d'affection. Quand je vous ai dit hier
« au soir : « Mon fils dort d'un profond sommeil, » il venait de se tuer en
« tombant du haut de la terrasse, où il jouait avec sa mère.

chantés le Tasse et l'Arioste et dont s'est moqué Cervantes. C'est à ces tolbas, à ces vieilles sorcières qu'hommes et femmes vont demander le philtre préparé avec des invocations effrayantes, qu'on donne secrètement à celui ou à celle dont on veut se faire aimer.

Ils vous enseigneront les formules qu'il faut prononcer en fermant un couteau, pour trancher la vie de votre ennemi; celles qu'il faut jeter dans le fourneau où cuisent les aliments; celles qu'il faut écrire sur une plaque de cuivre ou sur une balle aplatie, que vous irez cacher ensuite dans le ruisseau où va boire la femme dont vous voulez vous venger. Saisie par une dyssenterie aussi rapide que le ruisseau, cette femme mourra ou se donnera à vous.

Puis viennent les spectres, les fantômes de tous ceux qui sont morts de mort violente. A celui qui te pour-

---

« Dieu l'a voulu; qu'il lui donne le repos! Pour ne pas troubler votre « festin et votre joie, j'ai dû contenir ma douleur, et j'ai fait taire ma « femme désolée en la menaçant du divorce. Ses pleurs ne sont pas « venus jusqu'à vous. Mais veuillez ce matin assister à l'enterrement de « mon fils, et joindre pour lui vos prières aux miennes. »

« Cette nouvelle et cette force nous anéantissaient, et nous allâmes religieusement enterrer le pauvre enfant.

« Telle est la loi de l'hospitalité. Un hôte doit éloigner de sa maison toute douleur, toute querelle, toute image de malheur qui pourraient troubler les heures de ses amis » (*Le grand Désert...* par le général DAUMAS. p. 40; Paris, 1849).

suit, hâte-toi de dire : « Allons! rentre dans ton trou, « tu ne me fais pas peur; tu ne m'a pas fait peur « quand tu avais tes armes. » Il te suit un peu, mais il se lasse. Si la terreur te prend ou si tu fuis, tu entendras des cliquetis d'armes, derrière toi un cheval qui te poursuit, des cris, un épouvantable fracas, jusqu'à ce que tu tombes épuisé de fatigue.

Allez dans le Maroc, sur les bords de l'ouad-Noun, à vingt jours de marche de Sous, vous trouverez les plus célèbres sorciers, une école d'alchimistes et de nécromanciens, de sciences occultes, une montagne qui parle, toutes les merveilles enfin du monde magique.

C'est à ces superstitions qu'est arrivé le bas peuple. Les gens riches, les marabouts, les tolbas des zaouias, les cheurfa[1] suivent très exactement les préceptes religieux et lisent les livres saints, mais la foule est plongée dans l'ignorance. On y connaît à peine deux ou trois prières et le témoignage du prophète; on y prie rarement, et on ne fait les ablutions que lorsque l'on trouve de l'eau.

Les chefs s'efforcent de remédier à cette ignorance ; ils font exactement, même en voyage, proclamer l'heure

---

(1) Pluriel de *chérif* (nobles, descendants du prophète, gens de sa famille).

de la prière par des moudden; ils établissent des écoles sous la tente; mais la vie de fatigues, de migrations et de voyages fait promptement oublier aux Arabes les enseignements de leur enfance[1].

(1) *Les chevaux du Sahara*, par le général DAUMAS, p. 556 et suiv.; Paris, 1851.

VIII.

Des ordres religieux chez les musulmans de l'Algérie.

Une des institutions les plus remarquables des musulmans de l'Algérie, et qu'on est bien étonné de retrouver chez les sectateurs de Mahomet, est celle des *kouan* ou ordres religieux.

Les kouan (frères) se divisent en sept associations distinctes; chacune d'elles a ses mosquées, ses zaouïas, ses koubbas, où tout musulman a le droit d'entrer. Les supérieurs ou khalifas des ordres les plus influents, résident dans le Maroc. C'est de là, comme dans un sanctuaire impénétrable, qu'il font connaître par toute l'Algérie leurs volontés souveraines. En apparence, il ne s'agit que de certaines pratiques pieuses, le fond du dogme restant invariable. L'ordre des Aïssaoua, par exemple, ne paraît être qu'une véritable réunion de jongleurs comme on en voit dans les Indes orientales et dans la haute Asie. Ils dévorent des vipères et des scorpions, mâchent du verre, lèchent du fer rouge, se font de larges blessures dans la poitrine et les bras, et savent les guérir au même instant. Quoi qu'il en soit, la lecture attentive des diverses pièces publiées sur les khouan, m'ont laissé convaincu que ces grandes associations religieuses ne sont souvent que des associations politiques. Cela peut expliquer le fanatisme désespéré avec lequel les Arabes nous ont parfois combattus [1].

L'ordre religieux le plus ancien en Algérie a eu pour fondateur Sidi-Abd-el-Kader-el-Djemila. Ce saint personnage, né à Bagdad, protégeait particulièrement l'émir Abd-el-Kader. C'est lui qui, s'étant montré en songe en 1832, à un vieux marabout de la province d'Oran, lui avait donné l'ordre de proclamer sultan le fils de Mahi-ed-Din. C'est encore lui, qui, depuis ce jour, sous une forme invisible au vulgaire, l'avait accompagné dans

---

(1) Les lamas tartares étonnent bien plus que les Aïssaoua. On rencontre souvent, dans les fêtes solennelles, un lama qui s'entr'ouvre le ventre tout entier avec un coutelas, *en retire ses entrailles* et les y replace après les avoir laissées quelque temps sur l'autel. « Pendant que le sang « coule de toute part, la multitude se prosterne devant cet horrible specta- « cle, et on interroge ce frénétique sur les choses cachées, sur les événe- « ments à venir, sur la destinée de certains personnages. Il donne à toutes « ces questions des réponses qui sont regardées comme des oracles. »

Pour se guérir, le lama se passe rapidement la main sur le ventre, et tout rentre dans son état primitif (*Souvenirs d'un voyage en Tartarie*... pendant les années 1844, 1845 et 1846, par M. Huc, prêtre missionnaire de la congrégation de Saint-Lazare, tome Ier, p. 506 et suiv.; Paris, 1850).

toutes ses entreprises et n'avait jamais quitté sa tente.

L'ordre de Ben-Abd-er-Rhaman a été établi dans le Djurdjura. Il unit sous une même bannière les Kabyles et les Arabes si souvent divisés. Cette congrégation trouvait un puissant appui dans Abd-el-Kader, qui avait parfaitement vu le parti qu'on en pouvait tirer : aussi, en toute occasion, se montrait-il l'ami du khalifa Sidi-El-Hadj-bechir, espérant pouvoir entraîner par lui les populations de la montagne.

Les Derkaoua tirent, dit-on, leur origine de la petite ville de Derka dans le Maroc. D'après leurs statuts, ils doivent ne reconnaître que Dieu pour souverain, et haïr tout homme exerçant un commandement politique sur ses semblables. Le père d'Abd-el-Kader était Derkaoua, et c'est ce qui explique pourquoi il avait refusé la dignité de sultan qui lui fut d'abord offerte : cela explique aussi comment Abd-el-Kader avait rencontré une vive opposition parmi quelques-uns de ses plus proches parents qui étaient Derkaoua, et qui ne pouvaient reconnaître en lui le nouveau sultan des Arabes. Les Derkaoua enfin doivent se tenir toujours prêts pour la guerre et exécuter aveuglément les ordres de leur chef. Ils détestent les Français comme ils détestaient les Turcs, comme ils détestent toute autorité[1].

---

(1) C'est un Derkaoui qui souleva les Kabyles, en 1804, contre le bey

L'ordre de Mouleï-Taïeb vient également du Maroc. L'empereur est un de ses *frères*. Une fois par mois, il envoie des présents au khalifa et le consulte dans toutes les affaires importantes. On assure que Mouleï-Taleb, qui vivait il y plusieurs siècles, a prédit l'arrivée des Français en Algérie; mais il a prédit en même temps leur départ. Cette double prophétie est à la fois pour les Arabes une source de résignation, de résistance et d'espoir¹.

A la bataille d'Isly, on comptait beaucoup de frères de Mouleï-Taïeb. Dans les mois de septembre et d'octobre 1845, nos généraux eurent à les poursuivre chez les Trara, chez les Beni-Meshall, etc. Partout où on les rencontrait, la lutte était vive et acharnée. Ce sont eux qui massacraient nos soldats à Sidi-Brahim. A la même

---

Osman. On sait les résultats de cette insurrection où le bey périt avec presque toutes ses troupes. Ce Derkaoui vivait encore, en 1848, dans les montagnes de la Kabylie.

(1) « Mouleï-Taïeb a dit à ses frères : « Vous dominerez plus tard « tous les pays de l'est; tout l'Outhan (province) d'Alger vous appartien- « dra; mais avant que mes paroles s'accomplissent, il faut que cette « contrée ait été possédée par les Benou-el-Asfor*. Si vous vous en em- « parez maintenant, ils vous enlèveront votre conquête. Si, au contraire, « les Français prennent ce pays les premiers, le jour viendra où vous le « reprendrez sur eux. »

(*) *Les enfants du Jaune* : les Français, ainsi appelés par les musulmans.

époque, dans le Dahra, pendant que Bou-Maza y faisait flotter l'étendard de la révolte, c'étaient des frères de Mouleï-Taïeb qui combattaient avec le plus d'ardeur. Un document précieux ne laissera aucun doute à cet égard : c'est l'interrogatoire subi à Alger par l'un d'eux au mois de septembre 1845. Nous le donnons plus loin.

Enfin, cette année même (1852), la prise d'armes qui vient d'avoir lieu dans la province de Constantine n'a-t-elle pas été précédée d'une agitation mystérieuse et sourde qu'on ne peut attribuer qu'à l'influence des sociétés religieuses? Une correspondance insaisissable, transmise par ces rapides coureurs (*rekass*) dont on a parlé plus haut, n'a-t-elle pas soulevé tout à coup des tribus soumises et paisibles? Bou-Baghla, Bou-Sbéah, ces imposteurs et ces prophètes plus ou moins habiles, appartiennent certainement à une congrégation secrète. N'annonçait-on pas l'expulsion prochaine des Français? Ne disait-on pas que l'année 1852 serait pour eux la dernière? Le *Maître de l'heure* n'allait-il pas apparaître et chasser l'étranger d'une terre que sa présence avait depuis trop longtemps souillée? Toutes ces illusions ont dû s'évanouir devant une répression énergique et prompte. Il n'en reste pas moins avéré que, dans certaines circonstances critiques, les associations religieuses de l'Algérie peuvent être une cause grave de trouble, et que le gouvernement ne saurait en étudier le caractère avec trop d'attention ni exercer sur elles une trop active vigilance[1].

---

(1) Interrogatoire de Mohammed-ben-Abd-Allah.

« *D.* Comment vous nommez-vous?

« *R.* Je me nomme Mohammed-ben-Abd-Allah.

« *D.* Ne vous donne-t-on pas le surnom de Bou-Maza?

« *R.* Non, c'est *mon frère* que les Arabes ont ainsi nommé.

« *D.* Pourquoi les Arabes l'ont-ils ainsi nommé?

« *R.* Mon frère porte le même nom que moi, Mohammed-ben-Abd-
« Allah, et les Arabes l'ont surnommé Bou-Maza, parce qu'ils l'ont vu
« souvent suivi d'une gazelle qui lui a été envoyée par Dieu pour l'ac-
« compagner dans ses courses [*].

« *D.* Il y en a encore beaucoup d'autres Bou-Maza, qui, en diverses
« contrées, cherchent à soulever les populations. Les connaissez-vous?

« *R.* Il n'y a pas d'autres Bou-Maza que mon frère. Quant à ceux qui
« prennent ce nom, je ne les connais pas, et n'en ai même jamais
« entendu parler.

« *D.* Quel est votre âge?

« *R.* Je l'ignore; nous autres musulmans, nous vivons jusqu'à notre
« mort sans nous inquiéter de notre âge.

« *D.* De quel pays êtes-vous?

« *R.* Je suis de Taroudant, village de trois cents maisons, empire du
« Maroc, province de Sous.

« *D.* Depuis quand êtes-vous en Algérie?

« *R.* Depuis sept ans à peu près. *J'y suis venu envoyé par notre
« seigneur Moulet-Taïeb*, pour y visiter les zaouias, les saints marabouts,
« et faire des œuvres pieuses.

« *D.* Depuis quand votre frère est-il en Algérie?

« *R.* Depuis la même époque... Les tribus du Dahra venaient le visiter,

(*) D'autres disaient une *chèvre*.

« lui parler du désir de faire la guerre sainte; il s'est mis à leur tête, et
« vous savez ce qui est arrivé.

« *D.* Par qui a-t-il été encouragé ou poussé? Par Abd-el-Kader, sans
« doute, celui que vous appelez le sultan?

« *R.* Il a commencé la guerre seul... Seulement alors il a reçu des
« lettres de Moulei-Abd-er-Rahman, d'El-Hadj-Abd-el-Kader, et des
« sultans de Constantinople et de Tunis. Ces lettres lui disaient de
« continuer, qu'il était bien le **Maître de l'heure** annoncé par les livres
« saints, et que, s'il parvenait à chasser les chrétiens, ils le proclame-
« raient leur sultan, se contentant du titre de ses khalifas.

« *D.* Avez-vous vu ces lettres, leurs cachets?

« *R.* Je ne sais pas lire, mais je les ai vues et tenues dans mes mains.

. . . .

« *D.* Qu'aviez-vous à reprocher aux Français? Des vols, des exactions,
« des injustices? Dites sans crainte la vérité.

« *R.* Rien de tout cela. Les Arabes vous détestent parce que vous
« n'avez pas la même religion qu'eux, parce que vous êtes étrangers,
« que vous venez vous emparer de leur pays aujourd'hui, et que de-
« main vous leur demanderez leurs vierges et leurs enfants. Ils disaient
« à mon frère : « Guidez nous, recommençons la guerre; chaque jour
« qui s'écoule consolide les chrétiens; finissons-en de suite.

« *D.* Nous avons beaucoup d'Arabes qui savent nous apprécier et
« nous sont dévoués.

« *R.* Il n'y a qu'un seul Dieu ; ma vie est dans sa main, et non dans
« les vôtres. Je vais donc vous parler franchement. Tous les jours vous
« voyez des musulmans venir vous dire qu'ils vous aiment et sont vos
« serviteurs fidèles; ne les croyez pas. Ils vous mentent par peur ou par
« intérêt... et toutes les fois qu'il viendra un chérif qu'ils croiront ca-
« pable de vous vaincre, ils le suivront tous, fût-ce pour vous attaquer
« dans Alger.

« *D.* Comment les Arabes peuvent ils espérer nous vaincre, conduits
« par des gens qui n'ont ni armée, ni canons, ni trésors.

« *R.* La victoire vient de Dieu ; il fait, quand il le veut, triompher le
« faible et abat le fort.

. . . .

« *D.* Que dira votre frère, quand il saura que vous êtes en notre
« pouvoir?

« *R.* Que voulez-vous qu'il dise? Son cœur saignera d'avoir perdu
« *son frère,* et puis il se résignera à la volonté de Dieu. Quant à moi,
« je sais que la mort est une contribution frappée sur nos têtes par le
« maître du monde; il la demande quand il lui plaît; nous devons tous
« l'acquitter, mais ne l'acquitter qu'une seule fois.

. . . .

« *D.* Pouvez-vous me dire quelles sont les relations qui existent entre
« Mouleï-Abd-er-Rahman, et Abd-el-Kader?

« *R.* Mouleï-Abd-er-Rahman est au plus mal avec Abd-el-Kader; plu-
« sieurs fois il lui a dit: «Sors de mon pays.» Mais Abd-el-Kader lui a
« toujours répondu: «Je ne suis pas dans ta main, et je n'ai peur ni de
« toi ni des Français; si tu viens me trouver, je te rassasierai de pou-
« dre, et si les Français viennent me trouver, je les rassasierai aussi de
« poudre.

« *D.* Comment se fait-il qu'Abd-el-Kader puisse se moquer d'un sou-
« verain aussi puissant que Mouleï-Abd-er-Rhaman?

« *R.* Depuis que les Marocains ont appris que Mouleï-Abd-er-Rha-
« man avait fait la paix avec les chrétiens, ils se sont presque tous tour-
« nés du côté de l'émir, qui a longtemps fait la guerre sainte et la fait
« encore. Depuis cette paix, tout le pays compris entre Sous et Rabat
« s'est insurgé; il en est de même de toutes les tribus, et il ne com-
« mande plus, à bien dire, qu'aux villes. Les Ouled-Mouleï-Taïeb même,
« qui ont un si grand ascendant religieux dans tout l'empire, ne veu-
« lent plus l'exercer pour lui, et le sultan a tellement compris la gravité
« de sa position, qu'il s'occupe de faire, petit à petit, transporter tous
« ses trésors et tous ses magasins à Tafilet*, où il a ordonné, depuis deux
« ans déjà, des constructions considérables.

« *D.* Ces Mouleï-Taïeb sont donc bien puissants?

« *R.* Aucun sultan ne peut être nommé *sans leur assentiment.* C'est

---

(*) Grande oasis du Sahara marocain.

« Sidi-el-Hadji-el-Arbi, qui est leur chef maintenant, et *c'est lui qui en-*
« *voie dans l'Algérie les sultans qui s'y promènent,* après avoir lu sur
« eux le Fatehah *.

« D. S'il y a sept ans que vous êtes en Algérie, comment pouvez-
« vous savoir ce qui se passe dans le Maroc?

« R. Je l'ai entendu dire souvent dans le camp de mon frère.

« D. Jeune et étranger, quels pouvaient être vos désirs, votre but?

« R. Je n'avais pas d'autre désir, pas d'autre but que ceux de faire triompher notre sainte religion.

« D. Croyez-vous que les Arabes ne se lasseront pas de mourir pour des entreprises qui n'ont aucune chance de succès?

« R. Je suis très fatigué, je vous prie de me laisser tranquille. Vous
« m'accablez de questions; on me les posera sans doute dans un autre
« moment; je ne me souviendrai pas de ce que je vous ai répondu, et
« puis vous direz que j'ai menti**. »

(*) *Fatehah* est le verset du Koran qui appelle la victoire sur les vrais croyants.
(**) *Les Khouan....,* p. 52 et suiv.

IX

Le Hakem de Milianah et le Chambi à Paris.

Tout le monde a vu les nombreux chefs arabes qui avaient été appelés à Paris pour la *distribution des aigles*. Ces hommes accourus des différents points du Désert n'oubliaient pas sans doute le sol natal au milieu des fêtes du Champ-de-Mars et des éblouissements de notre civilisation. On peut croire cependant qu'en retournant sous la tente paternelle, ils y ont rapporté des souvenirs durables de notre force et de notre puissance. Si nous n'avons pas la prétention d'en avoir fait des Français, nous pouvons supposer avec quelque raison qu'ils ne sont plus entièrement Arabes. Ainsi nos vaisseaux à vapeur, nos chemins de fer, notre merveilleuse industrie, tout cela paraît leur avoir inspiré une admiration profonde. Deux d'entre eux ont fait connaître à ce sujet leurs impressions de voyage. Ils les ont déposées dans *le Moubacher,* ce journal qui s'imprime à Alger en langue arabe. Une feuille de Paris en a donné quelques extraits, et, malgré mon hésitation à reproduire un document déjà connu, j'ai cru devoir le publier de nouveau, tant il m'a semblé vraiment curieux, et présenter en même temps le plus singulier contraste entre les idées d'un Arabe et celles d'un Européen.

« C'est, dit le narrateur, le hakem de Milianah, qui fait entendre sa voix le premier[1]. Le récit du hakem commence par un hommage rendu à Dieu. Le hakem remercie donc le Très-Haut de l'avoir destiné à accomplir le grand voyage qu'il va raconter. Puis il s'embarque sur un de ces vaisseaux, qu'il compare aux oiseaux du ciel, et le voilà en route pour notre pays. Il débarque à Cette; c'est la première ville qu'il voit. Là, il est saisi dès son arrivée par la plus grande merveille de notre civilisation. C'est un chemin de fer qui va le conduire de Cette à Montpeller. Ce prodige que nous-mêmes nous sommes encore à admirer, cette conquête presque surnaturelle de notre génie, s'offre tout d'abord à cette primitive imagination. La description que donne le hakem de notre chemin de fer est empreinte d'une singulière naïveté. « L'aspect de ce genre de route, dit-il, est une chose ad-
« mirable... Nous avons vu un passage souterrain dont les parois
« et la voûte sont revêtues en pierres de taille. Les voitures lan-
« cées à grande vitesse, mettent six minutes pour le franchir...
« Un cavalier aurait une heure et demie à marcher pour faire le
« même chemin, car l'espace qu'il mettrait une journée entière
« à parcourir peut être franchi en une heure par ces voitures.
« Celle qui donne l'impulsion est comme les autres, mais en fer
« et munie d'une machine semblable, à ce que l'on dit, à celles
« qui mettent en mouvement les bateaux à vapeur. On se sert,
« pour la chauffer, d'une pierre noire particulière à certains pays. »

« Voici donc notre hakem emporté à travers la France par

---

(1) *Hakem*, magistrat musulman chargé de la police.

cette pierre noire qui pourrait bien être celle que cherchaient avec tant de passion les alchimistes du moyen âge. Il s'arrête à Montpellier, dont il admire les eaux et les jardins ; à Avignon, où il visite le palais des papes, et enfin il arrive à Lyon. Là, il pousse un cri d'admiration : « Les yeux, dit-il, n'ont jamais vu, « les oreilles n'ont jamais entendu rien de semblable. » Il vient d'entrer, en effet, dans une de ces grandes cités où se montre dans tout son formidable appareil la vie actuelle des nations. Il peut déjà comprendre comment sonne à nos oreilles le nom de Paris. « Nous avons visité à Lyon (ce sont ses paroles que je « cite) une église ornée avec une rare magnificence. Un autre « établissement, appelé Musée, renferme des figures sculptées en « marbre précieux et des peintures si parfaites, qu'il ne leur man- « que que la parole, et que, par un singulier effet de l'art, elles « semblent vous suivre du regard partout où l'on se place. » Après les arcanes de notre industrie, voilà les sortiléges de notre art qui frappent cet esprit à leur tour. Si-Sliman-ben-Siam a beau se placer dans tous les sens, il est suivi par le regard de ces surhumaines figures que proscrit sa religion. Qui sait si ce regard-là ne le suivra pas jusqu'au pays où il doit retourner un jour ? Il a vécu parmi ces êtres silencieux, mais animés, qui jettent à qui les contemple un charme, le charme même du génie dont ils sont les créations.

« Le 4 mai, le hakem dit adieu à Lyon et se rend à Paris. «Pen« dant le voyage, dit-il, je remarquai sur le bord de la route cinq « ou six fils de fer, plus minces que le doigt, suspendus à environ « deux coudées de hauteur, et soutenus par des poteaux de place « en place. Je m'informai de ce que ce pouvait être. On me dit « que l'une des extrémités de ces fils était à Paris, l'autre à Lyon, « et qu'ils servaient à faire passer de l'une à l'autre de ces deux « villes des nouvelles en un clin d'œil. » Le hakem avait vu ce télégraphe électrique qui peut maintenant faire frémir tout un pays des mouvements d'une seule pensée. Mais, on ne peut se le cacher, il y a quelque chose que l'on regrette dans sa trop prompte résignation à ne pas comprendre ce mystère. Ce sentiment est à coup sûr le plus grand obstacle qui sépare notre intelligence de l'intelligence musulmane.

« Le hakem est donc arrivé à Paris. Ici s'arrête le récit du *Moubacher*, et je serais forcé de m'arrêter aussi, sans le concours bienveillant des officiers qui sont occupés à traduire et à mettre en ordre les souvenirs de Si-Sliman. Grâce à eux, je puis revoir par les yeux du hakem cette ville qui ressemble à tous les objets de vives tendresses, dont on médit et que l'on aime, dont on se sépare et que l'on rejoint, qu'on veut oublier et qu'on se rappelle, enfin dont la vie, partout où nous sommes, est toujours la plus grande partie de notre vie.

« En arrivant à Paris, Si-Sliman se souvient des vers que le poëte El-Botheri a consacrés jadis à Damas : « Damas nous a « montré toutes ses beautés, elle a comblé toutes nos espérances.» Le hakem, avant de raconter toutes les pompes auxquelles il a assisté, tous les spectacles qui ont frappé sa vue, dit quelques mots d'abord sur le peuple qui vit au milieu de ces fêtes. Son jugement sur les Parisiens est empreint d'une bienveillance que peut-être on accusera d'aller trop loin. Il loue les hommes des plus basses classes de s'occuper là, comme les autres, des questions les plus profondes. Fasse le ciel que nous ne méritions pas éternellement cet éloge! Il félicite ensuite les Parisiens d'avoir de la finesse, de la grâce, de l'obligeance. Voilà des qualités de tout temps, qui valent mieux que celles dont nous affublent les époques révolutionnaires. C'est donc à ces derniers compliments que nous nous tiendrons.

« Le voyageur arabe a sur le Président un passage où il n'épargne aucune des fleurs, aucun des parfums de son pays. Il appartient du reste à une nation guerrière de subir le pouvoir d'un nom qui a eu tant de force parmi nous. Malgré l'hommage qu'il a rendu en passant à notre intelligence politique, Si-Sliman comprend le gouvernement d'un prince beaucoup mieux que tout autre gouvernement. Il n'oublie pas non plus le général Saint-Arnaud, dont il loue la parole gracieuse et facile, ni cet autre personnage puissant, pour qui ni le cœur ni la langue des Arabes n'ont de secrets : le général Daumas.

« Après avoir parlé de nous, il parle de nos plaisirs et de nos grandeurs. On le mène à l'Opéra. Là il tombe dans une si profonde extase, qu'il élève jusqu'à Dieu lui-même ses hommages. « Dieu, dit-il en racontant comment il a vu des jeunes filles courir à travers un feuillage de carton, est le maître du passé et de l'avenir, je m'en suis bien aperçu. » L'Hippodrome l'enchante aussi. Nos écuyers le disputent dans son esprit à nos danseuses. Enfin son étonnement est au comble lorsqu'il voit trois hommes disparaître dans les nuages. Il s'inquiète, mais on le calme en l'assurant qu'ils reviendront.

« Des pensées d'une plus sérieuse nature s'offrent à lui quand il visite notre bibliothèque. « Les souverains de la France ont « rassemblé là, dit-il, tous les livres qui se trouvent sur la terre, « jusqu'aux plus rares des musulmans. » Le hakem n'ajoute rien à ces derniers mots; mais ne sont-ils pas assez éloquents? Les plus précieux trésors de son pays, c'est dans notre patrie qu'il les retrouve. Il peut comprendre par là ce qu'est cette puissance qui attire à elle tout ce qu'il y a de rare, de noble et de grand.

« Enfin il nous raconte les faits mêmes qui ont été l'occasion et le but de son voyage. Il décrit cette revue où lui apparaît l'inépuisable réservoir dans lequel la France trouve de nouvelles forces chaque jour. Il a ce mot charmant, en peignant la salle où s'est donné le bal de l'armée : « Cette salle était si vaste que, « d'une extrémité à l'autre, on n'aurait su reconnaître l'ami le plus « cher. » Ses adieux au Président sont terminés par cette réflexion

d'une gracieuse mélancolie : « Il fallut se quitter, car on ne se
« réunit que pour se séparer. »

» Le hakem ne finit son récit qu'après son retour à Alger. Là,
ses compagnons et lui sont venus remercier le gouverneur du
bonheur qu'il leur avait donné en les envoyant dans notre pays.
Je ne sais si je me suis trompé, mais il me semblait que les chefs
arabes prenaient plaisir à prolonger l'hospitalité que la France
leur accordait. Dans le repas où le général Randon les a réunis,
plus d'un convive a été ému quand Si-Tahr, le khalifa de l'Arba,
a demandé à suivre un usage français en buvant à la santé du
gouverneur et des plus chers objets de ses affections.

« Ce n'est pas en vain qu'on voit la France, il faut l'espérer.
Cependant nous repoussons les illusions; nous n'exagérons pas
quelques paroles et quelques faits qui nous ont touchés. Quelle
que soit du reste la destinée de ce voyage, grâce à la pensée du
général Randon, il en restera des traces curieuses. Le récit de Si-
Sliman, à défaut de tout autre mérite, aurait une incontestable
valeur de naturel et d'originalité. Les seuls Orientaux qui jusqu'à
présent se fussent donné la peine d'écrire sur Paris étaient les
Persans de Montesquieu. Ceux-là auraient été fort embarrassés
de parler un peu sur l'Orient. Le hakem de Milianah est bien au
moins un personnage de la vie réelle. Il a repris maintenant une
existence où son voyage à travers les mers n'est peut-être plus
qu'à l'état d'un songe. Heureusement, avant de rentrer dans le
repos, il a fait choses vivantes de ses souvenirs. Comme ces œuvres
du génie qui l'ont frappé dans le premier musée où on l'a conduit, comme ces peintures qui le suivaient du regard, ses impressions ont maintenant un corps, une couleur et un charme
qui attirera plus d'un cœur peut-être vers la région où elles sont
nées [1]. »

(1) PAUL DE MOLÈNES; *Journal des Débats* du 7 juillet 1852.

Quelques mois avant le hakem de Miliana, un autre fils de l'Algérie, un pauvre colporteur de la grande tribu des Cha'amba (Chambas) se trouvait à Paris. Comme le premier, il admirait nos arts, nos richesses, notre industrie; mais il ne pouvait s'habituer à nos mœurs, à notre accoutrement, à notre religion. C'est, en effet, cette différence si profonde du culte et des usages, c'est ce point de vue si opposé du haut duquel l'Européen et l'Arabe apprécient chaque chose, qui constitue le plus puissant obstacle au rapprochement des deux races.

Le Chambi disait donc :

« Vous travaillez comme des malheureux : nous ne faisons rien. Tandis que vous êtes fixés au sol par ces maisons que vous aimez et que nous détestons, tous les deux ou trois jours nous voyons un pays nouveau. Notre vie est remplie par la prière, la guerre, l'amour, l'hospitalité que nous donnons, que nous recevons. Quant aux travaux grossiers de la terre, c'est l'œuvre des esclaves. Nos troupeaux, qui font notre fortune, vivent sur le domaine de Dieu. Quand nous le jugeons nécessaire, nous vendons des chameaux, des moutons, des chevaux ou de la laine; puis nous achetons et les grains que réclame notre subsistance et les plus riches de ces marchandises que les chrétiens prennent tant de peine à fabriquer. Nos femmes, quand elles nous aiment, sellent elles-mêmes nos chevaux, et quand nous montons à cheval, elles viennent nous dire, en nous présentant notre fusil : « O Monseigneur! s'il plaît à Dieu, tu pars avec le bien, tu reviendras avec le bien… »

Le Chambi disait encore :

« Vous ne priez pas, vous ne jeûnez point, vous ne faites pas vos ablutions, vous ne rasez pas vos cheveux, vous n'êtes pas circoncis; vous ne saignez pas les animaux qui vous servent d'aliments; vous mangez du cochon et buvez des liqueurs fermentées qui vous rendent semblables à la bête; vous avez l'infamie de porter une casquette (un chapeau?) que ne portait pas Sidna-Aïssa (notre Seigneur Jésus) : Voilà ce que nous avons à vous reprocher[1]. »

Mais le Chambi ajoutait :

« Il y a dans votre pays un commandement sévère. Un homme peut y voyager jour et nuit sans inquiétude. Vos constructions sont belles, votre éclairage est admirable; vos voitures sont commodes; vos bateaux à fumée et vos chemins de fer n'ont rien qui leur soit comparable au monde. Vous avez une armée organisée comme des degrés, celui-ci au-dessus de celui-là. Votre cavalerie est merveilleusement équipée. Le fer de vos soldats brille comme de l'argent. Votre aman (pardon) est sacré; vous ne commettez pas d'exaction... Si avec tout cela, vous pouviez dire une seule fois du fond du cœur : « Il n'y a pas d'autre Dieu

---

(1) Tout en détestant les chrétiens, le musulman a une grande vénération pour le Fils de Marie.

« Notre seigneur Abraham est le chéri de Dieu,
« Notre seigneur Moïse est le parleur de Dieu,
« Notre seigneur Aïssa (Jésus) est l'âme de Dieu,
« Et notre seigneur Mohamed est le prophète de Dieu. »

(*Chant des pèlerins toudti de la caravane de La Mecque.*)

que Dieu, et notre seigneur Mahomet est l'envoyé de Dieu, » personne n'entrerait avant vous dans le paradis[1]. »

Ainsi c'est bien là l'obstacle : la religion, les mœurs, nos habitudes légères et frivoles ; mais voici le remède : le commandement sévère et la bonne foi, en d'autres termes la Force et la Justice. C'est avec cela que nous avons abaissé bien des barrières en Algérie ; c'est avec cela que peu à peu nous dominerons les Arabes, et si nous ne pouvons entrer comme eux dans le paradis, nous les forcerons du moins à reconnaître que nous sommes dignes d'en être voisins.

---

(1) *Le Chambi*, par le général DAUMAS ; *Revue des deux mondes* du 1er juin 1852.

Il y a déjà plusieurs années qu'au fond du Touât on avait cette opinion de la grandeur et du pouvoir de la France.

« On disait que vos armées étaient innombrables comme les vols d'étourneaux en automne ; vos soldats enchaînés ensemble, alignés comme les grains d'un collier, ferrés comme des chevaux ; que chacun d'eux portait une lance au bout de son fusil, et sur le dos un bât qui contient ses provisions ; qu'à tous ils ne faisaient qu'un seul coup de fusil. On vantait votre justice et votre aman ; vos chefs ne commettaient pas d'exaction...

« Mais on vous reprochait de manquer de dignité, de rire même en vous disant *bonjour*, d'entrer dans vos mosquées sans quitter vos chaussures, de ne point être religieux, de laisser à vos femmes une trop grande liberté... de boire du vin... » (*Le grand Désert...* p. 41; Paris, 1849).

POST-SCRIPTUM.

15 octobre 1852.

Les derniers événements de l'Algérie pendant les quatre mois qui viennent de s'écouler ne modifient en aucune manière les conclusions générales que l'on peut tirer de cet ouvrage. Il y a eu encore des soulèvements et des révoltes; il n'y a pas eu de périls sérieux pour notre domination, qui est désormais assurée.

Dans le sud, pour couper court à une assez vive agitation de la région des ksour, on a dû faire arrêter le khalifa de Laghouath et ordonner son internement. Plus loin, sur les bords de l'oued-Djeddi, le chérif révolté d'Ouârgla a été atteint le 21 mai. Son infanterie, sa cavalerie, ses chameaux ont été sabrés et dispersés dans le Désert. Au nord, l'exploration de la grande Kabylie a paisiblement commencé. Des routes carrosables y sont tracées par nos soldats, et déjà en voie d'exécution. Du côté de l'est, un nouvel imposteur, du nom de Bou-Sbéah, avait soulevé quelques tribus. Surpris dans les environs de Collo, il a disparu, après avoir laissé deux cents hommes sur le terrain.

Au mois de juin, une insurrection plus grave éclate auprès de Guelmah. Des fanatiques, affiliés aux divers ordres religieux qui se partagent l'Algérie, prêchent la guerre sainte. Ils annoncent que le règne du Moulé-Sâ (maître de l'heure) est arrivé, et que l'année 1852 est désignée par les prophètes pour l'expulsion des Français. Mais cette insurrection dure peu ; elle est réprimée avec une rare vigueur. Dès la fin de juillet, les populations rebelles de la subdivision de Bône étaient rentrées dans le devoir, et les grandes émigrations des Hanenchas et des Beni-Salah, poursuivies à travers les ravins et les précipices, n'avaient pu éviter un anéantissement complet qu'en se réfugiant sur le territoire de Tunis, d'où elles sont bientôt forcées de revenir.

Ces diverses actes d'énergie et de fermeté ont rétabli la tranquillité, et avec la tranquillité, une impulsion remarquable a été donnée à la colonisation, à la culture, au commerce, à toutes les transactions.

La population européenne continue à augmenter, lentement sans doute, mais sans interruption. De nouveaux villages sont fondés ; d'autres sont mis à l'étude.

Des marchands français ont pénétré chez des tribus qu'on n'avait pas encore visitées. Ils y ont acheté des quantités considérables de céréales Sur la seule place de Djidjelli, dans l'espace d'un mois, les Kabyles ont vendu plus de 4,000 hectolitres de blé. Une école de greffe et de taille des arbres a été fondée à Batna ; un jardin d'expérimentation établi à Biskra ; on a organisé des compagnies de bûcherons et de planteurs militaires pour l'exploitation ainsi que pour l'amélioration des forêts.

Deux nouvelles lignes de steamers à hélice vont réunir la France et l'Algérie : l'une partira de Rouen, l'autre de Cette.

Un décret du Prince-Président accorde un mont-de-piété à la ville d'Alger. Cette institution, qui mettra un terme aux exactions des prêteurs sur gages, a été accueillie avec une vive reconnaissance. Elle complète avec la banque et la caisse d'épargne un ensemble de mesures dont le résultat se fera promptement sentir.

Le tabac, le coton, la soie, l'olivier ont donné lieu, comme toujours, à de grands mouvements d'affaires. La garance (alizari), jusqu'à présent négligée, s'est placée au premier rang des cultures d'Afrique. Elle est préférable à la meilleure garance de l'île de Chypre et coûtera moins cher. C'est là encore un de ces riches produits que la France n'ira plus demander à l'étranger[1].

La dégénérescence de la race chevaline a fixé l'attention du gouvernement, et le Prince-Président a montré quelle était à cet égard toute sa sollicitude[2]. On ne s'occupe pas moins activement de l'amélioration du bétail.

Dans les derniers jours du mois de septembre, Alger a eu ses fêtes, ses courses, son exposition publique. On y est accouru d'Oran, de Bône, des extrémités de notre Sahara; les routes étaient si sûres que des Européens y sont venus de Constantine par terre. Cinq mille indigènes, aux brillants costumes, aux armes étincelantes, y représentaient l'élite de la population arabe. C'étaient des khalifas avec leurs nombreux cavaliers; des aghas avec leurs femmes portées en palanquin; quelques-uns conduisaient des lions en lesse, etc. Les collines et le rivage, couverts de tentes, ressemblaient à un vaste camp[3].

---

(1) 1° *Rapport* de la chambre consultative de l'arrondissement de Louviers.

2° *Rapport* de M. CHEVREUL, membre de l'Institut.

(2) Par l'envoi en Algérie du magnifique reproducteur *El-Mdz*. Il descend, dit-on, de Fatméh, jument du prophète, et a coûté 100,000 piastres au Grand Seigneur.

(3) Aux courses d'Alger, un cheval indigène a franchi en 26 minutes une distance de 16 kilomètres ou 4 lieues. On jugera par là quelles ressources peut encore offrir le cheval barbe.

En résumé, progrès en tout, soumission partout, tel est le tableau que l'Algérie présente aujourd'hui. En vingt-deux ans la France y a jeté les bases d'une des plus belles colonies du monde. Cette colonie, ce *vaste royaume qu'elle devra tôt ou tard s'assimiler* [1], est à sa porte, sous sa main, à l'autre bout du grand *lac* qui baigne les pieds de Marseille. Aucune n'est plus féconde, plus heureusement située, plus rapprochée de la métropole. Voilà des faits positifs, incontestables. Tous ces faits, du reste, je ne les ai empruntés qu'aux documents les plus exacts, qu'aux renseignements les plus certains. Les difficultés et les obstacles, je ne les ai pas cachés ; mais j'ai reconnu le bien, j'ai constaté l'amélioration croissante, et je n'ai plus, en finissant qu'à former ce vœu : c'est que le lecteur soit aussi convaincu que moi [2].

(1) Paroles du Prince-Président à Bordeaux.
(2) Au moment où j'écrivais ces lignes, le gouvernement donnait à l'Algérie une nouvelle preuve de sa force et de sa justice ; il rendait la liberté à Abd-el-Kader. Sur l'ordre du Prince-Président, l'émir va quitter le château d'Amboise pour résider désormais dans les États du Sultan (*Moniteur* du 18 octobre 1852).

FIN.

TABLE.

	Pages.
Préface.	j
Lettres du maréchal duc d'Isly à l'auteur.	xiij

PREMIÈRE PARTIE.

Chapitre Ier. — De l'Afrique septentrionale depuis la chute de Carthage jusqu'à sa réduction définitive en province romaine. ... 5

Chap. II. — De l'Afrique septentrionale depuis les empereurs jusqu'à l'invasion des Sarrasins ... 8

Chap. III. — De l'Afrique romaine et chrétienne depuis le second siècle de notre ère jusqu'au cinquième. ... 15

Chap. IV. — De l'Afrique septentrionale depuis 1830, et de la domination française comparée à la domination romaine. 22

DEUXIÈME PARTIE.

Chapitre Ier. — Du commerce des Carthaginois avec l'Afrique en général. ... 45

§ 1er — Du commerce de terre des Carthaginois avec l'intérieur de l'Afrique. ... 55

§ 2. — Du commerce maritime des Carthaginois avec les côtes de l'Afrique occidentale ... 64

Chap. II. — Du commerce des Romains, des Vandales et des Grecs de Constantinople avec l'intérieur de l'Afrique. 75

Chap. III. — Du commerce des peuples du moyen âge avec le nord et l'intérieur de l'Afrique 89
Chap. IV. — Du commerce de l'Afrique septentrionale dans les temps modernes 107
Chap. V. — Du commerce des Arabes de nos jours avec l'Afrique septentrionale et centrale 120
Chap. VI. — Conclusion 155

NOTES.

PREMIÈRE PARTIE.

Note A. Bélisaire en Afrique 151
Note B. Des indigènes et des chrétiens sous les premiers Sarrasins. 156
Note C. Des colonies romaines de l'Afrique septentrionale. . . . 159
Note D. Population de l'Afrique carthaginoise 163
Note E. Situation de l'Afrique en 1843 164
Note F. Situation de l'Afrique en 1844 175
Note G. Expédition de Biskra 177
Note H. Expédition de Laghouath 185
Note I. Étendue et population de l'Algérie 195

DEUXIÈME PARTIE.

Note J. Des voyages maritimes des Phéniciens 197
Note K. Des mines de Carthage 199
Note L. Du lac Tritonide 207
Note M. Des caravanes carthaginoises 214
Note N. Du Périple d'Hannon 0
Note O. Du traité de 1270 avec Tunis 220
Note P. Des navigations portugaises autour de l'Afrique 254
Note Q. Des voyages de Léon l'Africain 257
Note R. De l'administration espagnole en Afrique 245

TABLE.

		Pages.
Note S.	Des pirates barbaresques	247
Note T.	Du Sahara algérien	251
Note U.	Des voleurs du Désert	257
Note V.	Des principaux objets d'échange	272
Note X.	Lettre de James Richardson	280

APPENDICE.

I. — Voyage de J. Richardson, en 1851, dans le Soudan	297
II. — Une caravane algérienne au pays des Noirs	300
III. — Du mehâri ou dromadaire	314
IV. — L'Algérie en 1851-52	322
V. — Expédition de la Kabylie en 1851	359
VI. — Origine et mœurs des Kabyles	378
VII. — Vie, mœurs et poésie des Arabes	404
VIII. — Des ordres religieux chez les musulmans de l'Algérie	425
IX. — Le hakem de Milianah et le Chambi à Paris	434
Post-Scriptum	445

www.ingramcontent.com/pod-product-compliance
Lightning Source LLC
Chambersburg PA
CBHW072127220426
43664CB00013B/2164